AF217876

www.tredition.de

Lothar Weisser

Das Fitnessprogramm für Ihre Finanzen

Warum viele über Sex mehr wissen als über Geld und Finanzen

© 2017 Lothar Weisser

Verlag und Druck: tredition GmbH, Grindelallee 188, 20144 Hamburg

ISBN
Paperback: 978-3-7439-6220-0
Hardcover: 978-3-7439-6221-7
e-Book: 978-3-7439-6222-4

Die Webseite des Autors inklusiv Finanzfitness-Test:

www.lotharweisser-finanzfitness.de

Einführung

In mehreren Untersuchungen hat sich gezeigt, dass das Wissen der meisten Menschen auf dem Gebiet von Geld und Finanzen eher als bescheiden zu bezeichnen ist. Das hängt nicht zuletzt, vor allem bei der älteren Generation, damit zusammen, dass dieses Thema in ihrer Jugend kaum vorkam, weder in der Schule noch zu Hause (*„über Geld spricht man nicht"*). Und später beschäftigte man sich eher zurückhaltend, ja sogar verschämt, mit Geldangelegenheiten. Möglicherweise gilt tatsächlich der Spruch *„Finanzen und Sex, alles machens´ – niemand spricht darüber."*[1] Und dies auch erst dann, wenn man diesem Thema nicht mehr ausweichen konnte, wenn „life-events" die Beschäftigung damit zwangsweise erforderlich machten, wie bei Geburt der Kinder, dem Bau eines eigenen Hauses, der Frage, ob die in Aussicht gestellt Rente einmal auskömmlich sein würde oder wenn eine Erbschaft gemacht wurde und man nicht so recht wusste, wie damit umzugehen. Manche behaupten sogar, dass das Wissen im finanziellen Bereich etwa auf dem Stand des Sexualwissens vor 100 Jahren sei!

So oder ähnlich lauteten viele Schlagzeilen der letzten Wochen. Zeitungen starteten ganze Serien, um die zukünftigen Rentner auf ihre Vorsorgeprobleme aufmerksam zu machen. Es wurde argumentiert, dass es auf das eigene Engagement ankomme, die gesetzliche Rente reiche in Zukunft nicht

---

[1] http://mafis90.de/2016/10/finanzen-sind-wie-sex-alle-machens-niemand-spricht-drueber.

mehr aus. Und die Banken selbst lassen nichts unversucht, um die Öffentlichkeit auf den „Anlagenotstand" der Sparer hinzuweisen und fordern vehement die Beendigung der aktuellen Nullzinspolitik.

Reicht es denn nicht aus, sich als Sparer und Anleger von den Vertretern der Finanzbranche beraten zu lassen, also von den Banken und Sparkassen, Versicherungen und Immobilienhändlern? Zumindest was die Beratungsqualität der deutschen Banken angeht, scheint es nicht zum Besten zu stehen. Sie verkaufen nach wie vor Produkte, und – so ein bekannter Spruch – „wer Produkte verkauft, verkauft auch seine Kunden". Die Untersuchungsergebnisse der Stiftung Warentest (Finanztest) zeigen, dass nach wie vor haarsträubende Fehler in der Anlageberatung gemacht werden. Dazu kommt, dass viele junge Menschen sich gar nicht erst beraten lassen, sie haben schlichtweg keinen Beratungsbedarf. Weit verbreitet ist die Einstellung unter ihnen, dass sich Sparen und Anlegen bei den augenblicklichen „Mickerzinsen" eh nicht lohne und es deshalb besser sei, das Geld in Konsumprodukten anzulegen. Abgesehen davon verfügt die „Generation Praktika" trotz bester Ausbildung oft gar nicht über das nötige Geld, um etwas auf die hohe Kante zu legen.

Natürlich gibt es zum Thema „Geld" (Sach)Bücher, die den richtigen Weg weisen wollen. Gibt es vielleicht sogar zu viele Bücher dazu? Tatsächlich besteht kein Mangel an Darstellungen, die den Weg zu schnellem Reichtum aufzeigen wollen – getreu dem Motto „ich mache Sie reich". Den Höhepunkt haben diese Reichtums-Ratgeber schon seit längerem überschritten, manche ihrer Autoren saßen gar im Gefängnis. Aber diese Bücher verkauften sich gut, trotz ihrer vielen unhaltbaren Versprechungen. Sie schienen die Antwort darauf zu geben, was viele Leser ausschließlich interessiert, wenn es um Geld geht: Um den ultimativen Tipp, wie sich Geld schnell, mühe- und risikolos vermehren lässt. Jüngstes Beispiel ist das Buch „Die Millionärsformel" des Multimillionärs Carsten Maschmeyer. Mit Hilfe eines großangelegten Werbefeldzuges will er seine Erkenntnisse unters Volk bringen – ausgerechnet dieser Mann, dem vorgeworfen wird, Tausende von Kleinanleger durch den von ihm gegründeten Finanzvertrieb AWD um ihr sauer verdientes Geld gebracht zu haben. Es ist einigermaßen erstaunlich, dass dieser Mann, dem das Image eines „Drückerkönigs" (ARD-exklusiv vom 12.01.2011) anhaftet, sich nun plötzlich des kleinen Mannes annimmt, indem er ihm zeigen will, wie man es nicht nur zu Geld, sondern sogar zum Millionär bringen kann.

Es gibt auch seriösere Abhandlungen über Privat- bzw. Verbraucherfinanzen, sie sind aber eher in der Minderzahl. Sie werden meist von Verlagen herausgebracht, die Verbrauchermagazine verlegen, sich dabei jedoch eher mit Einzelaspekten befassen. Ihr Ziel ist, den optimalen Umgang mit Geld zu lehren ohne vorzugaukeln, dass dies ohne eigene Anstrengungen und ausschließlich auf der Basis heißer Tipps möglich sei. Der Schwerpunkt wird meist auf einzelne Aspekte gelegt, wobei es meist um den Anlagenbereich geht. Als Beispiel sei das erfolgreiche Buch von Susan Levermann „Der entspannte Weg zum Reichtum" erwähnt. Abgesehen davon, dass auch hier wieder der Reichtum im Vordergrund steht, der offenbar mühelos erreichbar sei, befasst sich die Autorin in erster Linie mit Anlageberatung und dies vor allem unter dem Aspekt der „Fondsindustrie". Reich geht also immer.

Das hier vorliegende Buch geht in zweifacher Weise über die herkömmliche Geldliteratur hinaus. Zum einen wird das Schwergewicht auf eine systematische Gesamtschau des Gebietes „Geld und Finanzen" gelegt. Es bietet dem Leser eine Art *Finanz-Fitnessprogramm* an, er soll „fit for finance" werden. Das setzt voraus, alle Gebiete anzusprechen, die für eine **Finanzielle Lebensplanung** von Bedeutung sind.

Nun zum Inhalt des vorliegenden Buches: Vermögen kann nur gebildet werden, wenn bestimme **Voraussetzungen** erfüllt sind – darum geht es im Kapitel I. Im Kapitel II stehen dann die **Strategien** der Vermögensbildung im Mittelpunkt. Vergleiche dazu auch die „*roadmap*" in der Grafik weiter unten. Eine solche primär *produktorientierte* Darstellung ist aber nicht alles. Erfolgreiche Vermögensbildung setzt voraus, sich mit *konsum- und finanzpsychologischen Erkenntnissen* (**Behavioral Finance/Verhaltensökonomie**) zu beschäftigen. So wird den neueren Erkenntnissen der konsumpsychologischen Forschung in ihrer Bedeutung für das tägliche Verhalten der Verbraucher der 3. Abschnitt in KAPITEL I gewidmet und die jüngeren Ergebnisse der Finanzpsychologie werden speziell unter dem Aspekt der Vermögensanlage im letzten Abschnitt von KAPITEL II unter Punkt 5 „Triebe, Tricks und Täuschungen" vorgestellt.

Der Autor hat zu diesem Buch einen **Finanzfitness-Test** entworfen. Die Fragen dazu finden Sie im ANHANG. Wer sich diesem Test unterziehen will, kann meine Webseite **www.lotharweisser-finanzfitness.de** aufrufen. Bei erfolgreicher Teilnahme an diesem Test gibt es ein **Zertifikat,** in dem die Finanzfitness bestätigt wird. Voraussetzung dafür ist, dass mindestens zwei Drittel der Antworten (16 von 24 Fragen) richtig beantwortet werden.

Interessant waren die Reaktionen der Personen, denen der Autor diese Fragen zu Testzwecken vorlegte. Die eine Gruppe gab unumwunden zu, von Geld und Finanzen nichts zu verstehen, so dass ein nicht kleiner Teil das Ansinnen rundweg ablehnte, die Testfragen zu beantworten. Die zweite Gruppe wollte in der anschließenden Diskussion wissen, ob der Autor Tipps parat habe, wie man in relativ kurzer Zeit zu viel Geld kommen könne. Dass Vermögensbildung ein langfristiger Prozess ist, bei dem es weniger um den schnellen Gewinn oder gar um Reichtum geht, war nicht allen klar. In der Diskussion zeigte sich außerdem, dass kaum jemand angeben konnte, wie man die eigene Altersrente berechnen kann und noch weniger, wie hoch die zu erwartende Rentenlücke einmal sein wird. Jedoch offenbarten viele ihr ungutes Gefühl hinsichtlich der Altersvorsorge. Nicht wenige schienen es als unvermeidliches Schicksal hinzunehmen, später einmal Abstriche vom früheren Lebensstandard hinnehmen zu müssen. Kam das Gespräch auf die Betriebsrente, so wusste kaum jemand, dass es einen gesetzlichen Anspruch auf Gehaltsumwandlung gibt, aber auch nicht, dass damit gewisse Nachteile hinsichtlich der späteren gesetzlichen Rente verbunden sind.

Jule, 20, Studentin

glaubt für ihre Altersvorsorge
hat sie noch viel Zeit.

„Und von Geld versteht´ ich eh
nichts, das kam im Gymnasium
gar nicht vor"

Eine Übersicht, was Sie in diesem Buch erwartet:

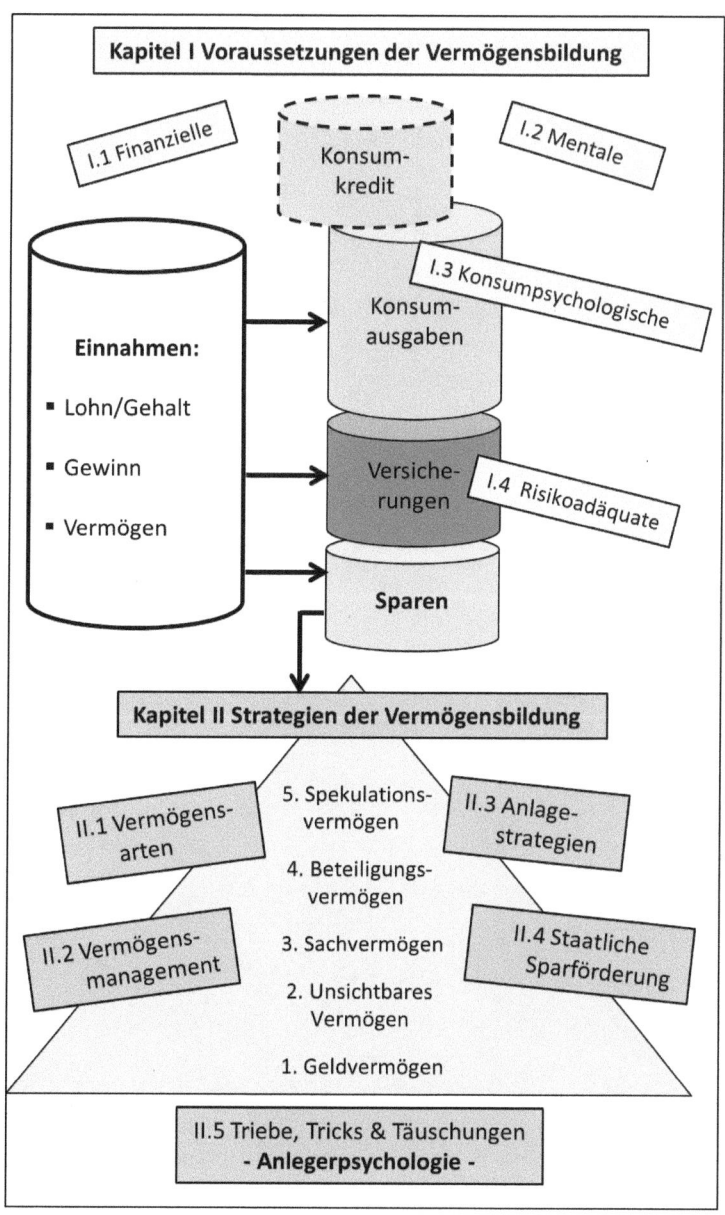

Kapitel I: Voraussetzungen der Vermögensbildung

I.1 Finanzielle Voraussetzungen

„Was man nicht ererbt, erheiratet oder erhandelt, muss man erarbeiten".

(Spruch der Donauschwaben)

In diesem Buch geht es um die Verbraucher- bzw. Privatfinanzen[2], also darum, mit Geld richtig umzugehen. Sein Ziel ist, den Verbraucher bei seiner Konsum-, Kredit- und Risikoplanung zu unterstützen und die Voraussetzungen dafür zu schaffen, das meist sauer verdiente Geld richtig anzulegen. Geld sparen und anlegen kann allerdings nur, wer genügend Einkommen erzielt. Deshalb zuerst ein paar Überlegungen zur richtigen Berufswahl – in erster Linie unter ökonomischen Aspekten. Rentiert sich heutzutage überhaupt noch eine Ausbildung oder ein Studium?

„Wenn du Erfolg haben willst im Leben, stelle dich immer ein bisschen dümmer als jene, die dir den Erfolg bereiten können" (Georg Christoph Lichtenberg).

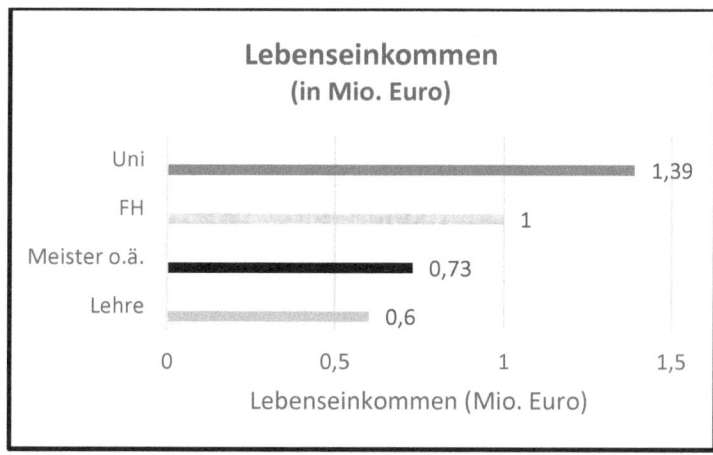

---

[2] Interessant und bezeichnend ist es, dass es dafür bislang keinen allgemein verwendeten Begriff geht! Auch die Deutsche Nationalbibliothek führt keinen entsprechenden Begriff in ihrer Kategorie Sachbuch.

Die jüngste Bildungsstudie, die das Ifo-Institut im Auftrag der Kapitalanlagegesellschaft Union Investment durchführte, zeigte für die letzten 40 Jahre erhebliche Verschiebungen im Bildungsstand. Wie aus der folgenden Grafik hervorgeht, hat sich der Anteil der Hochschulabsolventen (Universität plus Fachhochschule) fast verdreifacht, nämlich von 6 auf 18 %. Dagegen ging der Anteil an Beschäftigten, die über keinen Berufsabschluss verfügen, von 38 auf 16 % zurück. Dass sich berufliche Umwege und Zusatzqualifikationen lohnen, geht aus den **Lebenseinkommen** hervor, die in dieser Bildungsstudie ermittelt wurden (vgl. folgende Grafik). Jeder Ausbildungsschritt, selbst nach Abzug aller Ausbildungskosten, lohnt sich. Wer eine Lehre absolviert hat, verdient in seinem Berufsleben ca. 600.000 Euro. Wer die Meisterprüfung abgelegt bzw. eine Technikerausbildung abgeschlossen hat, verzeichnet ein *zusätzliches* Einkommen von 130.000 Euro. Ein Fachhochschul-Abschluss wird durchschnittlich mit weiteren 270.000 Euro honoriert, so dass er es auf ein Lebenseinkommen von einer Million Euro bringt. Besonders groß ist der Einkommenszuwachs des Universitäts-Absolventen, denn ein Uni-Abschluss wird mit weiteren 390.000 Euro entlohnt. Ihr durchschnittliches Lebenseinkommen beträgt somit knapp 1,4 Millionen Euro.

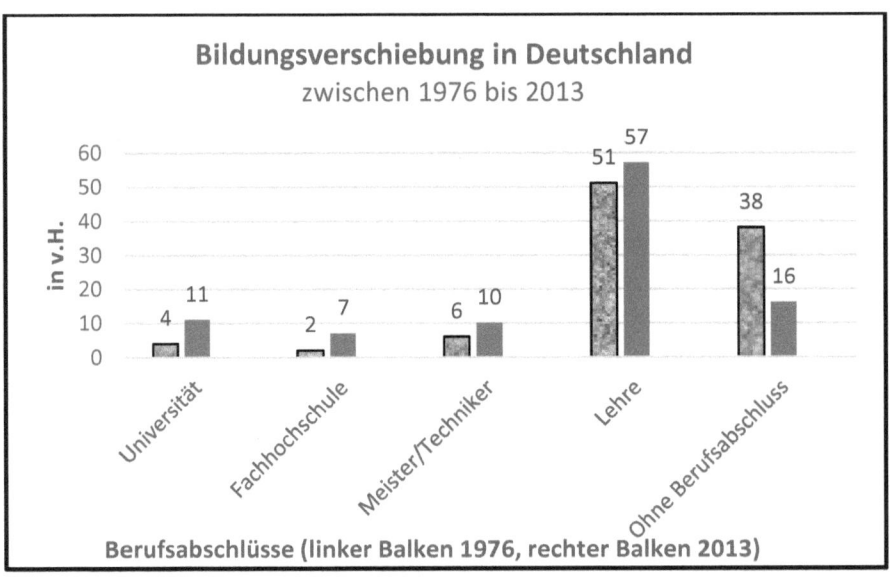

„Bildung ist mehr denn je die Grundvoraussetzung für beruflichen Erfolg", sagt Bildungsforscher Ludger Wößmann vom Ifo-Institut München, der die Bildungsstudie zusammen mit seinem Team erstellt hat.[3]

Aber nicht nur das Einkommen ist höher, auch das Arbeitslosigkeitsrisiko ist geringer. So betont Wößmann, dass Absolventen eines Universitätsstudiums zum Personenkreis zählen, der das niedrigste Risiko hat, arbeitslos zu werden. Hinzu kommt, dass die Diskrepanz zwischen ungelerntem Arbeiter und Akademiker im Laufe der Zeit immer größer wurde. So lag in den vergangenen 30 Jahren die durchschnittliche Arbeitslosenquote von Hochschulabsolventen nie über 4,0 %. Zuletzt war sie mit 2,5 % weniger als halb so hoch wie die allgemeine Arbeitslosenquote. Ähnliches gilt für Fachhochschulabsolventen. Schon eine Lehre verringert merklich die Gefahr, ohne Job dazustehen. Das Arbeitslosigkeitsrisiko von Menschen mit abgeschlossener Berufsausbildung liegt zwölf Prozentpunkte unter demjenigen von Personen ohne qualifizierenden Berufsabschluss. Das heißt aber auch: Für Geringqualifizierte wird es in unserer Wissensgesellschaft zunehmend enger.[4]

Nicht übersehen werden darf, dass gerade im akademischen Bereich die Einkommensspreizung beträchtlich ist. An der Spitze rangieren die Mediziner, die nicht nur eine Million mehr verdienen als Personen, die lediglich eine Lehre aufweisen, sondern die mehr als doppelt so viel verdienen wie Informatiker, Naturwissenschaftler oder Ingenieure. Am unteren Ende der Akademiker-Einkommensskala finden sich Kulturwissenschaftler und studierte Sozialarbeiter. In der Mitte sind die Juristen angesiedelt, und mit etwas Abstand darunter die Ökonomen. Allerdings sind die Einkommensdifferenzen bei den Medizinern besonders extrem, denn die Vertreter der Apparatemedizin, insbesondere die Radiologen, verdienen bis zu fünfmal mehr als Hausärzte und Psychiater. Bildung zahlt sich also im Allgemeinen aus, jedoch gilt dies nicht für jeden Berufsabschluss in gleichem Maße. Innerhalb der einzelnen Bildungsstufen zeigen sich teilweise riesige Unterschiede.

---

[3] https://www.welt.de/wirtschaft/article163242993/So-viel-ist-Ihr-Studienabschluss-im-Berufsleben-wert.html
[4] A.a.O.

Interessant ist auch das Ergebnis, dass bei einem Studium die aufgewendeten Studienkosten über das gesamte Erwerbsleben mit durchschnittlich *zehn Prozent* jährlich verzinst werden. Die Akademisierung vieler Berufsbereiche bringt es aber mit sich, dass Handwerker oft mehr verdienen als Hochschulabsolventen. "*Handwerk hat goldenen Boden*", dieser Spruch längst vergangener Zeiten hat auch heute nichts an Aktualität verloren, eher trifft das Gegenteil zu. So gibt es insbesondere im Bauhandwerk viele gut bezahlte Jobs, Gas- und Wasserinstallateure sowie Anlagenmechaniker verdienen gutes Geld.[5]

Keinesfalls sollte ausgeblendet werden, dass eine Berufswahl nicht ausschließlich von finanziellen Motiven bestimmt sein sollte. An oberster Stelle steht, ob man mit dem gewählten Beruf zufrieden ist. Umfragen zeigen aber, dass es damit nicht zum Besten steht. So war eines der Ergebnisse der von der ManpowerGroup Deutschland durchgeführten repräsentativen Studie zum Thema „*Jobzufriedenheit 2017*", dass fast die Hälfte der befragten Arbeitnehmer mehr Frust als Lust bei ihrer Tätigkeit verspüren. Als Ursachen wurde die schlechte Bezahlung, mangelnde Anerkennung, Unzufriedenheit mit dem Arbeitsklima und den Aufstiegschancen genannt. Auch die fehlende Flexibilität der Unternehmen im Bereich Familienkompatibilität wurde bemängelt, ebenso die fehlende Karriereförderung in vielen Firmen. Nicht weniger als 46 % gaben an, den Arbeitsplatz in den nächsten 12 Monaten wechseln zu wollen – ein Ergebnis, dass als überraschend, ja sogar als niederschmetternd, zu bezeichnen ist.

---

[5] Vgl. https://www.gehaltsvergleich.com/gehalt/Handwerk

I.2 Mentale Voraussetzungen
2.1 Was ist Geld, wo kommt es her?

Wer sich mit Geld beschäftigen will, benötigt zumindest eine gewisse Vorstellung davon, was Geld überhaupt ist, wie sein Wert bestimmt wird und wie es in den Wirtschaftskreislauf gelangt. Darüber hinaus ist vor allem für den Sparer und Anleger wichtig zu erfahren, wieso bei uns plötzlich ein derart niedriges Zinsniveau herrscht, was der ökonomische Hintergrund der sog. „Nullzinspolitik ist und welche Rolle die Europäische Zentralbank (EZB) dabei spielt. Wie die Auswertung des Eingangstests ergab, sind es gerade diese Bereiche, über die am wenigsten Klarheit herrscht.

Wer hat eigentlich das Recht, Banknoten auszugeben, also Geld in Umlauf zu bringen? Das sog. *Notenmonopol* hat bei uns ausschließlich die Zentralbank (Deutsche Bundesbank bzw. Europäische Zentralbank), was allgemein bekannt ist. Setzt sich damit die Geldmenge aus Banknoten und Münzen zusammen? Diese Frage wird meistens bejaht, was jedoch nicht richtig ist. Denn heute spielt nicht mehr das Bargeld, also Münzen (die übrigens vom Bund herausgegeben werden, das sog. „Münzregal") und Banknoten, die entscheidende Rolle, sondern das Giralgeld (Buchgeld). Dieses bringen die Geschäftsbanken in den Umlauf – obwohl sie eigentlich gesetzlich gar nicht dazu ermächtigt sind. Der Staat akzeptiert aber ganz offiziell dieses Geld, denn Steuerschulden, Gebühren und Abgaben können damit bezahlt werden. In der EU beträgt das Verhältnis Buchgeld zu Bargeld ca. 5:1. Die Geldschöpfung durch die Geschäftsbanken wird also vom Staat weitgehend geduldet, was weitrechende Konsequenzen für das gesamte Wirtschaftsleben hat. Banken benötigen unmittelbar auch keine Spareinlagen von Kunden, sie vergeben Kredite einfach in Form von Gutschriften auf Kundenkonten. Nur wenn diese Kredite bar abgehoben werden, könnte es zu Zahlungsschwierigkeiten der Banken kommen. Dies ist aber nur zu einem kleinen Teil der Fall, da heutzutage über die meisten Kredite unbar verfügt wird, d.h. das „Geld" wird auf andere Kundenkonten entweder bei den gleichen oder anderen Banken überwiesen. Im Klartext heißt dies, solange die Banken im Gleichschritt marschieren, wenn also die Überweisungen von Bank A an Bank B denen von B an A prinzipiell entsprechen, gibt es kaum eine Grenze für diesen Geldschöpfungsprozess.[6] Dass mit dieser Schaffung von Geld eine riesige Machtfülle des Bankenapparates einhergeht, dürfte unmittelbar klarwerden. Der Traum der meisten Menschen, ihr eigenes Geld zu produzieren, ist also schon längst Wirklichkeit, eine Wirklichkeit allerdings, die gerne im Verborgenen abläuft. Und falls Banken einmal in Schwierigkeiten geraten, also sozusagen „überzocken", dann steht ja der Staat – wie die Bankenkrise von 2008 bewies – Gewehr bei Fuß.

Viele Menschen glauben, der Wert des Geldes beruhe auf den Goldvorräten, die in den Tresoren der Zentralbank lagern. Aber mit dieser irrigen Meinung sind sie nicht allein. Jahrhundertelang glaubten dies alle und insbesondere die Herrscher – und nicht zuletzt die meisten Ökonomen –, dass der Wert des Geldes von einem Edelmetall (Gold oder Silber) abhängig sei. Dabei machte es prinzipiell keinen Unterschied, ob die Münzen selbst aus diesem Metall bestanden oder das Geld bei der National-/Zentralbank zum Umtausch in Gold vorgelegt werden konnte. Heute bestreitet kaum noch jemand – abgesehen von ein paar Uneinsichtigen und sogar einigen Wenigen in der ökonomischen Zunft –, dass der Wert des Geldes in keiner Weise von einem Edelmetall abhängig ist, und ist der Goldschatz in den Tresoren der Zentralbanken noch so groß. Dieser falschen Auffassung hing lange die Mehrzahl der Nationalökonomen an, was besonders verhängnisvoll in der Zeit nach dem 1. Weltkrieg war, als man mit Gewalt die Goldwährung wiedereinführte. Nicht zuletzt führte das Streben nach möglichst großen Goldbeständen die damalige Weltwirtschaft in das Chaos, der internationale Handel brach weitgehend zusammen. Nutznießer der dadurch verursachten Weltwirtschaftskrise war der Nationalsozialismus mit all seinen Schrecken.

Von was ist der Wert des Geldes denn nun abhängig? Das folgende Schaubild versucht dies zu verdeutlichen. Es kommt allein auf das Verhältnis der Geldmenge zur Gütermenge an, also wie viel Ware (inklusiv Dienstleistungen) man für sein Geld bekommt.

---

[6] Vgl. dazu die reichhaltige herkömmliche Geldliteratur. Kritische Darstellung zur Geldschöpfungsmacht der Banken gibt es erst in jüngerer Zeit, so von Horst Seiffert, *Geldschöpfung, Die verborgene Macht der Banken*, 2014, Stephen Zarlenga, *Der Mythos vom Geld – die Geschichte der Macht*, 1999 sowie und vor allem Paul Schreyer, *Wer regiert das Geld?* 2016.

Dies versinnbildlicht das Bild einer Waage. Kommt zu viel Geld in Umlauf, so neigt sich die Waage nach links mit der Folge, dass die Warenpreise ansteigen, es kommt zur Inflation. Umgekehrt, wenn Geld aus dem Umlauf abgezogen wird, so neigt sich die Waage nach rechts, das Überangebot drückt auf die Preise (Deflation). Diese Gefahr eines allgemeinen Preisverfalls versucht die Europäische Zentralbank mit aller Macht zu bekämpfen, denn nichts fürchtet sie so sehr, als einen Preisverfall auf breiter Front. Sie hat dabei jedoch schlechte Karten, insbesondere was die Akzeptanz ihres Handelns vor allem in Deutschland betrifft. Denn auf Grund unserer Geschichte ängstigen sich die Bundesbürger vor nichts so sehr wie vor einer Inflation.

Was bei einer Deflation auf den ersten Blick für den Verbraucher erfreulich ist – er erhält ja nun mehr Ware für das gleiche Geld – kann sich aber längerfristig als fatal erweisen. Denn wenn Käufer heute davon ausgehen können, dass morgen die Preise sinken, so werden sie sich mit dem Kauf zurückhalten. Dies wurde in Deutschland im Gefolge der Weltwirtschaftskrise in den Jahren 1931/32 schon einmal durchexerziert, und zwar so perfekt durch systemwidrige Eingriffe des Staates in das Wirtschaftsleben, insbesondere in das Preisgefüge, dass die Arbeitslosigkeit auf 50 % anstieg und was damit endete, dass das gesamte Wirtschafts- und Gesellschaftssystem kollabierte.

2.2 Der Zins als Preis des Geldes

Was bedeutet dies nun für den Sparer? Soll er angesichts der niedrigen Zinsen überhaupt noch sparen? Und heißt dies für Investoren, dass sie nun großen Mengen an Krediten aufnehmen sollten, da diese so günstig zu haben sind?

Wie werde ich Millionär?
Das Sparbeispiel des „neuen" Carsten Maschmeyer
„Die Millionärsformel"

- Man lege täglich 10 Euro auf die Seite
- Einmal pro Jahr trägt man das Geld zur Bank
- Der Zinssatz beträgt 7 % beträgt.
- Welche Summe ergibt sich nach 45 Jahren?

Tatsächlich, bei 7 % Ansparzins während der gesamten Laufzeit würde eine Million nicht nur erreicht, sondern sogar überschritten (die exakte Lösung ist 6,72 %). Aber: Wie realistisch ist diese mit viel Pomp und Werbung großartig angekündigte „Millionärsformel"?

Milionärbeispiel Maschmeyer	
tägliche Sparsumme	10 €
gesparter Betrag pro Jahr (360 Tage)	3.600 €
gesparter Betrag nach 45 Jahren	162.000 €
Anlagezinssatz	7,00%
Laufzeit	45
Endbetrag	**1.028.698 €**

Zum einen der *finanzpsychologische* Einwand: Es ist wenig realistisch, dass es jemand fertigbringt, 45 Jahre lang jeden Tag 10 Euro auf die hohe Kante zu legen. Viele Menschen überschätzen grundsätzlich ihre Fähigkeit, langfristige Verträge (und sei es quasi mit sich selbst) durchzuhalten. Wenn das Beispiel umgesetzt werden sollte, dann müsste der Sparer nicht nur den täglichen Betrag aufbringen, sondern – was noch wichtiger wäre – ihn so anlegen, dass er seinem jederzeitigen Zugriff entzogen wäre. Die Erfahrungen mit Lebensversicherungen zeigen, dass rund die Hälfte der Versicherten ihre Sparbeiträge vorzeitig abheben, obwohl dies meist mit schmerzlichen finanziellen Einbußen verbunden ist.

Zum anderen der *ökonomische* Einwand: 10 Euro pro Tag bzw. 360 Euro pro Monat sind in den beruflichen Anfangsjahren, die ja meist auch Ausbildungsjahre sind, nur schwer aufzubringen. Und in späteren Jahren ist dieser Betrag zu niedrig, zumindest wenn man von der oft genannten Faustformal ausgeht, dass ungefähr 10 % des Nettoeinkommens gespart werden sollen. Noch schwerer wiegt der Einwand, wie man eine Verzinsung von 7 %, selbst über eine derart lange Zeit, erreichen kann. Dies wäre, wenn überhaupt, nur möglich, wenn der Sparer sein Geld nicht wie im Beispiel vorgesehen zur Bank, sondern zur Börse tragen würde.

2.3 Der schwierige Umgang mit Geld

„Das Geld ist für mich eine Wunde, in der bitte schön, nicht mehr gebohrt werden soll"
(Hildegard Knef)

Wenden wir uns nun der Rolle des Geldes für den Einzelnen zu. Immer wieder hört man, Geld mache nicht glücklich. Nur auf Geld und hohes Einkommen zu setzen, dürfte in der Tat problematisch sein. Ob allerdings das Gegenteil, nämlich kein Geld zu haben, glücklich macht, ist ebenfalls zu bezweifeln. *„Geld ist nicht alles, ohne Geld ist aber alles nichts"* – dieser vielzitierte Spruch trifft den Kern des Problems schon eher. Einigkeit dürfte wohl auch darüber herrschen, dass niemand gerne Geld verliert, sei es auf der Straße oder an der Börse. Dies zeigte mit aller Deutlichkeit die Finanzkrise, die im Jahr 2008 ausbrach.

Was Niall Ferguson für die englischsprachige Welt feststellte, dass nämlich ein großer Teil des breiten Publikums der Finanzwelt *„gleichgültig gegenüber"* stehe, trifft wohl auch auf uns zu.[7] Insbesondere am Geld bestünde ein mangelndes öffentliches Interesse, obwohl man doch von den meisten erwarte, dass sie ihre Finanzen selbst regeln, ihre Altersvorsorge selbst in

---

[7] Vgl. Der Aufstieg des Geldes, 2008, S.15 f.

die Hand nehmen, ihre Versicherungen selbst abschließen. Die meisten Bürger seien schlecht darauf vorbereitet, *„kluge finanzielle Entscheidungen zu treffen"*, Ferguson spricht gar von *„finanziellen Analphabeten"*.[8]

☞ **Was Sie beachten sollten:**

> Nicht nur das weltweite Bankensystem kam in den Jahren nach 2008 fast zum Einsturz, die Krise brachte auch viele private Anleger um ihr Erspartes. Die eigene Unwissenheit und Unerfahrenheit, aber auch **Tricks** und **Täuschungen** der Finanzbranche, nicht zuletzt aber auch die eigene **Gier**, stürzten die Anleger ins Unglück. Man fragt sich immer noch, wie kleine Sparer, Rentner, Hausfrauen, aber auch gewieftere Zeitgenossen, wegen der Aussicht auf ein paar mehr Zinsprozente ihr Geld in weitgehend unbekannten und komplexen Risikopapieren und dazu noch bei ihnen völlig unbekannten **Auslandsbanken** anlegten.

Vielleicht lag diesem Verhalten auch eine gewisse Selbstüberschätzung zu Grunde, die dazu verleitete, sich auf einem Terrain in Abenteuer zu stürzen, das selbst nicht von Profis voll beherrscht wird. Hinzu kommt, dass man von finanziellen Dingen oft nur wenig Ahnung hat, Risiken kaum einzuschätzen weiß und noch weniger über die erforderlichen finanzmathematischen Kenntnisse verfügt. So ergab eine Umfrage der Columbia University, dass schwere rechnerische Defizite bei finanziellen Entscheidungen festzustellen seien. Es wurde die Frage vorgelegt, wie lange es dauert, bis ein Kredit in Höhe von 3.000 Dollar getilgt ist, wenn dafür jährlich 12 % Zinsen verlangt werden und die Rückzahlung in monatlich gleichbleibenden Raten zu je 1 % zu erfolgen hat. Nur ein Drittel der Antworten war richtig! Dieser Kredit wird nie zurückgezahlt werden – die zwölf Monatsraten über je 30 Dollar decken gerade die Jahreszinsen ab. Es waren keineswegs nur die Alten, die falsch lagen, sie bewältigten diese Aufgabe nicht besser und auch nicht schlechter als die Jungen.[9]

Das Verhalten der Menschen im Bereich Geld und Finanzen ließe sich schlichtweg auch mit reiner Unwissenheit und Sorglosigkeit erklären. Denn bereits vor vielen Jahren hat der Amerikaner Tod Barnhart in seinem Buch

---

[8] Ebenda, S.17 und S. 18
[9] Das Risiko Rentner zu sein, in: Badische Zeitung 18.01.2014

„Die 5 Schritte zum Reichtum" festgestellt, dass die meisten Leute mehr Zeit für die Vorbereitung eines zweiwöchigen Urlaubs aufwendeten als für die Planung ihrer finanziellen Zukunft. An unseren Schulen wird wenig über Wirtschaft, und noch viel weniger über den Umgang mit Geld und Finanzen gelehrt.[10] Das scheint sich im späteren Leben oft zu rächen, denn es dürfte nicht von ungefähr kommen, dass eine der Hauptursachen aller Scheidungen finanzielle Probleme sind.

Immer noch ist vielen Anlegern unbekannt – vielleicht wollen sie es aber auch gar nicht so genau wissen –, dass höhere Renditen leider mit entsprechend höheren Risiken verbunden sind. So hat die risikobehaftete Anlage in Aktien in den letzten Jahren oft zweistellige Renditen eingebracht.[11] Für festverzinsliche Papiere gab es dagegen viel weniger Zinsen, ihr Kursrisiko war aber auch deutlich geringer. Dafür benötigte man für solche Wertpapiere auch keine so starken Nerven, denn zwischenzeitliche Kursverluste, bis zu 40 % (im Jahr 2008) in wenigen Monaten wie bei Aktien, gab es nicht. Dies gilt jedoch nur, wenn es sich um Staatsanleihen führender Industrienationen handelte. Ließ man sich jedoch von den hohen Zinssätzen südeuropäischer Staaten anlocken oder erwarb hochverzinsliche Unternehmensanleihen, so sah die Sache ganz anders aus. Hohe Kursverluste waren meist nicht zu vermeiden.

Immer wieder kann man über Prozesse gegen Kapitalanlagebetrüger lesen, die mit in Aussicht gestellten Renditen von bis zu 40 % erfolgreich auf Kundenjagd gegangen waren. Hunderte von Anlegern gingen ihnen auf den Leim, die Schadenssumme belief sich oft über viele Millionen Euro und nicht wenige wurden um ihr ganzes Altersvorsorgevermögen gebracht. Dass solche Verzinsungen auf legale Weise kaum zu erzielen sind – und falls doch, dann nur bei Inkaufnahme immens hoher Risiken, die bis zum

---

[10] Ein gewisser Fortschritt lässt sich in den die Bildungspläne für allgemeinbildende Schulen in Baden-Württemberg erkennen. Aber auch hier liegt der Schwerpunkt auf der Vermittlung volkswirtschaftlichen Wissens, der Verbraucher kommt nur am Rande vor.

[11] Für Finanzexperten: Die Aktienrenditen werden in diesem Buch grundsätzlich als *geometrisch* ermittelte Verzinsung angegeben. Sie ist niedriger als die üblicherweise angegebene *arithmetische* Rendite, für den Zeitspannen 2003 bis 2013 ist die so ermittelte DAX-Kursrendite 11,7 %, die geometrische nur 9,2 %.

Totalverlust der investierten Summe führen können –, hat sich leider noch immer nicht bei allen Anlegern herumgesprochen.[12]

☞ **Was Sie beachten sollten:**

Fallen Sie nicht auf hochprozentige Versprechungen herein. Bei in Aussicht gestellten Verzinsungen im zweistelligen Bereich kann man mit großer Sicherheit davon ausgehen, dass es sich um Anbieter am sog. **Grauen Kapitalmarkt** handelt. Angeboten werden meist hochriskante Beteiligungen an Unternehmen.

Es war wohl nicht nur Unwissenheit und Dummheit auf Seiten der umworbenen Anleger, sondern auch Tricks und Täuschungen, denen sie zum Opfer fielen und sie zu **irrationalen** Entscheidungen verleiteten. Um Anleger über den Tisch zu ziehen, bedarf es nicht einmal unbedingt der Werbung mit bekannten Personen oder Bundesligaclubs. Wie das Beispiel der Göttinger Firmengruppe zeigt, deren Logo die Brust von Bundesligakickern zierte, werden damit aber unsaubere Machenschaften erleichtert.[13] Und werden dann Anleger gewahr, dass man sie um ihr Geld gebracht hat, wehren sie sich oft nicht einmal. Gründe dafür sind die Scham über ihre eigene Gier, aber auch ihre Unkenntnis über die Erfolgschancen bei Gericht. Oft wird auch der nicht unerhebliche zeitliche und finanzielle Aufwand langwieriger Prozesse gescheut.

Ein weiteres Beispiel ist der Finanzvertrieb AWD, über dessen früheren Eigentümer Carsten Maschmeyer der SPIEGEL[14] schrieb, dass er es *„zum Milliardär - und zum Feindbild Tausender Kleinanleger"* gebracht habe. Weiter hieß es, *„die Firma hat er verkauft, das Image des Drückerkönigs verfolgt ihn bis heute"*. Und der Online-Seite der Stiftung Warentest kann man entnehmen, *„die Werbung mit Politikern und Prominenten hat dazu geführt, dass viele Kunden dem AWD vertraut haben. Doch Tausende haben mit dem Kauf überteuerter Immobilien*

---

[12] So stellte sich in einem Prozess vor dem Landgericht Mannheim heraus, dass die drei angeklagten Anlagebetrüger durch das Versprechen von 24 bis 36 % jährlichen Zinsen rund 300 Kunden um durchschnittlich 25.000 Euro erleichterten.

[13] Am Ende gab es mindestens 250.000 Geschädigte, die sich zum Nulltarif von ihren „atypischen stillen Beteiligungen" trennen mussten, Kapital von über einer Milliarde Euro war verschwunden (vgl. Stiftung Warentest 17.08.2007 sowie wikipedia.org (Stand 7.06.2013).

[14] Nr. 18 v. 29.04.2013

und riskanter Immobilienfonds viel Geld verloren."[15] In der Finanztest-Dokumentation zu dieser Firma heißt es weiter, dass viele Anleger ihre Anteile teilweise sogar auf Kredit finanziert haben. Doch die erhofften Ausschüttungen wurden gekürzt oder fielen ganz aus. In der Folge konnten viele Anleger die dafür aufgenommenen Kredite nicht mehr bezahlen. AWD vermittelte auch die Falk-Immobilienfonds, die später Pleite gingen. Viele AWD-Geschädigte berichteten Finanztest, dass ihnen die riskanten Unternehmensbeteiligungen als sichere Altersvorsorge empfohlen worden waren.[16] Wie eingangs erwähnt, scheint nun Carsten Maschmeyer in seinem 2016 erschienenen Buch 2016 "*Die Millionärsformel – Der Weg zur finanziellen Unabhängigkeit*" aufzeigen zu wollen, wie die AWD-geschädigten Anleger vorzugehen haben, um ihre „*echte finanzielle Freiheit*" zurückzuerlangen und ihrem „*Wunsch, eines Tages ein großes Vermögen zu besitzen … eine tolle Villa, ein klasse Auto, super Weltreisen*"[17] zu entsprechen.

Die Stiftung Warentest führt in ihrer alljährlich erscheinenden Warnliste „*Geldanlage*"[18] in der ersten Gruppe unseriöse Finanzvermittler und Finanzberater auf, die Anlegern mit zweifelhaften Methoden oder falschen Versprechen Geldanlagen andienten oder vermittelten. Darunter befinden sich – ziemlich überraschend – auch Banken und Sparkassen sowie die Postbank. In einer zweiten Gruppe werden „Geschlossene Fonds", insbesondere aus der Schiffsbranche, sowie geschlossene Immobilienfonds genannt. Die Stiftung warnt dann weiter vor den in der dritten Gruppe aufgeführten Schrottimmobilien. Das sind meist völlig überteuerte Wohnungen, die Anlegern als Kapitalanlage zur Altersvorsorge empfohlen werden. In einer letzten Gruppe werden dann Unternehmensbeteiligungen und Genussrechte sowie bestimmte Geschäfte mit Lebensversicherungen genannt. Es

---

[15] http://www.test.de/AWD-Finanztest-dokumentiert-AWD-Vertriebssystem-4203106-0
[16] Stiftung Warentest (Finanztest) v.9.02.2011: „Der Gründer der Finanzdienstleistungsfirma AWD, Carsten Maschmeyer, hat engste Kontakte zu wichtigen Politikern. Das hat der NDR in seinem Film „Der Drückerkönig und die Politik" im Januar 2011 eindrücklich dargestellt. Auch Finanztest berichtet seit 15 Jahren über die Geschäftsmethoden des AWD. Auch das wollte Maschmeyer mehrfach verhindern. Finanztest hat jetzt alle Artikel zum AWD in einem 48-seitigen PDF zusammengefasst. Alle über die AWD erschienenen Artikel können als Infodokument über die Stiftung Warentest (Finanztest) als Infodokument bezogen werden.
[17] A.a.O., S. 11
[18] Stiftung Warentest (https://www.test.de/Warnliste-Geldanlage-Unserioese-Firmen-und-Finanzprodukte-1131965-0) v.12.01.2017

sind dies alles riskante Angebote, von denen die Stiftung Warentest (Finanztest) mehrfach berichtete und ausdrücklich warnte.

2.4 Tabuthema Geld

Geld ist immer noch für viele ein Tabuthema. Schon in der Kindheit ist uns eingetrichtert worden *„Geld hat man, darüber spricht man nicht"*. Unsere Erfahrung mit Geld, das *„Gefühl für Geld"*, wurde früh durch die Haltung der Eltern zu diesem Medium bestimmt. Die Gefahr besteht, dass diese anerzogenen Überzeugungen, das *„Geldgewissen"*, unser ganzes Leben bestimmen. Entscheidend ist, wie Eltern ihren Kindern den Umgang mit Geld vorlebten, und allzu häufig waren es negative Erlebnisse, da es oft Streit gab, denn genug Geld war nie da.

📖 Wissenswertes:

> Beklagt wird häufig, dass besonders Frauen ein zwiespältiges Verhältnis zu Geld haben. Bei der Wahl des Berufs ist der Verdienst selten ein wichtiges Kriterium, Gehaltsverhandlungen führen sie häufig mit schlechtem Gewissen und dem Gefühl, mehr Geld gar nicht zu verdienen. In vielen Ehen wissen Frauen nicht, was ihre Männer verdienen, und trotzdem sind sie für das Haushaltsbudget verantwortlich. Wenn Ehen scheitern, dann ist es oft genug die Frau, die die finanziellen Konsequenzen zu tragen hat, die zur Sozialhilfeempfängerin degradiert wird und später der Altersarmut anheimfällt.

Wer zu viel über Geld redet, setzt sich schnell dem Verdacht aus, durch illegale Machenschaften, waghalsige Spekulationen, unverdiente Erbschaften, zumindest aber durch übermäßigen Geiz zu Geld gekommen zu sein. Überhaupt galt es in unserer Gesellschaft noch nie als besonders fein, sich intensiv mit Geld zu beschäftigen. Aus einer 2004 erschienenen Studie der Universität Mainz geht hervor, dass die überwiegende Mehrheit der Menschen in Deutschland durch innere Hemmschwellen daran gehindert ist, sich mit ihren Finanzen so zu beschäftigen wie es notwendig wäre.[19] Viele Verbraucher empfänden Geldthemen als Teil ihrer Intimsphäre. Und wer

---

[19] Vgl. Südkurier v.20.03.2004

sich in Geldfragen auskenne, gelte schnell als oberflächlich und moralisch fragwürdig.

In der Erziehung steht traditionsgemäß nicht die Frage des Gelderwerbs im Mittelpunkt, sondern die des Nichtausgebens. Tugenden wie Sparsamkeit, Bescheidenheit und Zufriedenheit rangieren ganz vorne. *„Mit wenig zufrieden sein"*, auch dies eine Maxime, mit der man die ärmeren Schichten früh konfrontierte. Die reservierte Haltung zu Geld geht auch aus der Feststellung des amerikanischen Schriftstellers Henry David Thoreau hervor, *„money is not required to buy one necessity of the soul"*. Seine Landsmännin, die Autorin Gertrude Stein, hatte dagegen ein wesentlich unverkrampfteres Verhältnis zu Geld, denn sie meinte lakonisch, *„whoever said money can´t buy happiness, didn´t know where to shop"*.

Finanzielle Probleme werden nicht selten solange verdrängt bis die Beschäftigung mit ihnen unvermeidlich wird. Dass jedoch Geld eine Grundvoraussetzung ist, um an den Segnungen unserer Zivilisation teilzuhaben, weiß jeder. Und da man in unserer Gesellschaft mittlerweile fast alles kaufen kann was man braucht oder zu brauchen glaubt, ist es wohl nur eine Frage der Zeit, bis sich in allen Bevölkerungsschichten das Verhältnis zum Geld entkrampft. Insbesondere dürfte dies für die jüngere Generation zutreffen, die glücklicherweise noch keine Bekanntschaft mit den negativen Seiten der Geldwirtschaft, nämlich Währungsreform mit Geldentwertung und hoher Inflation, machen musste. Andererseits ist es besonders in Kreisen von Künstlern und Intellektuellen üblich, über den *„schnöden Mammon"* herzuziehen.

Stellvertretend dafür steht Georg Simmel, der in seiner im Jahr 1900 erschienen *„Philosophie des Geldes"* im Geld ein Grundübel erblickte, da es immer mehr Einfluss auf die Gesellschaft, die Politik und das Individuum erhalte. Allerdings räumte er ein, dass die Verbreitung der Geldwirtschaft den Menschen zahlreiche Vorteile gebracht und zur Überwindung des Feudalismus sowie zur Entwicklung moderner Demokratien beigetragen habe. Nur sei in der Moderne das Geld immer mehr zum Selbstzweck geworden.[20] Es ist hier nicht der Raum, um sich mit seiner These detailliert auseinanderzuset-

---

[20] Vgl. http://de.wikipedia.org/wiki/Georg_Simmel

zen, dass Geld der neue Gott sei, was an der Macht der Banken, die inzwischen größer und mächtiger sei als die der Kirchen, abgelesen werden könne. Mit Sicherheit dürfte es aber auch keine Lösung sein, sich der Geldwirtschaft zu entziehen und sich von allem, was mit Geld zu tun hat – und das sind fast alle gesellschaftlichen Bereiche – zu distanzieren. Kritisch ist zu Simmel anzumerken, dass unsere Demokratie eine Symbiose mit dem marktwirtschaftlichen System eingegangen ist, das ohne Geldwirtschaft unvorstellbar ist. Ökonomisch gesehen dient Geld vor allem als Tauschmittel bei der Abwicklung von Markttransaktionen, es ist darüber hinaus Wertaufbewahrungsmittel und findet als allgemeiner Wertmesser Verwendung. Eine Rückkehr zur Tauschwirtschaft und der Verwendung von Kühen, Elefanten oder Schafen als Mittel zur Bewertung von Vermögen dürften wohl kaum im Sinn der Allgemeinheit sein.[21]

Schuldnerberatungsstellen klagen, dass in den Unterlagen überschuldeter Menschen häufig eine unglaubliche Unordnung herrsche. Ihre erste Beratungstätigkeit bestehe oft darin, zuerst einmal eine Übersicht zu gewinnen, was nicht einfach sei, da Belege, Verträge und Mahnbescheide häufig völlig ungeordnet in Schuhschachteln übergeben werden. Tatsache ist auch, dass bei rund 70 % aller Paare die Finanzen Anlass für Streitereien sind. Geld regiert also nicht nur die Welt, sondern offensichtlich auch die Liebe.[22] Die Männer werfen ihren Partnerinnen Verschwendungssucht vor, die Frauen wiederum regen sich über die übertriebene Kauflust ihrer Männer auf, vor allem wenn es um den fahrbaren Untersatz geht. Selbst in Beziehungen, in denen eigentlich genug Geld vorhanden ist, eskalieren häufig Streitigkeiten, die ihren Grund im finanziellen Verhalten der Partner haben.

Dass dann die Menschen auf Grund ihres geringen Wissens viele Fehler in finanziellen Dingen machen, ist eine notwenige Folge davon. Erstaunlich ist auch die Behandlung des Menschen als Konsument, Sparer sowie als Kredit- und Versicherungsnehmer in der etablierten ökonomischen Literatur. Sie setzt bis heute weitgehend ungebrochen auf den rational denkenden

---

[21] Richard David Precht vertritt in seinem Buch „Die Kunst kein Egoist zu sein" die fragwürdige These, dass die Ausführungen von Georg Simmel auch 100 Jahre später nichts von ihrer Bedeutung eingebüßt hätten.

[22] Anja Krumpholz-Reichel, Von Geld, Macht und Liebe, in: Sonntag Aktuell, Sonntagsausgabe der Stuttgarter Zeitung, vom 12.08.2000

Menschen. Rational heißt, er wägt vor jeder Entscheidung emotionslos Aufwand und Nutzen sämtlicher in Frage kommenden Alternativen ab und lässt sich dabei von nichts und niemandem beeinflussen. Wäre dies tatsächlich der Fall, dann hätten weder die großen Finanzmanager noch die kleinen Anleger solche unverzeihlichen Fehlentscheidungen getroffen, die vor wenigen Jahren fast das gesamte Weltwirtschaftssystem zum Einsturz brachten.

📖 **Wissenswertes:**

> Ganz anders sieht der neue Wissenschaftszweig **Behavioral Finance (Verhaltsökonomie)** den Menschen bei seinen wirtschaftlichen Entscheidungen. So erhielt Daniel Kahnemann im Jahr 2002 den Wirtschafts-Nobelpreis für seine finanzpsychologischen Forschungen – und dies nicht als Ökonom, sondern als Psychologe! In zahlreichen Experimenten stellten er und seine Schüler fest, dass finanzielle Dispositionen alles andere als rational und zielgerichtet im Hinblick auf den größten Nutzen seien. Kaum ein menschliches Betätigungsfeld sei so stark von verhaltens- und nicht zuletzt tiefenpsychologischen Einflüssen geprägt wie der Umgang mit Geld. Gier, Angst, Entscheidungsunfähigkeit, Beharrungstendenzen, Gruppenzwang, Suchtverhalten und Massenhysterie prägen demnach unser Verhalten weit stärker als wir bisher angenommen haben. Wenn wir ein bestimmtes Auto kaufen, unser Geld in einer bestimmten Aktie anlegen, den Verkaufspreis unserer Immobilie festlegen, eine Versicherung abschließen oder uns ein Bild über unsere finanzielle Situation machen wollen, dann meinen die meisten Menschen immer noch, dass dies alles nach objektiven Kriterien geschehe.

Viele unserer Entscheidungen, besonders im finanziellen Bereich, sind nicht selten irrationaler Natur sind. Erinnert sei an die Spekulationsblase um die Jahrhundertwende an der Börse, am sogenannten „Neuen Markt". Mit einem rationalen Börsenverhalten hatte dies nicht allzu viel zu tun. Aktien avancierten plötzlich zum Partythema Nummer eins, ein für Börsenexperten untrügliches Zeichen eines überhitzten, oder wie sie sagen, *„überverkauften"* Marktes. Selbst besonnene Sparer verspürten plötzlich den unwiderstehlichen Drang, noch schnell auf den Börsenzug aufspringen zu müssen, um dicke Kursgewinne, anscheinend risikolos, einstreichen zu können. Ein solches *„jumping at the bandwagon"* wird immer mal wieder in Mode kommen. Meist ist es der Fall, wenn die Kurse längere Zeit gestiegen sind und sich Insider bereits mit dem Gedanken tragen, bald wieder abzuspringen. Bleibt zu hoffen, dass es nach der Wiedereinführung dieses Segments im Jahr 2017 nicht wieder zu ähnlichen Exzessen kommt.

2.5 Geld und Glück

Die Menschheit bewegt seit langem die Frage, ob Geld wirklich glücklich mache. Glaubt man den Reichen, dann ist das natürlich nicht so. Von ihnen hört man oft *„nix haben ist eine schöne Sach'"* – vor allem wenn sie sich mal wieder mit Kursverlusten herumzuschlagen haben. Außerdem könne man bei den Reichen das Sparen lernen – ein gezielter Hinweis darauf, wie sie selbst zu Geld und Vermögen gekommen sind. Solche Lebensweisheiten sind uns von Jugend an vertraut. Dazu passen auch gut die Untersuchungsergebnisse des „Glücksforschers" Richard A. Easterlin, worüber das Magazin FOCUS nur allzu gern berichtete.[23] Der US-Amerikaner stellte nämlich fest, dass es einem Großteil der Bevölkerung so gut gehe wie noch nie, gleichzeitig jedoch noch nie so viele Menschen so unzufrieden seien wie heute, was unter der Bezeichnung *Easterlin-Paradox* bekannt wurde. Er spricht sogar von einem *„Paradox des Fortschritts"*, denn wir seien noch nie so wohlhabend, gleichzeitig aber auch noch nie so gestresst, deprimiert und frustriert gewesen wie heute. Das ganze Land drohe immer mehr in einer kollektiven Depression zu versinken. Wenn dies stimmt, so fragt man sich verwundert, wozu dann dieser ganze Neid auf die Wohlhabenden? Reichtum scheint doch mit gewaltigen Sorgen verbunden zu sein! In dieses Bild des unglücklich Reichen passen auch Berichte über Lottogewinner, denen ihre Millionen nichts als Unglück brachten. Es verwundert dann gar nicht mehr, dass manche in ihrer Verzweiflung sogar noch Hand an sich legten.

Ganz Anderes, ja das krasse Gegenteil, berichtet dagegen der SPIEGEL über die Gemütslage der Reichen.[24] Die gern verkündete Überzeugung (der Reichen), dass Geld nicht glücklich mache, werde von einem Forscherteam im

---

[23] Vgl. FOCUS Nr. 8/2004
[24] Vgl. Nr. 11/2004

Auftrag des Gesundheitsministeriums nachhaltig erschüttert. Denn zumindest die „Wohlhabenden", definiert in dieser Studie mit Haushalten, die mehr als 5.100 EUR netto monatlich zur Verfügung haben – und das sind gerade mal 3 % der Bevölkerung –, seien alles andere als unglücklich. Sie seien sogar *„äußerst zufrieden"* und lebten dazu auch noch gesünder als der Durchschnitt der Deutschen. Allerdings verdankten sie ihren Reichtum meist auch harter Arbeit – einmal abgesehen von jenen, die durch Erbschaft zu Vermögen gekommen sind. Man sollte dabei aber nicht unterschlagen, dass von den **19.000 Multimillionären in Deutschland viele ihr Vermögen geerbt haben.** In Deutschland ist der Anteil der Reichen, die ihr Vermögen vererbt bekommen haben, besonders groß. Laut einer Studie von World Ultra Wealth Report (von Wealth-X und UBS) hätten Stand 2014 gut 28 Prozent der deutschen Multimillionäre ihren Wohlstand allein dem Erbe zu verdanken. Das sei – neben der Schweiz – der höchste Wert aller untersuchten Länder. Zusätzlich gehe bei weiteren 31 Prozent der Reichtum auf eine Mischung aus Erbe und selbsterwirtschaftetem Vermögen zurück. Lediglich 41 Prozent hätten es ohne Erbe zu Reichtum gebracht.[25] In den USA oder Großbritannien beträgt der Anteil der Self-Made-Multimillionäre dagegen rund 75 %.

Unterstützt wird diese Einschätzung von Erkenntnissen, die am Deutschen Institut für Wirtschaftsforschung (DIW) gewonnen wurden.[26] Ihre Langzeituntersuchung, die seit 1984 jedes Jahr 15.000 Haushalte unter die Lupe nimmt, bestätigt einen eindeutig positiven Zusammenhang zwischen Einkommen bzw. Vermögen und der Zufriedenheit.

Fasst man die Forschungsergebnisse der letzten Jahre zusammen – ein ganzer Wissenschaftszweig namens **Happyologie** beschäftigt sich mittlerweile damit –, so ist man sich zumindest darüber einig, dass Grundvoraussetzung für ein einigermaßen zufriedenes Leben ein gewisses Mindesteinkommen ist. Hat man es bis zum Mittelstand geschafft, dann geht es allerdings auf der Glücksskala nicht unbedingt weiter nach oben. Dann spielen andere Glücksfaktoren tatsächlich eine immer größere Rolle. Um der *„Tyrannei des*

---

[25] Lt. Bericht SPI'EGEL ONLINE v. 19.11.2014 (http://www.spiegel.de/wirtschaft/reichtum-deutschland-hat-die-meisten-multimillionaere-in-europa-a-1003878.html)

[26] Vgl. http://www.diw.de/deutsch/soep/26628.html.

Unnötigen" zu entkommen, werden gute soziale Beziehungen, ein erfülltes Liebesleben und schöne Hobbys immer wichtiger – das Glück dieser Erde liegt dann immer weniger im Erwerb von Konsumgütern. Nur – und da beißt sich die Katze wieder in den Schwanz – *„ohne Moos ist nicht viel los"*. Und sicher scheint auch zu sein, dass jeder Mensch tatsächlich so etwas wie ein *Happiness-Setpoint*, also eine Art individuelles Glückstalent, hat. Das bedeutet, dass die meisten Glücksmomente, die man sich durch den Kauf schöner Dinge, Autos, Reisen und dergleichen mehr verschafft, meist recht schnell verfliegen und der Mensch auf seinen bisherigen Glückslevel zurückfällt. Trotzdem – alle wollen immer mehr Geld haben. Auf die Frage, wie viel Geld zur Zufriedenheit fehle, antwortete man, dass es ein Drittel mehr sein dürfte – unabhängig davon, wie viel man gerade hatte. Und sicher ist auch, dass Zufriedenheit in erster Linie eine ziemlich relative Angelegenheit ist. Denn wenn man sich einen stattlichen Mercedes angeschafft hat, der Nachbar aber bald darauf mit einem Porsche um die Ecke kommt, so ist es mit der Zufriedenheit meist ganz schnell vorbei.

Fest steht jedoch, dass der Verlust des Arbeitsplatzes nachhaltig unglücklich macht, unabhängig davon, welchen Platz man in der Einkommenspyramide einnimmt. Vielleicht bleibt dann nur noch als Trost, möglichst schnell zu heiraten – falls man sich das leisten kann. Denn es wurde festgestellt, dass im Schnitt Verheiratete glücklicher sind als Singles – und auch noch mit einem längeren Leben belohnt werden. In jedem Fall aber scheint Armut – zumindest für die Mehrheit – kein erstrebenswertes Ziel zu sein. Das Statistische Bundesamt hat nämlich zusammen mit dem Deutschen Institut für Wirtschaftsforschung (DIW) in ihrem Datenreport festgestellt, dass Menschen mit geringem Einkommen weniger lang leben als Wohlhabende. So würden armutsgefährdete Frauen im Durchschnitt acht Jahre, Männer sogar elf Jahre, früher sterben.

Überhaupt – die Diskussion um Geld und Glück scheint nur jene Menschen zu beschäftigen, die genug zum Leben haben. Wer trotz jahrzehntelanger Arbeit im Alter von einer Monatsrente von weniger als 800 Euro zu leben hat und deshalb zusätzlich noch auf die staatliche Grundsicherung ange-

wiesen ist, dürfte wohl kaum Verständnis für eine solche Diskussion aufbringen.[27] Die Studie „Sozio-oekonomisches Panel" (SOEP) hat ermittelt, dass
Sorgen und wachsende Unzufriedenheit vor allem in Zeiten hoher Arbeitslosigkeit zu beobachten sind. Am zufriedensten scheinen die Menschen offenbar zu Beginn der 80er Jahre gewesen zu sein. Denn da hat das Modell
„Wirtschaftswachstum" noch funktioniert; bald darauf setzte dann der Abstieg ein, eingeläutet von der Atomkatastrophe Tschernobyl. Später kam
die Angst vor der Globalisierung dazu, die massiv am Glücksgefühl der
Deutschen nagte. Nur durch die Wiedervereinigung gab es einen Ausbruch
nach oben. Infolge der steigenden Zahl an Arbeitslosen sackte der Glückslevel bald aber wieder auf das alte Niveau ab. Ganz entscheidend für die persönliche Glücksituation ist anscheinend ein sicherer Arbeitsplatz. Arbeitslosigkeit ist ein so nachhaltiger Schicksalsschlag, dass man selbst dann nicht
mehr auf sein altes Glücksniveau zurückkehrt, wenn eine neue Stelle gefunden wurde.

Dazu kommt die Altersarmut, von der vor allem Frauen betroffen sind – es
sind knapp eine Million lt. Statistischem Bundesamt, Tendenz steigend. Aber
nicht nur Arbeitnehmer mit Lücken in ihrer Erwerbsbiografie sind davon
betroffen, dazu kommen die neuen Risikogruppen wie Leiharbeiter und
ehemals Selbstständige. Viele von ihnen mussten ihre Tätigkeit wieder auf-
geben, Freiberufliche nicht selten unter Mitnahme ihrer geschäftlichen
Schulden und ohne Möglichkeit, zuvor genügend auf die Seite gelegt zu
haben. Und am Horizont taucht schon eine neue Risikogruppe auf – die
Jungen. Jahrelang ohne festen Job, sich von Praktika zu Praktika hangelnd
– verdienen sie zu wenig, um ordentlich für ihr Alter vorzusorgen. Es ist
davon auszugehen, dass es viele junge Pflichtversicherte bis zum Renten-
eintritt nicht schaffen, immer in Vollzeit zu arbeiten. Dieses fehlende Einkommen wird sich später in einer niedrigen Rente auswirken, die ein „bru-
tales Spiegelbild des Erwerbslebens" ist, wie es Ulrike Mascher, Präsidentin des
Sozialverbandes VDK, ausdrückte. Eine ganze Generation scheint von
struktureller Arbeitslosigkeit bedroht zu sein. Dazu kommt, dass die junge
Generation teilweise ihre Augen vor der zukünftigen Problematik einer

---

[27] So hat eine solcher Rentner mit 700 € Rente und 70 € Heizungskosten einen Anspruch auf Grundsicherung von knapp 170 € (vgl. http://www.steuerschroeder.de/Steuerrechner/Grundsi-
cherung.html.)

Rentenlücke verschließt. Obwohl 90 % darum wissen, handeln nur knapp 40 % auch tatsächlich danach, wie eine Infratest-Studie jüngst ermittelte. Außerdem misstrauen sie – wohl nicht ganz zu Unrecht – den staatlich subventionierten Anlagemöglichkeiten („*Riester lässt grüßen*"). Vor allem aber leben viele in der Hoffnung, später doch noch einen lukrativen Job zu ergattern.

☞ **Was Sie beachten sollten:**

> Vielleicht geht es Ihnen wie vielen Verbrauchern, die den ganzen Themenbereich Geld und Finanzen für zu komplex halten. Und vielleicht haben Sie ebenfalls erhebliche Schwierigkeiten mit den Begriffen der Finanzwelt. Wie eine viel beachtete Studie der Universität Mainz zeigte, sind Angst und Unsicherheit die Folge, wenn man finanzielle Probleme eher verdrängt als sich ihnen zu stellen. Deswegen muss man Geld aber noch lange nicht lieben oder zum Geizhals mutieren. Aber eine gewisse **positive Einstellung** dürfte zweckmäßig sein, denn **Geld ist Freiheit** – zu konsumieren, zu sparen und nicht zuletzt damit Gutes zu tun.

In der neueren Zeit ist es vor allem der deutsche Philosoph Arthur Schopenhauer gewesen, der sich in seiner Abhandlung „*Die Kunst, glücklich zu sein*" mit diesem Thema auseinandersetzte. Insgesamt finden sich in seinen Werken 50 Lebensregeln, von denen sich viele mit der „*Glückseligkeit*" befassen. Gerade wenn die oben erwähnte *Happyologie* als die US-amerikanische Lehre vom Glück bezeichnet wurde, sollte man nicht vergessen, auf die viel ältere **Eudämonologie** als der Lehre vom Glück hinzuweisen. Schon bei Aristoteles finden sich Anmerkungen dazu, an die Schopenhauer anknüpfte. Er wurde aber auch von den spanischen Jesuiten und von indischen Weisen beeinflusst. Schopenhauer lehrt uns, dass Glück und Genuss bloße Chimären seien, eine in die Ferne zeigende Illusion. Für ihn ist das Beste, was auf der Welt zu finden sei, eine schmerzlose, ruhige erträgliche Gegenwart.[28] Wer sein Leben ohne übergroße physische oder geistige Schmerzen durchbringe, habe das glücklichste Los. Statt Glück und Genuss

---

[28] Vgl. Arthur Schopenhauer „Die Kunst, glücklich zu sein", hrsg. von Franco Volpi, 1999.

zu suchen solle man eher darauf bedacht sein, Schmerz und Leiden möglichst zu entgehen. Schon Aristoteles vertrat die Auffassung, *„nicht nach Lust, sondern nach Schmerzlosigkeit strebt der Kluge."* Der Mensch solle sein Leben von einem heiteren Temperament leiten lassen, dessen Vorbedingung vollkommene Gesundheit sei. Die *„äußeren Güter"*, damit ist Geld und Besitz gemeint, trügen nur zu einem *„sehr kleinen Maß"* zum Glück bei. Der Reichtum selbst sei dagegen wie Seewasser, je mehr man davon trinkt, desto durstiger werde man. Statt danach zu streben, seien alle Kräfte zur Ausbildung der Persönlichkeit zu verwenden. Vor allzu idealistischer Sicht warnt allerdings aber auch Schopenhauer, denn der Erwerb von *„Glücksgütern"* dürfe nicht vernachlässigt werden, da er zur Armut führe.

Sein Fazit lautete trotzdem: *„Was man **ist** trägt mehr zum Glück bei als was man **hat**."* Oder wie es Hermann Lübbe ausdrückte, *„Glück ist eine Folge sinnvollen Tuns"*.

2.6 Planungsarten

Die meisten Menschen beschäftigen sich mit ihrer finanziellen Situation erst, wenn es dafür einen konkreten Anlass gibt, wie etwa Finanzierung eines Autos, Kosten der Hochzeit, Studium der Kinder oder Arbeitslosigkeit – nur dann ist es oft zu spät! Empfehlenswert ist es dagegen, eine langfristige systematische Finanz- und Vermögensplanung zu betreiben. So lassen sich drei Planungsarten unterscheiden:

📖 **Wissenswertes:**

- Keine Planung   ➜ ganz schlecht ☹
- Anlassorientierte Planung   ➜ besser, aber nicht gut 😐
- Systematische Planung   ➜ am besten ☺

Eine Ausnahme gibt es allerdings: Wenn sich Menschen die Aussicht auf schnelles Geld eröffnet, ohne dafür eigene Mühen in Kauf nehmen zu müssen, dann können sie ganz schön hartnäckig sein, wie es sich oft bei Erbauseinandersetzungen zeigt. Nicht selten werden dabei bewährte Familienbande auf einen Schlag und unwiderruflich zerschnitten.

Ein weiteres Beispiel sind Glücksspiele. So wird viel Zeit für die Suche nach dem richtigen Spielsystem aufgewandt, obwohl die Chance, etwa im Lotto einen Volltreffer zu landen, geringer ist als das Risiko, einmal im Jahr vom Blitz erschlagen zu werden. Der Run verstärkt sich sogar noch, wenn es um den Jackpot geht, obwohl hier auch noch die Zusatzzahl richtig getippt werden muss, so dass die Chance noch weit geringer ist.

2.7 Haushaltsbuch

Der erste Schritt eines soliden Finanzgebarens ist, sich Klarheit über die Struktur der laufenden Einnahmen und Ausgaben zu verschaffen. Es ist ja nicht ganz unbekannt ist, dass wirtschaften vor allem planen heißt. Wenn es von einer Hausfrau heißt, sie wirtschafte gut, so meint man, dass sie von vorherein genau überlegt, wieviel Geld sie zur Verfügung hat und was sie davon für welche Zwecke ausgeben kann.

Wichtig ist nicht nur, dass man eine Vorstellung von seinen monatlichen Ausgaben erhält, sondern auch, dass man sein Ergebnis richtig einordnen kann. Einen solchen Ausgabenvergleich lässt sich mit Hilfe der Verbraucherstichprobe des Statistischen Bundesamtes anstellen, die alle paar Jahre detailliert erhoben wird.[29]

---

[29] Der Stichprobenumfang der letzten zur Verfügung stehenden Erhebung im Jahr 2008 umfasste 55.110 Haushalte und 125.714 Personen. Das Haushaltseinkommen liegt über dem Durchschnittseinkommen von 3.703 € (Vollzeit), da mehrere Einkommen vorliegen. Außerdem gibt es das Medianeinkommen, das bei 3.000 Euro brutto (netto 1.671 €) liegt. Dies bedeutet, dass die eine Hälfte der Arbeitnehmer über und die andere unter diesem Wert liegen. Diese Einkommensgröße wird im Allgemeinen als die aussagekräftigste angesehen, da sie nicht durch extrem hohe Einkommen nach oben verzerrt wird. Vgl. https://www.diw.de/documents/publikationen/73/diw_01.c.560975.de/17-27.pdf

Struktur der Einnahmen und Ausgaben der Arbeitnehmer-Haushalte 2015 (Im Durchschnitt)				
Bruttoeinkommen		4.200 €	100%	
abzügl. Sozialabgaben und Steuern		1.800 €	43%	
Nettoeinkommen		2.400 €	57%	100%
Ausgaben für:				
Wohnen	860 €			36%
Nahrung, Getränke, Tabak	335 €			14%
Bekleidung, Schuhe	96 €			4%
Verkehr	310 €			13%
Freizeit, Unterhaltung	263 €			11%
Gaststätten, Hotel	143 €			6%
Sonstiges*)	393 €			16%
Gesamte Ausgaben	2.400 €			100%
Anmerkung: *) davon Ersparnis ca. 200 €				

Legt man den durchschnittlichen Arbeitnehmerhaushalt zugrunde (d.h. teilweise mehrere Verdiener[30]), so verbleiben vom Bruttoeinkommen inklusiv Mieteinnahmen und sonstigen privaten und staatlichen Transferleistungen (Renten, Zuschüsse etc.) in Höhe von 4.200 netto noch 2.400 Euro. Die Abgaben für Steuern und Sozialversicherung auf das Erwerbseinkommen machen rund 43 % aus. Davon gehen die verschiedenen Ausgaben ab, allein für Miete als größtem Posten mit rund einem Drittel des Nettoeinkommens. Werden die Tilgungsverpflichtungen an Banken u.a. sowie die Prämienzahlungen für die Kfz-Versicherung abgezogen, so bleibt ein Restbetrag von etwa 200 Euro übrig, der gespart werden kann.

Allerdings muss noch der jeweilige Haushaltstyp beachtet werden, denn die Einkommenssituation ist sehr ungleich. Es verfügen netto

Paare mit Kind(er)	4.713 Euro
Paare ohne Kinder	3.850 Euro
Alleinerziehende	2.235 Euro
Alleinstehende	1.953 Euro

---

[30] Das Brutto-Durchschnittseinkommen des gesetzlich versicherten Arbeitnehmers beträgt dagegen nur 3.703 € €. Netto sind dies ca. 2.220 €. Vgl. https://www.destatis.de/DE / ZahlenFakten/GesellschaftStaat/EinkommenEinnahmenAusgaben/EinkommenEinnahmenAusgaben.html

Wichtig ist auch den Ausgabenspielraum zu kennen, also die Frage zu beantworten, über welchen Betrag kann der Haushalt frei verfügen. Dazu ist es erforderlich, den feststehenden (fixen) Teil der Konsumausgaben zu schätzen, da er von der amtlichen Statistik nicht ausgewiesen wird. Eine vom Autor vorgenommene Schätzung ergab, dass rund die Hälfte des Nettoeinkommens (1.200 Euro) fixe Ausgaben sind. Beispiele sind die Ausgaben für Wohnen und Heizen, Strom und Lebensmittel. Rechnet man noch die Kfz-Steuer, die Versicherungsprämien und den Kapitaldienst für die Kredite, so kommt man zusammen auf ca. 75 %. Wenn man dann noch einen monatlichen Sparanteil von 10 % für notwendig erachtet, so verbleiben dem Durchschnittshaushalt höchstens ca. **300 - 400 Euro**, der nicht von vornherein festgelegt sind.

Was bedeutet dies? Damit ist keinesfalls gemeint, dass der Durchschnittshaushalt über diesen Betrag monatlich tatsächlich frei verfügen kann. Die Verbraucherstatistik ist eine vergangenheitsbezogene Aufnahme, dies bedeutet, dass der genannte Betrag bereits in den getätigten Konsumausgaben enthalten ist. Er könnte nur dann für neue Ausgaben aktiviert werden, wenn in entsprechender Höhe bisherige „Luxusausgaben" (Tabak, Bekleidung, Restaurantbesuche, Unterhaltung, Bildung) reduziert würden.

☞ **Was Sie beachten sollten:**

> Die Mindestanforderung ist die – zumindest kurzzeitige (2 bis 3-monatige) – Führung eines **Haushaltsbuches**. Nur so können Sie sich eine gewisse Klarheit über die Struktur der Ausgaben verschaffen. Daran mangelt es vielen Verbrauchern, die wenigsten können die Frage beantworten, welchen Betrag sie monatlich für Lebensmittel ausgeben – und noch weniger, welchen Betrag sie zur freien Verfügung haben.

2.8 Finanzplan

Benötigen Privatleute tatsächlich ähnlich wie Unternehmen einen Finanzplan oder eine Haushaltsrechnung? Ist es notwendig, ein solches Haushaltsbudget zu erstellen, in dem die Struktur der Einnahmen und Ausgaben monatlich festgehalten werden? Leider wollen die allermeisten Haushalte davon nichts wissen. Für den öffentlichen Bereich ist es selbstverständlich und auch gesetzliche Pflicht, einen Haushaltsplan aufzustellen, und auch die Unternehmen kommen ohne Finanz- und Absatzpläne kaum aus. Sind die Verbraucher schlauer als die Genannten, können sie auf einen Plan verzichten? Oder haben sie auch ohne Aufzeichnungen ihre Finanzen im Griff? Vielleicht halten sie es mit Bertold Brecht „*Ja mach´ nur einen Plan, sei nur ein großes Licht, und mach´ dann noch ´nen zweiten Plan, gehen tun sie alle nicht*"?

Wenn man jedoch eine Zusammenstellung der wichtigsten im Internet aufgeführten **money mistakes** macht, so fehlt so gut wie nie der Hinweis, dass der Verzicht auf ein schriftliches Haushaltsbudget einer der kapitalsten Fehler ist.[31] Ein oder zwei Monate lang seine Ausgaben aufzuschreiben ist kein so schrecklich aufwendiges Unterfangen wie man vielleicht glaubt. Die anfallenden Belege müssen auch nicht täglich abgearbeitet werden, es genügt, sie im wöchentlichen Rhythmus in eine Liste einzutragen.

☞ **Was Sie beachten sollten:**

Das **Fehlen eines Finanzplanes** wird als der häufigste Grund angesehen, warum sich das Geld geradezu davonschleicht, fast unbemerkt verschwindet und wenn es dann benötigt wird, nicht mehr da ist. Die Schuldnerberatungsstellen wissen ein Lied davon zu singen! Viele Verbraucher wissen nichts über die Struktur ihrer monatlichen Ausgaben und verschätzen sich kolossal, wenn sie Auskunft über ihren finanziellen Spielraum geben sollen. Es sind jeden Monat einige Hundert Euro, die einfach nicht mehr da sind, und niemand weiß so richtig, wofür sie ausgegeben worden sind. Die Ökonomen sprechen sogar von einer weit verbreiten

„Neigung zu nebensächlichem Konsum".

Vielleicht wollen viele es auch gar nicht so genau wissen, da die Gefahr besteht feststellen zu müssen, dass sie eigentlich permanent über ihre Verhältnisse leben. Es genügt schon, wenn die laufenden Zahlungen für „Lebens-

---

[31] http://www.businessinsider.de/worst-money-mistakes-millennials-2015-6?r=US&IR=T

mittel" und „Sonstiges" in zwei getrennten Betragsspalten eingetragen werden. Am Monatsende kann dann die Spalte „Sonstiges" noch in verschiedene Unterkategorien aufgeteilt werden, und – noch besser – in fixe und variable Ausgaben zu unterscheiden. Es geht lediglich darum, einen Überblick, einen Eindruck von der Ausgabenstruktur zu erhalten und nicht um eine perfekte ausgestaltete doppelte Buchführung. Wer sich mehr Zeit nehmen möchte, ist nicht daran gehindert, von einem der angebotenen elektronischen, teilweise kostenlosen, Haushaltsbücher Gebrauch zu machen. Und wenn Paare noch etwas mehr Zeit investieren wollen um das Dickicht ihrer Ausgaben zu durchdringen, so ist sogar eine wöchentliche *Geldstunde* zu empfehlen. Dies entlastet vor allem Frauen, da sie es sind, die mit ihrem Haushaltsgeld auskommen müssen und ihre männlichen Partner oft wenig Ahnung davon haben, wo das Geld geblieben ist.

Wichtigste Erkenntnis eines solchen Finanzplanes ist, wie hoch der bereits oben erwähnte Spielraum für Ausgaben ist, also was nach Abzug der fixen Kosten übrigbleibt. Notwendig ist, die im halb- oder jährlichen Rhythmus anfallenden Ausgaben, wie zum Beispiel Versicherungsbeiträge, Kfz-Steuer oder Zeitungsabonnements, auf den Monat umzurechnen, eventuell das Geld dafür per Dauerauftrag auf ein Zweckkonto (Sparkonto o.ä.) einzuzahlen. Nur so kann ermittelt werden, ob größere Anschaffungen – wie etwa der Erwerb einer Wohnimmobilie – überhaupt in Frage kommen können.

☞ **Was Sie beachten sollten:**

> Unseren finanziellen Spielraum schätzen wir meist zu hoch ein. Hinzu kommt, dass wir nur wenig über die Struktur unserer Ausgaben wissen. So kommt es nicht von ungefähr, dass die Zahl an überschuldeten Haushalten jährlich unaufhaltsam wächst und auch viele, die noch nicht dieses Schicksal erlitten haben, nur knapp über die Runden kommen.

Vielen Verbrauchern stellt sich im monatlichen Rhythmus die bange Frage, *„warum am Ende des Geldes noch so viel Monat übrig ist"*.[32] Nach Auffassung der

---

[32] So der gleichnamige Titel des lesenswerten Buches von Friedhelm & Ruth Schwarz über die vielen Fallen, in die Verbraucher tagtäglich hineinstolpern

Autoren des unter diesem Titel erschienenen Buches schnappen die Geldfallen, die andere für uns aufstellen, nur deshalb zu, *„weil wir ihnen in unserem Kopf nicht genug Widerstand entgegensetzen".* Und es sollte klar sein, *„niemand interessiert unser Glück, sondern nur unser Geld".*

Dies verleitet gerne dazu, auch größere Investitionen *„aus dem Bauch heraus"* zu entscheiden, getreu dem Motto, dass wir mit dieser Art von Entscheidung auch in der Vergangenheit gut gefahren sind. Insbesondere wenn es um die monatlichen Ausgaben für einen neuen PKW geht, macht man sich gerne etwas vor. Oft will man es gar nicht so genau wissen, denn sonst müsste man sich eingestehen, dass man sich das geplante Auto eigentlich gar nicht leisten kann.

Der **Finanzplan** zeigt also auf, ob die Finanzierungsraten des Autokredits und die sonstigen Ausgaben aufgebracht werden können, ohne zu große Abstriche vom bisherigen Lebensstandard machen zu müssen. Das Ergebnis einer solchen Planung kann auch sein, dass die geplante Anschaffung die Auflösung von Sicherheitsreserven oder Vorsorgerücklagen bedeuten würde. Will man den Plan trotzdem realisieren, so gefährdet dies nicht nur das laufende finanzielle Gleichgewicht, sondern auch den langfristigen Vermögensaufbau.

2.9 Systematische Finanzplanung

Das finanzielle Gleichgewicht ist eine permanente und zugleich schwierige Aufgabe. Es sind vor allem die **life-events**, das Auftreten neuer Lebenssituationen, die nur bedingt vorhersehbar sind und in ihren finanziellen Dimensionen nicht in jedem Fall vorausgeplant werden können. Neben persönlichen und familiären Veränderungen ist immer wieder auf äußere Ereignisse zu reagieren, wie etwa neue steuerliche Vorschriften oder Entwicklungen am Geld- und Kapitalmarkt. Zu denken ist an den Eintritt in das Berufsleben, Nachzahlungen auf Grund der jüngsten Steuererklärung, Bau eines Eigenheimes, die Anlage eines geerbten Vermögens oder die Geburt eines Kindes.

Nun ist es meist so, dass man sich erst damit beschäftigt, wenn solche Ereignisse in Kürze eintreten oder sogar schon eingetreten sind. Stehen wichtige Entscheidungen an, so kann es auch ratsam sein, sich Hilfe bei Beratern zu holen. Dabei besteht allerdings die nicht ganz kleine Gefahr, dass jeder vielen Berater – Steuer-, Bank- und Vermögensberater,

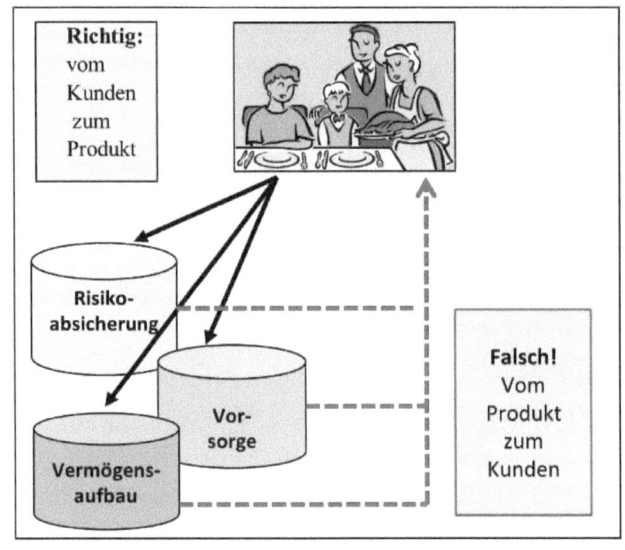

Versicherungsvertreter, Bausparvertreter und Immobilienmakler – die Dinge aus ihrer primär provisionsorientierten Sicht sehen. Das ist zwangsläufig die Sicht auf die eigenen Produkte und die damit verbundenen Provisionen. Die Lösung kann wohl nur heißen, weg von der **produktorientierten** hin zur **kundenorientierten** Beratung – denn wer nur Produkte verkauft, verkauft möglicherweise seine Kunden (vgl. Grafik). Und wenn die vielgebrauchte Vokabel „ganzheitlich" einen Sinn macht, dann vor allem hier.

Die Verbraucherzentralen kommen in ihren Untersuchungen, speziell zur Qualität der Anlageberatung von Banken, zu wenig schmeichelhaften Ergebnissen. Obwohl die Mängel seit langem bekannt sind, scheint sich nicht viel geändert zu haben. Denn auch in der jüngsten Untersuchung der Verbraucherzentrale Bundesverband (VZBV) und der Verbraucherzentralen (Ende 2013) wurde wiederum bemängelt, dass viele Verbraucherinnen und Verbraucher nicht über die Anlageprodukte verfügen, die ihrem Bedarf entsprechen.

📖 **Wissenswertes:**

Dies belegt auch eine aktuelle Untersuchung der Initiative Finanzmarktwächter von 298 Fällen. Danach war nahezu jedes zweite Produkt nicht bedarfsgerecht – zu teuer, zu unrentierlich, zu unflexibel oder zu riskant. Ursachen werden in der schlechten Beratungsqualität gesehen, die zum Vertrieb mangelhafter Produkte führt. *„Finanzberater sind heute in Wirklichkeit keine Berater, sondern schlicht Verkäufer"*, sagt Dorothea Mohn, Teamleiterin Finanzen im VZBV. In der Anlageberatung führe der provisionsbasierte Vertrieb zu Interessenkonflikten, die in Fehl- und Falschberatungen münden.[33]

Die große Lösung wäre, wirklich freie Berater einzuschalten, die aus ihrer Gesamtsicht Lösungsvorschläge erarbeiten, wobei von Fall zu Fall geeignete Spezialisten herbeizuziehen wären. In Deutschland hat sich jedoch eine solche **Honorarberatung,** etwa im Gegensatz zur USA, kaum durchgesetzt.[34] Die Unternehmen haben verständlicherweise wenig bis kein Interesse an einer solchen Beraterlösung. Aber auch ihre Kunden sind nur selten bereit, für eine reine Beratungsleistung eine Gebühr zu bezahlen. In der Versicherungsbranche bieten mittlerweile freie „Versicherungsmakler" ihre Dienste an.

Dies hört sich allerdings besser an als es ist, denn die Frage ist, inwieweit sie tatsächlich frei sind. Meist bieten sie dem Kunden nur die Auswahl unter einer begrenzten Anzahl von Gesellschaften, mit denen sie Provisionsverträge abgeschlossen haben.

---

[33] Vgl. http://www.vzbv.de/12606.htm (VZBV bedeutet Verbraucherzentrale Bundesverband)

[34] Daran hat auch das 2014 verabschiedete „Honorarberatungsgesetz" mit der geschützten Bezeichnung *„Honorar-Anlageberater"* kaum etwas geändert. Danach gibt es zwei Arten von Honorarberatern. Wer nur einfache Finanzprodukte bis hin zu geschlossenen Investmentfonds verkauft, benötigt lediglich eine Zulassung nach Gewerbeordnung. Wer alle Finanzinstrumente vermitteln will, benötigt dagegen eine Zulassung durch das Bafin und muss sich bei der IHK registrieren lassen. Kredite kann übrigens jedermann vermitteln. Bafin bedeutet Bundesanstalt für Finanzdienstleistungsaufsicht.

☞ **Was Sie beachten sollten:**

> So ist und bleibt die beste Lösung, sich *selbst* Wissen anzueignen und sich zumindest über die Grundfragen der finanziellen Lebensplanung einen Überblick zu verschaffen.

Hilfreich ist es, die systematische von der anlassorientierten Finanzplanung zu unterscheiden. Es ist natürlich immer besser, mögliche Ereignisse frühzeitig vorwegzunehmen und nicht abzuwarten, bis sie tatsächlich eintreten. Einen Unfall, eine Berufsunfähigkeit oder eine Frühverrentung kann man nicht voraussehen, aber man kann sich frühzeitig, und dies heißt vor allem systematisch, darauf einstellen.

Deswegen kann der Grundsatz einer systematischen Finanzplanung nur heißen, sich früh mit allen vorhersehbaren Dingen des Lebens auseinander zu setzen. Das heißt, sich in erster Linie auf die adäquate Absicherung existenzieller Risiken, auf die Vorsorge für Notfälle, auf das Alter sowie den Erwerb von Wohnungseigentum frühzeitig einzustellen. Unvorhersehbare „life-events" sind natürlich nicht planbar, wie das Eingehen einer Ehe/Partnerschaft, die Geburt von Kindern, eine Scheidung bzw. Trennung und Tod eines Partners. Zweckmäßig ist es aber, beim Eingehen solcher Verbindungen mögliche spätere Folgen zu bedenken, auch wenn es einem zum jeweiligen Zeitpunkt schwerfällt – oder gar verpönt ist –, schon so weit in die Zukunft zu schauen.

✋ **Beispiel:**

Beispiel Heirat: Ein gründlicher *Versicherungscheck* ist anzuraten. So bei der Hausratversicherung, die vom jüngeren Ehepartner gekündigt wird oder die in den Vertag des anderen Partners überführt werden kann. Auch die Versicherungssumme muss gegebenenfalls neu festgesetzt werden, damit keine Unterversicherung eintritt. Bei Rechtsschutzversicherungen ist es meist möglich, den Ehepartner in den bestehenden Vertrag aufzunehmen. Bei Lebens- und Unfallversicherungen ist das Bezugsrecht für den Todesfall zu ändern. Zieht man in eine gemeinsame Wohnung, so ist ein eventuell bestehender Mietvertrag abzuändern und auf beide Ehepartner auszustellen. Nicht zu vergessen ist auch, eventuelle Namensänderungen den Versicherungen mitzuteilen. Ein gemeinsames Bankkonto ist eventuell einzurichten oder einem der Partner die Verfügungsberechtigung über ein bestehendes Giro-/Sparkonto einzuräumen.

Die Finanz- und Vermögensplanung hängt stark von der jeweiligen Lebensphase ab. So lassen sich grob unterscheiden:

Phase 1 – *Existenzaufbau*: Gekennzeichnet durch die Absicherung existenzieller Risiken wie Unfall, Krankheit, Tod, Berufsunfähigkeit, Arbeitslosigkeit.

Phase 2 – *Etablierung*: Geprägt von der Vorsorge für das Alter und eventuellem Erwerb von Wohneigentum.

Phase 3 – *Reife:* ist der Lebensabschnitt, in dem je nach Einkommenssituation auch größere Risiken eingegangen werden können, wie zum Beispiel Kauf risikoreicherer Wertpapiere (Aktien bzw. Aktienfonds).

Phase 4 – *Ernte:* Maßnahmen die dazu dienen, Risiken abzubauen, wie etwa durch Auflösung riskanter Wertpapierpositionen.

I.3 Konsumpsychologische Voraussetzungen

Drei „konsumentenfreundliche" Meldungen an einem Tag:
(Badische Zeitung vom 29.04.2017)

Meldung 1: Ein *„demonstrativ regional verwurzelter Handwerksbetrieb"* beziehe fertige Tiefkühlbrezeln aus Schwaben und verkaufe sie unter **eigenem Namen**. Damit setze er das Vertrauen der Kunden aufs Spiel. Der Inhaber der Bäckerei, Wolfgang Pfeifle, ist Mitglied der ortsansässigen Bäckerei-Innung. Sein Werbeslogan lautet: *„Einzigartige Genusserlebnisse – täglich frisch aus der Backstube"*

Meldung 2: *„Die Landesweinprämierung ist kein Gütesiegel mehr. Ein Großteil der Weine geht mit einer Medaille nach Hause, Schlechtes wird nicht als Schlechtes benannt, und über die Richtlinien des Wettbewerbs weiß kaum einer Bescheid"*, so die Badische Zeitung. Die Zeitung stellt weiter fest, die Mehrheit der Weine bekomme die Goldmedaille – dieses Gold sei kaum noch etwas wert!

Meldung 3: Der Bundesverband Deutscher Versicherungskaufleute hat eine Klage gegen Internet-Vergleichsportal **Check24** eingereicht mit dem Vorwurf einer Irreführung der Verbraucher. Chek24 tarne sich zwar als Preisvergleichsportal – arbeite aber genau wie ein Makler und kassiere **Provisionen**. Außerdem fehlten unter den 60 Anbietern von Kfz-Policen ausgerechnet die beiden größten Versicherer, die Allianz und Huk-Coburg mit einem Marktanteil von rund 50 %.[35] Allein in der letzten Wechselrunde für die Kfz-Haftlichtversicherung vermittelte Check24 rund 950.000 Verträge.

Da bleibt nur noch die Frage, was kann der Verbraucher noch glauben, wem kann er überhaupt noch trauen? Der Konsument – Opfer einer ausschließlich profitgetriebenen Wirtschaft? Wenn er Glück hat, kommt ihm ab und zu der Bundesgerichtshof zu Hilfe. Wie bei den Vergleichsportalen, die verpflichtet sind, gezielt darauf hinzuweisen, wenn sie nur Anbieter aufnehmen, die ihnen eine Abschlussprovision bezahlen.[36]

---

[35] Der Bundesverband der Versicherungskaufleute geht jetzt juristisch gegen das Portal vor, man will es verpflichten, auf der Internetseite frühzeitig auf die Maklertätigkeit hinzuweisen.

[36] Vgl. BGH-Urteil Az. I ZR 55/16

3.1 Verbrauchermarkt

Wer sparen will, darf nicht alles Geld ausgeben, das ist eine Binsenwahrheit. Doch die Konsumindustrie macht es dem Verbraucher zunehmend schwerer, nicht sein ganzes Geld an ihren Kassen oder in den Online-Portalen loszuwerden. Deswegen hier zuerst ein paar Hinweise auf die Situation am Verbrauchermarkt.

Wenn Ökonomen den Begriff Markt verwenden, so setzen sie voraus, dass dies ein Ort ist, an dem sich Anbieter und Nachfrager treffen. Dabei muss es sich nicht um ein körperliches Zusammentreffen handeln, es ist eher ein virtuelles oder gedachtes Treffen. Das ist sicher nicht falsch, aber es ist wohl kaum mehr als die halbe Wahrheit. Zumindest wenn man von Konsumgütermärkten ausgeht, steht dem Verbraucher als einer Art „Amateur" ein Verkäufer gegenüber, in den meisten Fällen ein gewerbliches Unternehmen, also ein „Profi". Damit ergibt sich von vornherein ein ungleiches Machtverhältnis, worüber man sich keine Illusionen machen sollte, auch wenn dies der reinen marktwirtschaftlichen Lehre von der **Konsumentensouveranität** widerspricht. Der souveräne Verbraucher ist zum großen Teil eine Fiktion, ein Denkmuster, das mit der Realität nicht allzu viel zu tun hat. Beide Seiten setzen beim Aufeinandertreffen unterschiedlich starke „Hilfstruppen" ein, von „Waffengleichheit" also kaum eine

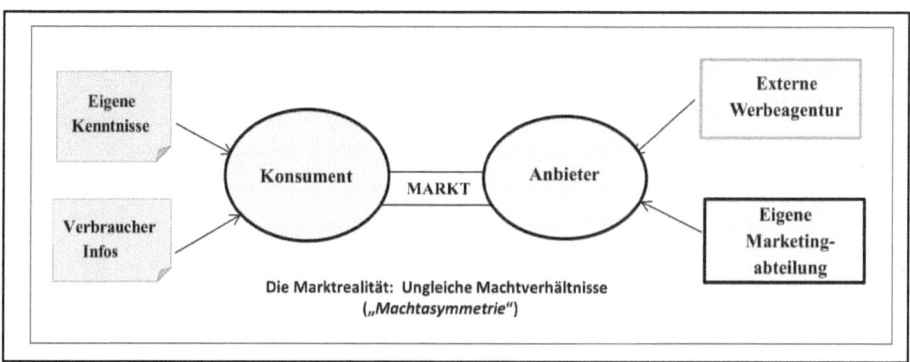

Während die Anbieter meist eine eigene Marketingabteilung und zusätzlich externe Werbeagenturen einschalten, bleibt den Konsumenten nur die Lektüre von Testberichten, das Studium von Verbraucherzeitschriften und das Vertrauen auf seine eigenen Produktkenntnisse. Schaut man sich die

überschaubaren Auflagen entsprechender Verbrauchermagazine an, so dürften Informationsdefizite die Regel sein und damit wenig Hoffnung bestehen, dass sich beide Seiten auf Augenhöhe begegnen.

So haben die von der Stiftung Warentest herausgegebenen Magazine Test eine Auflage von 421.000 und Finanztest 213.0000 Stück. Umgerechnet auf 41 Mio. Haushalte liegen die Auflagen damit bei einem bzw. einem halben Prozent.

☞ **Was Sie beachten sollten**

Man hat sich bei jedem Kauf zu vergegenwärtigen, dass die Anbieter meist sehr genau über das Verhalten der Verbraucher Bescheid wissen. Diese jedoch machen sich weit weniger Gedanken über die wahren Absichten des Käufers. Die Ökonomen bezeichnen dieses Ungleichgewicht als **Informationsasymmetri**e – einfach ausgedrückt, die eine Seite weiß viel, die andere wenig, vom jeweiligen Gegenüber.

3.2 Kaufentscheidung

Unser marktwirtschaftliches System mit seiner prinzipiell freien Güterwahl beruht – in theoretischen Sicht – darauf, dass die Verbraucher in souveräner Weise handeln, dass sie ihre Kaufentscheidungen rational und in Kenntnis sämtlicher, zumindest aber der wichtigsten, Alternativen treffen. Diese **idealtypische** Auffassung war schon immer fragwürdig und sie ist mittlerweile fast komplett überholt, wenn man sich mit den psychologischen Grundlagen

von Kaufakten beschäftigt. Dies umso mehr, wenn die jüngsten neuropsychologischen Erkenntnisse herangezogen werden. Die Gehirnforscher, die ihre Einsichten mit Hilfe von Kernspingeräten und ähnlichen Apparaturen gewinnen, gehen davon aus, dass mehr als die Hälfte, manche sprechen sogar von 80 - 90 % aller Entscheidungen, von unserem **Unterbewusstsein** getroffen werden. Die Vorstellung vom mündigen Wirtschaftsbürger bekam in den letzten Jahren immer mehr Risse.[37] Das in bereits 18.Auflage erschienene Buch „*Thinking, fast and slow*" des Psychologen und Nobelpreisträgers Daniel Kahnemann mit seinen 600 Seiten hat sein Übriges dazu beigetragen, um sie weiter zu vertiefen.[38]

Seine Einsicht ist, dass wir eigentlich **zwei Systeme im Gehirn** haben, nämlich das schnelle, von ihm „*System 1*"genannt, und das langsame, das „*System 2*", war für die neue Sicht des Konsumenten von grundlegender Bedeutung. Dieses voluminöse Werk in seiner vollen Länge zu studieren ist jedoch nicht nur ziemlich mühsam, sondern auch gefährlich! Denn wenn man mit den darin beschriebenen zahlreichen menschlichen Unzulänglichkeiten konfrontiert wird – den vielen Täuschungen, der beschränkten Gehirnleistung und der Selbstüberschätzung der Menschen – und dazu noch in Betracht zieht, wie die gesamte Konsumgüterindustrie nichts unversucht lässt, durch Tricks und Täuschungen diese Schwächen auszunutzen, dann könnte es dazu führen, dass einem die Lust am Konsumieren weitgehend vergeht.

📖 **Wissenswertes:**

> Kahnemann geht davon aus, dass wir zwei kognitive Systeme im Gehirn haben. Da ist das **System 1**, das weitgehend automatisch, schnell und mühelos funktioniert. Auf dieses System können wir willentlich gar keinen Einfluss nehmen. Es wird in der deutschen Literatur auch als der **Autopilot** im Gehirn bezeichnet, als unser ältestes Gehirnareal, das für emotionale und weitgehend unbewusste Entscheidungen zuständig ist. Es kann Millionen von Sinneseindrücken (bis zu 40 Mio. Bits) verarbeiten und ist für spontane, intuitive Entscheidungen verantwortlich.

---

[37] „Modern" gesprochen könnte man auch sagen, sie gehört auf den „*Müllhaufen der Wirtschaftsgeschichte*"!

[38] Dies Buch liegt auch in deutscher Übersetzung vor unter dem Titel „Schnelles Denken, Langsames Denken", 2011 im Siedler-Verlag, München.

Das **System 2** ist dagegen das langsame, das willentlich beeinflussbare, dessen Aktivierung jedoch viel Energie kostet und deswegen nicht gerne in Aktivität versetzt wird. Es ist quasi der **Pilot**, der Gehirnbereich, der für Denken, Vernunft, Sprache und Verarbeitung von Fakten verantwortlich ist. Hier werden keine spontanen Handlungen veranlasst, sondern weitgehend überlegte, rationale Entscheidungen getroffen (vgl. Grafik).

Wenn man dieses System mit einem Computer vergleicht, so ist es das System 2 das Arbeitsgedächtnis, auf das man schnell zugreifen kann, aber dessen Nachteil seine beschränkte Verarbeitungskapazität ist. Die wohl wichtigste Erkenntnis, wenn man wissen will wie Konsumenten „ticken", ist die große Anstrengung und der hohe Energieaufwand, die die Aktivierung dieses Gehirnareals verursacht. Kahnemann spricht deswegen vom *„faulen Kontrolleur"*, der dem sog. *impliziten* System 1 gerne das Feld überlässt. Dies ist besonders misslich, da dem System 2, dem Piloten, die Aufgabe zukommt, das andere System, den Autopiloten, zu überwachen, wenn nötig einzugreifen und so dessen Aktivitäten zu modifizieren oder ganz zu unterdrücken.

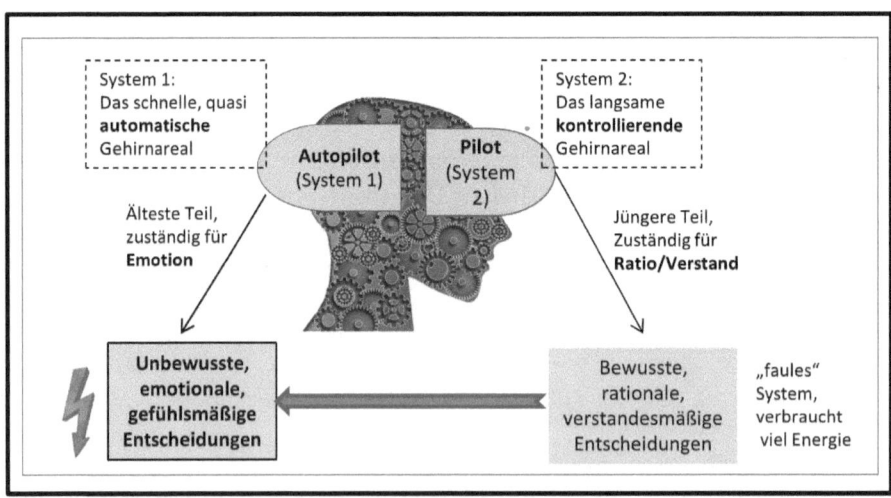

Das autopilotische System 1 ist der Ort der quasi automatischen Verarbeitung von Sinneseindrücken, Sitz unseres Langfristgedächtnisses, Ort unserer Einstellungen, Assoziationen und besonders wichtig – der Bereich unserer Gefühle und Emotionen. Dies führt zum Kern der Sache, nämlich zur Frage, ob und wie es der Werbung gelingen kann, in dieses Gehirnareal vorzudringen. Denn dann hätte sie den entscheidenden Schritt gemacht, um den Konsumenten zu manipulieren, also in ihrem Sinn zu beeinflussen – ohne dass dieser davon etwas mitbekommt. Es kann sich heute kaum mehr eine Firma leisten, zumindest wenn es um kostspielige Produkte geht, eine Markteinführung vorzunehmen ohne dabei die neuesten Erkenntnisse der Gehirnforscher zu berücksichtigen. Die Werbung soll damit in die Lage versetzt werden, den Verbraucher so zu beeinflussen, dass er sich, weitgehend willenlos und unbemerkt, ihren Botschaften ergibt – eine nicht unbedingt erfreuliche Aussicht.

Das Unbewusste übt also bei Kaufentscheidungen einen starken Einfluss aus, daran lassen die Erkenntnisse der neurobiologischen Forschung kaum noch Zweifel. Dies ist, wenn man so will, für den Konsumenten die schlechte Nachricht. Wir sind also stark emotional gesteuert, wobei die Emotionen am stärksten im sog. limbischen System, das sich über mehrere Gehirnbereiche erstreckt, konzentriert sind.[39]

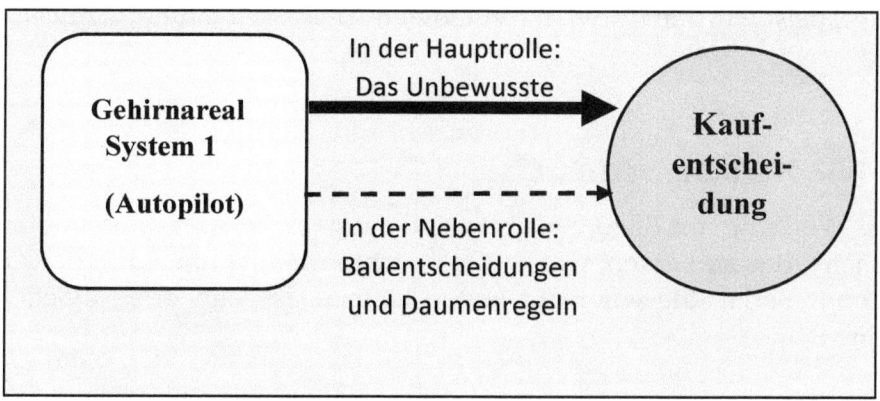

---

[39] Vgl. im einzelnen Hans-Georg Häusel, Limbic, Die Emotions- und Motivwelten im Gehirn des Kunden und Konsumenten kennen und treffen, in: Hans-Georg Häusel (Hrsg.), Neuromarketing, 2012

Die gute Nachricht für den Konsumenten ist, dass viele Entscheidungen „aus dem Bauch heraus" getroffen werden, ohne viel darüber nachzudenken – dies aber gar nicht so schlecht sein muss. Der Mensch handelt oft eher gefühls- statt verstandesbetont. Dies ist insofern die gute Nachricht, als solche primär intuitiven und weitgehend emotionalen Entscheidungen in Gehirnarealen getroffen werden, die entwicklungsgeschichtlich sehr alt sind und man davon ausgeht, dass dort unser gesamtes kulturelles Gedächtnis gespeichert ist. So spricht Gerd Gigenzer, Direktor des Max-Planck-Instituts, in seinem Buch „*Bauchentscheidungen*" im Untertitel sogar von der „*Intelligenz des Unbewussten*" und der „*Macht der Intuition*".[40] Wenn dies zutrifft, so stehen wir Verbraucher trotz aller Anstrengungen der Werbeindustrie doch nicht ganz auf verlorenem Posten.

Aber wie hat man sich diese Intelligenz und diese intuitive Macht unseres Unterbewusstseins vorzustellen, die zu Entscheidungen ohne langes Nachdenken führen? Die auf diese Weise zustande gekommenen *Faustregeln*, so argumentieren die Vertreter dieser Richtung, würden aus unseren Erfahrungen und Instinkten resultieren. Gerade, weil solche Regeln unwichtige Informationen ignorierten, ermöglichten sie schnelle Entscheidungen – und könnten trotzdem zu guten Ergebnissen führen! Die Intuition sei also keine impulsive Laune des Geistes, sondern sie mache sich Eigenschaften des Gehirns zunutze, die der Mensch im Zuge der Evolution erworben habe und die gespeist würden durch den ständigen Austausch mit der Umwelt.[41]

3.3 Wie Werbung verführt

Dass Werbung uns dazu verführen soll – um ein bekanntes Bonmot zu bemühen – das zu kaufen, was wir uns nicht leisten können, um denjenigen zu imponieren, die wir nicht leiden können, ist kein großes Geheimnis mehr.

---

[40] Gerd Gigenzer, Bauchentscheidungen, 2008
[41] Vgl. Carsten Germis, Mut zur Bauchentscheidung, in: Frankfurter Allgemeine Feuilleton v. 16.01.2017

☞ **Was Sie beachten sollten:**

Immer noch glauben aber viele – und vielleicht auch Sie –, dass Werbung nur bei anderen wirkt, selbst ist man natürlich immun gegen die Verlockungen und Versprechungen der Werbebranche, man kauft nur, was man braucht.

Dies ist ein weitverbreiterter Irrglaube!

Die heutige Werbung ist vor allem auf das **Unbewusste** ausgerichtet, auf unsere Sehnsüchte, Triebe, nicht eingestandenen geheimen Wünsche – also auf unsere Emotionen und damit auf das weiter oben beschriebene **System 1**

Am besten wirkt Werbung, wenn sie auf alle Sinne wirkt, uns **multisensorisch** bearbeitet, um zum Kauf zu verführen. Die Konsumindustrie feuert entsprechend auf alle sensorischen Kanäle, wenn möglich gleichzeitig auf den

- *Hörsinn* (Musik),
- *Gesichtssinn* (optische Signale, Farbe),
- *Geruchssinn* (besonders wirksam, Gerüche gelangen direkt ins das Emotionszentrum),
- *Geschmackssinn* (wirksam über Zunge und Gaumen, Geschmacksverstärker, Aromen etc.)
- *Tastsinn* (haptische Erlebnisse über die äußere tastbare Beschaffenheit von Produkten).

Das „*Manipulationstableau*" soll einen Eindruck davon vermitteln, welchen vielfältigen Beeinflussungen Konsumenten ausgesetzt sind. Denn unser Kaufverhalten wird nicht nur durch die Sinne massiv beeinflusst, sondern ist in erheblichem Maß kulturell vorgeprägt. Unsere Kultur gibt uns Lebens- und damit auch Konsummuster vor, denen wir unbewusst folgen und nicht entziehen können. Es sind dies die Einflüsse des sozialen Milieus, in dem wir aufgewachsen sind und die uns auch langfristig, bis ins hohe Alter, in unseren Gewohnheiten und unserem Kaufverhalten prägen. Überragende Bedeutung haben diese Einflüsse und Normen vor allem im Jugendbereich. Die Gruppe, die Clique, gibt vor, was man trägt, trinkt, sogar denkt und folglich auch wie man handelt.

Aber auch die jeweilige zeitliche, örtliche und gesellschaftliche Situation be-einflusst uns. Wir orientieren uns an anderen, imitieren deren Verhalten, übernehmen unbewusst Vorbilder – also alles Einflüsse, die nicht zuletzt dazu dienen, uns das ganze anstrengende Denken, das aufwendige und läs-tige Treffen von Wahlentscheidungen, ein gutes Stück weit abzunehmen. Unser Kaufverhalten wird also durch die Sinne und die maßgebliche Um-welt, zusätzlich aber durch unsere Gewohnheiten und Lebenserfahrungen geprägt. Wir tappen gerne in Gewohnheitsfallen, weil es uns im Laufe des Lebens immer schwerer fällt, von eingeschlagenen Wegen und Kaufmus-tern abzuweichen.

Das Kunden-Manipulations-Tableau

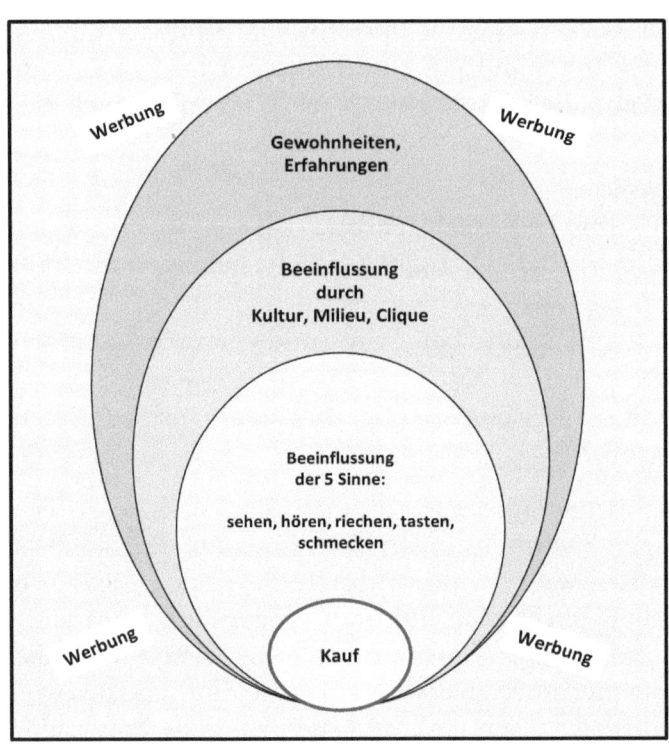

3.4 Werbung: Appell an das Unterbewusste

Noch immer behauptet die Mehrheit der Autokäufer, dass sie sich bei der Entscheidung für eine bestimmte Marke nur von der Technik, Ausstattung und Fahrleistung beeinflussen ließe. Tatsächlich stellten Beratungsfirmen jedoch fest, dass bei über 80 % der Käufer Einflüsse von Werbebotschaften festzustellen waren, nur merkten sie das gar nicht. Der Grund für diese Täuschung liegt darin, dass die Werbebotschaften heute so subtil sind, dass sie gar nicht mehr ins Bewusstsein dringen.

Die Erinnerungsquoten an bewusst wahrgenommene Werbung und Marken liegen bei kaum mehr als 10 %, also eine ziemlich katastrophale werbliche Erfolgsbilanz.[42] Warum wird dann trotzdem an allen Ecken und Enden geworben, sind die Unternehmen blind für die offensichtlichen Flop-Quoten? Es zweifeln allerdings immer mehr Firmen an der herkömmlichen „alten" Werbung, die uns direkt ansprechen und für steigende Umsätze sorgen soll. Wenn heute herkömmliche Werbung noch ankommen will, dann muss sie sich schon eine ganze Menge einfallen lassen.

Aus der Sicht der Werbeindustrie „glücklicherweise" hat man entdeckt, dass dem Verbraucher auch noch auf andere Art beizukommen ist, nämlich über das unterschwellige System. Dieses arbeitet sehr effektiv, es in der Lage ist, die Umgebung permanent abzutasten, die Signale, Botschaften, Appelle unabsichtlich, also peripher, gleichsam „en passant" und damit weitgehend unbewusst, wahrzunehmen. Die Sinneseindrücke aller Arten werden also auch abgespeichert, wenn wir es gar nicht wollen, wenn wir Werbung sogar vollkommen ablehnen, indem wir etwa das Fernsehgerät konsequent stummschalten oder weiterzappen. Da Werbung aber täglich und praktisch überall auf uns lauert, sind solche selbstschützende Maßnahmen nur beschränkt wirksam. Die täglich in die Tausende gehenden Werbebotschaften kommen also in ihrer Mehrheit an, sie werden unterschwellig in unserem Gehirn gespeichert, sie wecken Assoziationen und lassen sich zu Emotionen und Einstellungen verarbeiten – und dies alles ohne unser willentliches Zutun. Dabei steht die Hirnforschung möglicherweise erst am Anfang ihrer Entdeckungen.

---

[42] Vgl. Christian Scheier und Dirk Held, a.a.O., S.114 ff.

Was einst Vance Packard schon 1957 mit den *„geheimen Verführern"* umschrieb, wird weitergetrieben werden, so dass die eigentliche Frage nur noch ist, ob wir den Werbebotschaften schutzlos ausgeliefert sind oder ob überhaupt noch irgendeine Form von Widerstand möglich ist.

☞ **Was Sie beachten sollten:**

Erfolgreiche Werbung wirkt heute **unterschwellig**, wird kaum mehr wahrgenommen, sie wird nur von „Autopiloten" im Gehirn ohne willentliches Zutun abgespeichert. In der Werbung fand in den letzten Jahren ein erhebliches Umdenken statt, nachdem sie festgestellt hatte, dass sich Konsumenten kaum an zuvor präsentierte Werbeinhalte erinnern konnten. Die Markenkommunikation wird immer detaillierter in unsere Emotionssysteme eindringen und uns dahin bringen, wo wir eigentlich gar nicht hinwollen. Sie wird weiter an unsere **Triebe** appellieren, vor allem durch die Aktivierung des von allen Emotionssystemen zentral angesteuerten **Sexualitätszentrums** durch Weckung unsere Sehnsüchte, unserer Wünsche nach Status und Individualität, und durch immer neue **Tricks** und **Täuschungen** nichts unversucht lassen, um uns zum Kauf zu verleiten.

3.5 Schutz vor Werbung

Gibt es denn überhaupt einen Schutz gegen eine pausenlos feuernde Werbung, einmal abgesehen davon, dass wir sie am Radio oder im Fernsehen wegzappen können, dass wir Werbeseiten in den Printmedien schnell überblättern – was wohl alles nicht allzu viel nützen wird. Denn schon beim nächsten Kinobesuch sind wir wieder ihren Botschaften ausgeliefert, an fast jeder Hausecke springen sie ins Auge, nicht einmal in der Straßenbahn sind wir vor ihnen sicher.

☞ **Was Sie beachten sollten**

Trotzdem gibt es Möglichkeiten sich gegen Werbung zu schützen – wenn sicher auch nicht vollständig. Da wir um die **unterschwellige** Wirkung von Werbung wissen, gilt es immer wieder, zumindest bei größeren Anschaffungen, sich selbst zu befragen, ob unser Kaufwunsch primär etwas mit unseren emotionalen, nicht leicht einzugestehenden Wünschen zu tun hat. Laufen wir vielleicht nicht gerade Gefahr, einem Verkaufsversprechen auf den Leim zu gehen, werden wir nicht gerade geschickt über sämtliche fünf Sinne angesprochen und wird nicht gerade unser Dominanz- und Stimulationssystem in geschickter Weise aktiviert? Und wie gehen wir bei alltäglichen Einkäufen vor, notieren wir alles auf einem Einkaufszettel oder gehen wir aufs Geratewohl los und lassen uns von den geschickt platzierten und prall gefüllten Regalen zum Erwerb möglicherweise unnützer Dinge verleiten?

Um uns zum Geldausgeben zu verleiten, lässt sich die Werbeindustrie eine ganze Menge einfallen. So beispielsweise die **Nullprozent-Kreditangebote**. Man hat festgestellt, dass solche auf den ersten Blick kostenlosen Leistungen den Verkauf wirkungsvoller ankurbeln als Preissenkungen. Denn während man auf Preiserhöhungen meist heftig reagiert, verpuffen sinkende Preise sehr oft, da sie kaum emotionale Reaktionen (Freude) auslösen, sie einfach als selbstverständlich hingenommen werden. Der Trick besteht offenbar darin, beim Käufer den Eindruck zu erzeugen, dass man ihm etwas schenkt, denn dann gerät er in Versuchung, schnell zuzulangen. Also besondere Vorsicht bei Angeboten, bei denen ein Teil der Leistung – angeblich – umsonst zu haben ist.

Auch bei Flatrate-Angeboten gilt es wachsam zu sein, da hier mit ähnlichen psychologischen **Schenkungstricks** gearbeitet wird. Es ist ein offenes Geheimnis, dass ein Großteil der Besucher von Fitness-Studios Flatrates bucht, obwohl der Einzeleintritt für sie billiger käme. Ähnlich verhält es sich auch bei den unzähligen Rabattaktionen, mit denen wir täglich überschwemmt werden. Besonders unrühmlich zeichnet sich dabei die Möbelbranche aus. Die Wettbewerbszentrale Frankfurt am Main geht davon aus, dass fast alle ihre Anbieter irreführende Angebote machen. Viele Rabattaktionen seien nur vorgetäuscht. Die Kunden würden durch kurze Aktionsdauer, Extra-Spartagen, Geburtstagsangeboten und angeblich „letzten Chancen" gewaltig unter Druck gesetzt. Ähnliches gelte auch für den Trick mit den durchgestrichenen Mondpreisen und den saftigen Rabatten, die durch allerlei Ausnahmen im Kleingedruckten oft wieder eingeschränkt oder sogar ganz zurückgenommen werden.

Vielleicht greift die in England besonders grassierende Verkaufsmasche auch bald bei uns noch stärker um sich, nämlich die Sache mit den **BOGOF**-Angeboten. Dieses Modewort steht für *„Buy One, Get One Free"*, wobei festgestellt wurde, dass solche – angeblichen – Gratis-Angebote einen unwiderstehlichen Kaufreiz auslösen. Natürlich durchschauen die meisten Konsumenten solche Umsonst-Tricks, offenbar ist es aber der Magie des Augenblicks geschuldet, dass sie sich immer wieder verführen lassen.

3.6 Verhaltenspsychologie

Unser Ausgabeverhalten ist extrem **umweltabhängig**. Mehr als wir wahrhaben wollen orientieren wir uns an Freunden, Nachbarn oder auch bestimmten Bezugsgruppen (Peergroups). Bei einem Test wurden den Teilnehmern zwei Jobangebote vorgelegt, eines in der Stadt A mit einem Gehalt von 70.000 $ und eines in der Stadt B mit 80.000 $. Da die sonstigen Jobbedingungen vergleichbar waren, wurde ohne Zögern das höhere Angebot B akzeptiert. Dann wurden die Testbedingungen geändert und das jeweilige Gehaltsniveau zusätzlich angegeben. In der Nachbarschaft von A wurden im Durchschnitt nur 60.000 $ verdient, dagegen lag das Gehaltsniveau der Nachbarn in B mit 90.000 € über dem angebotenen Gehalt. Jetzt bevorzugten die Testpersonen plötzlich das niedrigere Gehalt in der Stadt A, obwohl dies mit einer absoluten Einbuße von 10.000 $ verbunden war.

Offenbar war nicht das absolute Gehalt entscheidend, denn dann hätten die Testpersonen weiterhin der Stadt B den Vorzug geben müssen. Den Ausschlag gab jedoch das *relative* Gehalt, und das von Stadt A lag um 10.000 $ höher als das dortige Durchschnittsgehalt. Die relevante Umgebung, die Nachbarn, es können aber auch Freunde und Verwandte sein, nicht zuletzt auch Kollegen, beeinflussen offenbar in hohem Maß unser Ausgabeverhalten.

Überträgt man diese Einsicht auf die Konsumwelt, so dürfte es empfehlenswert sein, sich bei größeren Anschaffungen selbstkritisch zu befragen, wie stark das Motiv ist, mit dem geplanten Kauf in erster Linie Menschen in der relevanten Umgebung beeindrucken zu wollen.

Das Phänomen der laufend steigenden Überschuldungsquote ist ein Hinweis darauf, sich noch etwas mehr mit der **Finanzpsychologie** zu beschäftigen. Natürlich sind es oft „exogene Schocks", also überraschende Ereignisse, die zu einer Überschuldung führen. Die Basis dafür liegt aber auch in bestimmten psychologischen Dispositionen, die dafür verantwortlich sind, dass Verbraucher die Finanzkontrolle verlieren. Naivität, Realitätsverlust, aber auch der Glaube daran, dass es noch immer gut gegangen ist, führen zur Überzeugung ist, man habe alles im Griff.

📖 **Wissenswertes:**

Mehr oder weniger glaubt jeder Mensch, dass er die wichtigsten Faktoren seines Lebens unter Kontrolle hat. Leider kann diese **Kontrollüberzeugung** ins Wanken geraten, wenn eigenes Verhalten, aber auch äußere Umstände zu einer fundamentalen Änderung der Situation führen. Dann müsste es eigentlich zu einer Änderung im Verhalten kommen, es sei denn, man gesteht sich das eingetretene **Kontrolldefizit** nicht ein. Mit der Dauer dieses Zustandes wird aber immer klarer, dass es so nicht weitergehen kann. Es macht sich ein laufend steigender Spannungszustand bemerkbar, die bisherige Kontrollüberzeugung gerät immer mehr ins Wanken und man wird darauf reagieren müssen. Um dieses Kontrolldefizit zu beseitigen, stehen verschiedene **kognitive** und **emotionale** Verhaltensstrategien zur Verfügung.

Als Beispiel sei das Bankkonto genannt, an dem sich ablesen lässt, ob die Ausgaben tendenziell stärker steigen als die Einnahmen. Vielleicht ließ man sich in letzter Zeit öfters zu Impulskäufen verleiten, vielleicht wollte man das Ausgabeverhalten der Nachbarn kopieren, vielleicht hat man auch mit einer Gehaltserhöhung gerechnet, die aber nicht eingetroffen ist. Man wir dann eine Zeitlang „weiterwursteln", das Konto überziehen oder einen Ratenkredit aufnehmen, um seinen Lebensstandard aufrechthalten zu können. Irgendwann wird aber klar, dass man in einen finanziellen Engpass geraten ist. Lässt sich dieser nicht in absehbarer Zeit beseitigen, dann wird man sich ein Kontrolldefizit, eine **Kontrolldissonanz,** eingestehen müssen. Menschen greifen dann zu **emotionalen** Verhaltensstrategien, wie Wut, Angst, Flucht, Panik. Eine beliebte Strategie ist, alles zu meiden, was mit Finanzen zu tun hat, also Mahnungen nicht zur Kenntnis nehmen oder Bankauszüge ungeöffnet in einer Schublade verschwinden lassen. Das ist die *„Kopf-in-den-Sand-steck"*-Strategie, und bekanntlich wird derjenige, der dies versucht, später mit den Zähnen knirschen. Die Wut kann auch aggressive Züge annehmen, man fährt trotzdem in Urlaub und verdrängt so einige Zeit den Schlamassel.

Eine weitere Strategie ist die eher kognitive, also verstandesmäßige Variante. Diese besteht darin, dass man sich in die Situation fügt, dass man resigniert, dass man sich eventuell mit anderen Schuldnern solidarisiert (so wie Käufer von Schrottimmobilien, die sich Interessengemeinschaften zusammenschließen) oder einfach darin, dass man die Situation schönfärbt. Dies ist die Strategie der *„kognitiven Selbstheilung".* Ob sie hilft, ist eine andere Frage. Selektive Wahrnehmung (*„es geht bald wieder aufwärts"*), Schönrederei (*„ist nicht so schlimm, ich krieg´ ja bald eine Gehaltserhöhung"*) oder die **Hindsight-Bias** (*„das habe ich kommen sehen – ich bin doch schlauer als alle meinen"*) sind typische Verhaltensweisen.

All diesen „Strategien" ist gemeinsam, dass die gesamte wirtschaftliche Existenz aufs Spiel gesetzt wird. Psychisch gesehen sind negative Reaktionen meist unvermeidlich, es kommen Versagergefühle auf und das Wohlbefinden ist empfindlich gestört – nicht zuletzt können sich Depressionen oder sonstige Krankheiten einstellen.

Ein anderes Beispiel aus dem Erkenntnisschatz der Finanzpsychologie: Man erhält vom Finanzamt die erfreuliche Mitteilung, dass 6.000 Euro zu viel gezahlte Einkommensteuer zurückerstattet wird. Was wird man mit dieser Steuerrückzahlung machen? Es bieten sich folgende Lösungen an (vgl. Grafik): 1. auf dem Bankkonto als Reserve stehen lassen, 2. für die Renovierung der Wohnung verwenden, 3. für eine Schiffsreise verwenden.

Die meisten Menschen entscheiden sich, wenn sie unverhofft zu Geld kommen, dass sie es nicht für notwendige Dinge ausgeben. Sie wollen sich mit diesem überraschenden Geldsegen etwas Besonderes leisten wollen, wie etwa sich eine Schiffreise leisten. Rational wäre die Verwendung wie in der Grafik angegeben, zuerst wird das Geld

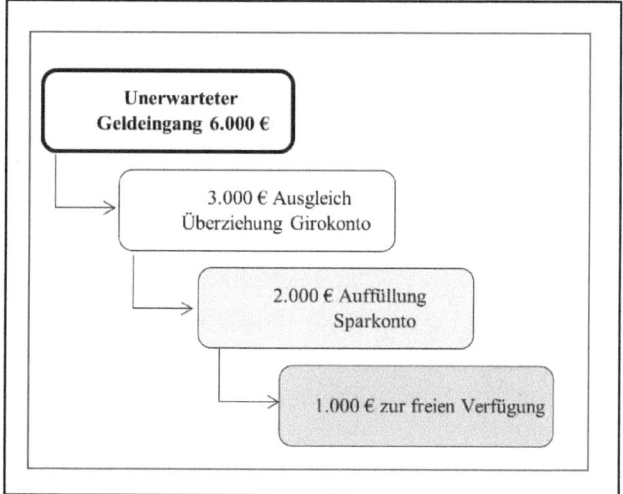

für die dringlichsten Dinge ausgegeben und nur ein eventueller Restbetrag bleibt Außergewöhnlichem vorbehalten. Mit großer Wahrscheinlichkeit hätten sie sich ganz anders entschieden, wenn sich eine Gehaltserhöhung im Lauf des Jahres zu diesem Betrag aufsummiert hätte.[43] Euro ist also nicht gleich Euro, *„Geld ist nicht nackt, es ist in emotionale Kleider gehüllt"*.

Es ist eben so, dass wir eine Summe, die wir im Roulette gewonnen haben oder die uns als Steuerrückzahlung zufließt, ganz anders bewerten wie die gleiche Summe, die wir für unsere tagtägliche Arbeit in Form von Lohn oder Gehalt erhalten. Diese Beträge werden gleichsam auf einzelnen „**mentalen Konten**" im Gehirn abgespeichert – und was das problematische ist – jeweils einer besonderen Verwendung zugeführt.

☞ **Was Sie beachten sollten:**

Richard Thaler, einer der bekanntesten Wissenschaftler des Behavioral Finance und der aktuelle Nobelpreisträger Wirtschaft des Jahres 2017, bezeichnet diese Tendenz, gewonnenes, gefundenes oder sonst wie erhaltenes Geld leichtfertig auszugeben, als **House Money Effect**.

---

[43] Zur mentalen Buchführung sei verwiesen auf Belsky/Gilovich „Why Smart People Make Big Money Mistakes" (1999, mittlerweile liegt auch eine deutsche Ausgabe vor), vor allem aber auf Daniel Kahnemann, der das „*Mental Accounting*" in mehreren Abhandlungen beschrieb, zuletzt „*Schnelles Denken, Langsames Denken*", 2011 in epischer Breite.

So gibt man von seinem Lohn im Schnitt etwa 90 % aus, von erhaltenen Zinsen und Dividenden 80 %, ein Gehaltbonus oder unerwartete Gewinne werden dagegen gerne zu 100 % dem Konsum zugeführt. Es werden also die verschiedenen Einnahmen auf unterschiedlichen „mentalen" Konten verbucht und bestimmen damit auch ihre Verwendung.

3.7 Bigness-Bias

Wenn die Statistik auch keine genauen Zahlen nennt, so ist die Annahme sicher nicht falsch, dass Autokäufe Ursache für die Überschuldung vieler Haushalte sind. Mit Rabatten und günstigen Finanzierungen werden die Kunden angelockt. Zusätzlich wird noch mit weiteren Tricks gearbeitet.

Einer davon ist, dem Käufer das Angebot so zu präsentieren, dass seine ganze Aufmerksamkeit ausschließlich auf den eigentlichen Preis gelenkt wird. Erst gegen Ende der Verkaufsverhandlungen werden noch zusätzlich anfallende Kosten oder Gebühren genannt, in der Hoffnung, dass diese unbemerkt durchgehen. Das kann zum Beispiel eine Restschuldversicherung sein, die dem Käufer noch schnell „untergejubelt" wird. Ganz beliebt sind Sonderausstattungen, die erst genannt werden, wenn sich der Käufer bereits für einen bestimmten Typ entschieden hat, was unversehens den Gesamtpreis um 20 oder mehr Prozent erhöhen kann.

Beim Immobilienkauf werden gerne Nebenkosten in der Kalkulation vernachlässigt und bei Börsengeschäften sieht man über die Transaktions-, Depot- und Verwaltungsgebühren großzügig hinweg. Dieses Vernachlässigen von – auf den ersten Blick – geringen Kosten und Gebühren wird von den Finanzpsychologen als die **Bigness-Bias** bezeichnet. Unter einer „Bias" wird eine tendenzielle Haltung verstanden, die zu etwas Unvorteilhaftem führt. Es ist insbesondere die Neigung, nur das Große zu sehen, also den eigentlichen „großen" Preis, und die „kleinen" Preise, die Nebenkosten, zu vernachlässigen. Ob dies beim Schuhkauf die teure Spezialschuhcreme ist, beim Frisör das nicht gerade billige aber angeblich phantastischen Glanz produzierende Shampoo, beim Anzugkauf das unbedingt dazu passende Hemd, bei der Jacke der passende Schal – die Reihe der Beispiele ließe sich endlos fortsetzen. Man darf annehmen, dass bei einer großen Zahl von Käufern diese kleinen Beträge einfach durchgewinkt werden. So ist ein gut gehütetes Geheimnis der Autobranche der Anteil an Käufern, der den Verlockungen der Sonderausstattungen erliegt. Auch die Überführungskosten beim Autokauf – sie fallen sogar auch dann an, wenn das Fahrzeug im Werk selbst abgeholt wird – ist ein typischer Fall für eine Bigness-Bias. Diese Zusatzkosten von rund zwei und mehr Prozent werden klaglos hingenommen, der Verkäufer weiß, dass deswegen der Kaufinteressent seine Entscheidung kaum rückgängig machen wird. Was sonst bei keinem Kauf vor Ort üblich ist, nämlich die Transportkosten einer Ware extra in Rechnung zu stellen, wird von der KFZ-Branche seit Jahrzehnten fast durchgängig praktiziert und akzeptiert.

Ein Beispiel noch aus der Finanzierungsbranche. Beim Abschluss eines Darlehensvertrages kann es vorkommen, dass der Kreditnehmer den Hinweis gar nicht zur Kenntnis nimmt, dass dem Kreditgeber das Recht zusteht, allein schon für die reine Bereitstellung des Kredits Zinsen zu berechnen. Üblich sind 0,25 % – wohlgemerkt pro Monat! Nimmt er beispielweise für den Bau eines Hauses einen Kredit von 300.000 € auf, verzögert sich aber die Fertigstellung und damit die Inanspruchnahme des Kredites um eine halbes Jahr, so hat er 1,5 % zusätzlich zu bezahlen, das macht immerhin 4.500 € aus! Die Banken wissen genau, dass die volle Konzentration des Kreditnehmers fast ausschließlich auf den gut vergleichbaren Darlehenszinssatz gerichtet ist, so dass Nebenkosten, so auch die sog. „Schätzgebühr" des Finanzierungsobjekts, klaglos hingenommen werden. Weitere Beispiele sind Sonderausstattungen beim Autokauf, Nebenkosten bei Immobilienerwerb, Bearbeitungsgebühren und Bereitstellungszinsen bei Darlehen, Nebenkosten bei Kauf und Verwahrung von Wertpapieren, Accessoires beim Kauf von Kleidung und Flugnebenkosten.

I.4 Risikoadäquate Voraussetzungen

4.1 Risiko

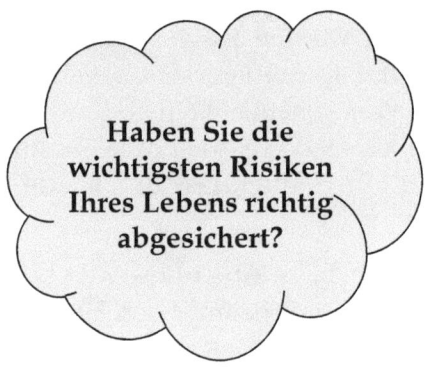

Haben Sie die wichtigsten Risiken Ihres Lebens richtig abgesichert?

Wer Geld anlegen will, muss sich zuvor überlegen, ob er sich gegen die wichtigsten Risiken seines Lebens abgesichert hat, ob er also entsprechende Versicherungen abgeschlossen oder einen privaten Risiko-Reservefonds dafür gebildet hat. Versicherungen kosten Geld, denn dafür sind monatliche, halb- oder ganzjährigen Prämien zu entrichten. Wer überversichert ist, also unnötige oder falsche Versicherungen abgeschlossen oder sich gegen Risiken abgesichert hat, die extrem selten eintreten werden, schmälert seinen Anlagefonds. Dass unser modernes Leben vielen Gefahren ausgesetzt ist, dürfte keine umwerfend neue Erkenntnis sein. Dabei denken wir vor allem an die Unfallgefahren auf Grund des immer dichter werdenden Straßenverkehrs, an gefährliche Krankheiten, an die zahlreichen Gefahren auf Grund von Raub, Diebstahl und Einbruch, aber auch an Naturkatastrohen wie Überschwemmungen und Bränden, die mit den klimatischen Veränderungen einhergehen. Im Gegensatz zu diesen Gefahren wird der Begriff des Risikos im wirtschaftlichen Bereich meist in einem engeren Sinn verwendet. Danach entsteht ein Risiko erst, wenn man sich einer bestimmten Gefahr aussetzt.[44] Nur wer am Straßenverkehr teilnimmt, ist den damit verbundenen Gefahren ausgesetzt.

Risiken entstehen in fast allen Lebensbereichen, man kann sie unterteilen in

- persönliche
- berufliche
- sachliche.

---

[44] Das gilt auch für die in den Sommermonaten in südlichen Ländern regelmäßig ausbrechenden Feuersbrünste, mit denen man nur konfrontiert wird, wenn man sich z.B. im Urlaub dorthin begibt. Hochwasserschaden erleidet nur, wer sein Haus in einer hochwassergefährdeten Zone erbaut hat.

Persönlichen bzw. familiären Risiken ist man durch Krankheit, Unfall oder Tod ausgesetzt. Der Verlust des Arbeitsplatzes oder gesundheitsbedingte Ursachen, einen bestimmten Beruf nicht mehr weiter auszuüben zu können (z.B. Hautunverträglichkeiten beim Bäcker, Schwindel beim Dachdecker) zählen zu den beruflichen Risiken. Auch im sachlichen Bereich lauern viele Risiken, denen z.B. Immobilien, Hausrat oder hochwertige Gebrauchsgegenstände (Auto etc.) ausgesetzt sind.

Jeder muss seine Risiken bewerten, d.h. sich darüber klarwerden, welche für ihn zutreffen können und wie wahrscheinlich ihr Eintreffen beurteilt wird. So muss Arbeitnehmern, in erster Linie aber Selbständigen, dringend geraten werden, sich gegen die Folgen einer Berufsunfähigkeit zu versichern, wenn man also seinen Broterwerb infolge Krankheit, Unfall oder aus sonstigen Gründen nicht mehr ausüben kann. Wer allerdings als Beamter beschäftigt ist, benötigt im Normalfall keine Berufsunfähigkeitsversicherung, wer dagegen das Bäckerhandwerk erlernt hat, hat das Risiko, auf Grund allergischer Reaktionen eines Tages seinen Beruf nicht mehr ausüben zu können. Ähnliches gilt auch für das Risiko, arbeitslos zu werden. Gesetzlich Versicherte haben den Vorteil, dass sie dagegen versichert sind, wenn auch befristet und unter Inkaufnahme von Einkommensverlusten.

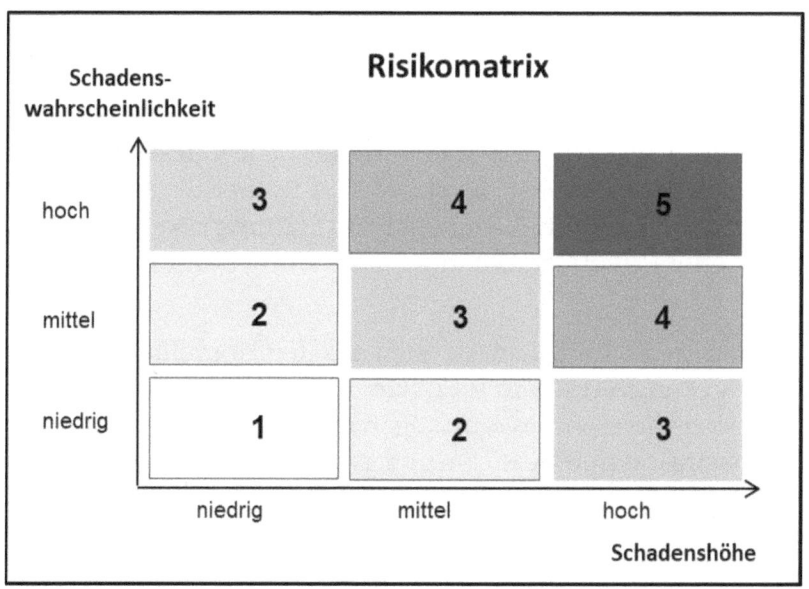

Leider haben die hohen Prämien einer privaten Arbeitslosigkeitsversicherung eine abschreckende Wirkung.

Man muss also seine Risiken bewerten. Das heißt, die Wahrscheinlichkeit, dass ein Schaden eintreten wird (z.B. berufsunfähig oder arbeitslos zu werden) wird mit der Höhe des Schadens kombiniert (z.B. Einkommensverlust durch Berufsunfähigkeit bzw. Arbeitslosigkeit). Eine solche Kombination zweier Faktoren, also Wahrscheinlichkeit des Schadens mit Höhe des Schadens, lässt sich gut in einer Übersicht darstellen, die man als **Risikomatrix** bezeichnet. Zugleich erlaubt diese zweidimensionale Darstellung mit ihren neun Feldern eine Aussage über die Notwendigkeit ihrer Absicherung.

Es ergeben sich 5 Gefahrenklassen, wobei man im Feld 5 auf Grund seiner hohen Schadenshöhe (Existenzgefährdung) und hohen Eintrittswahrscheinlichkeit kaum um eine Absicherung, normalerweise also Abschluss einer Versicherung, herumkommt. Als Beispiel können Hochwasserschäden genannt werden. Rund 40 % der Hausbesitzer in Deutschland haben jedoch keine entsprechende Versicherung, entweder weil sie das hohe Risiko eingehen oder aber, wie meistens, gar keine Versicherung finden, die ihnen das Risiko abnimmt. Weitere Beispiele wäre die Absicherung aus Gefahren durch Tätigkeiten wie Stuntman, Autorennfahrer, Hochseilakrobaten, wobei allerdings fraglich ist, ob sich dafür überhaupt eine Versicherung findet.

Der Gegenpol in der obigen Matrix stellt das Feld 1 dar, das eine sehr geringe Risikostufe verkörpert. Schäden treten nicht nur selten ein, sondern sind meist auch überschaubar. Beispiele sind Rechtsstreitigkeiten (Verkehr, Eigentums- und Mietstreitigkeiten, private Haftung), so dass auf eine Verkehrsrechts- oder Privatrechtsschutzversicherung eventuell verzichtet werden.

Ob man sich gegen die Risiken, die sich aus den Kombinationen der Felder 2, 3 und 4 ergeben, versichern will, hängt von der persönlichen Risikoeinstellung ab. Beispiele wären Vermögensschäden (Feuer, Leitungswasser, Hagel, Diebstahl), deren Absicherung relativ wenig kostet, während die Schäden hoch sein können, so dass sich fast immer eine Versicherung empfiehlt. Bei geringerer Risikostufe, wie sie das Feld 2 verkörpert, kann man sich überlegen, statt einer Versicherung eine eigene *private Vorsorgereserve* aufzubauen. Dies könnte für Gesundheitsrisiken in Frage kommen, oder für gesetzlich Versicherte, die Zusatzversicherungen, insbesondere für Zahnersatz, abschließen möchten.

Wie aus diesen Ausführungen hervorgeht, ist der Abschluss von entsprechenden Risikoversicherungen eine persönliche Angelegenheit. Genauer gesagt, ist es die Frage nach der Risikopersönlichkeit oder dem Risikotyp.

4.2 Risikopersönlichkeit

Wie man sich zum Risiko stellt, spielt vor allem in zwei Bereichen eine wichtige Rolle:

- Zum einen für die Einstellung, welche Risiken man an *Versicherungen* abtreten und welche man selbst übernehmen möchte.
- Zum anderen in der *Anlageberatung*, bei der die Bereitschaft des Kunden abgefragt wird, bis zu welchem Grad er Risiken aus Wertpapiergeschäften tolerieren möchte.

Die Anlageberater sind verpflichtet, die **Risikoneigung** des Anlegers abzufragen, wofür sie ihn in eine bestimmte Risikoklasse einzugruppieren haben. In der Psychologie dominiert dagegen der Begriff der **Risikopersönlichkeit**. Hierbei wird die Auffassung vertreten, dass es verschiedene Risikotypen unter den Menschen gibt. Während die einen Monotonie und Langeweile gut ertragen, sind andere *„sensation seekers"*. Sie sind auf der dauernden Suche nach Abwechslung und neuen Eindrücken. Auch weisen sie eine hohe Bereitschaft auf, Risiken in fast allen Lebensbereichen auf sich zu nehmen. Man kann davon ausgehen, dass sich solche Verhaltensdispositionen im persönlichen Bereich auch bei finanziellen Entscheidungen auswirken. So ist es wohl kaum vorstellbar, dass jemand, der auf der dauernden Suche nach Thrill und Abenteuer ist, sich mit Sparbuch und Bausparvertrag begnügt oder sich gegen alle auch nur denkbaren Lebens- und Sachrisiken versichern will. Im Folgenden soll versucht werden, eine Brücke zwischen Ökonomie und Psychologie zu schlagen, und die konsumpsychologischen Feststellungen des Kapitels I.3 mit der kapitalmarkttheoretischen Einteilung abzugleichen.

In der Konsumpsychologie werden vier Persönlichkeitsstrukturen und entsprechende Kauftypen unterschieden: Harmonie-, Balance-, Stimulanz- und Dominanztyp. In der sog. „Modernen Kapitalmarkttheorie" wird unterschieden nach

- risikoaversen/-scheuen
- risikoneutralen und
- risikofreudigen/-sympathischen

Anlegern.[45] Bislang wurde kaum der Versuch unternommen, nach Verbindungen zwischen den verschiedenen Kauf- und Risikotypen zu suchen. Dies ist eigentlich naheliegend, bauen diese Typisierungen doch auf bestimmten gemeinsamen emotionalen Grundmustern auf. So ist zu vermuten, dass zwischen Stimulanztyp und risikofreudigem Anlegertyp viele Gemeinsamkeiten bestehen. Der *risikofreudige* Mensch lässt sich dadurch charakterisieren, dass er dazu tendiert, grundsätzlich risikoreichere, damit aber auch chancenreichere, Betätigungsfelder vorzuziehen. Er betätigt sich gerne in Hochrisikobereichen wie Motor-, Abenteuer- und Extremsport. Auf finanziellem Gebiet neigt er dazu, auf Versicherungen zu verzichten und für Schadensfälle selbst aufzukommen. Im Anlagebereich kommt dieses Risikoverhalten häufig vor. Es ist der **Stock-Picker** – der Typ Anleger, der sich auf der ständigen Jagd nach heißen Tipps befindet und davon überzeugt ist, dass er durch den Kauf von Einzelaktien mit möglichst kurzen Haltefristen den Markt austricksen kann – deswegen bewusst auf jede Art von Risikostreuung verzichtet. Im Zweifel entscheidet sich dieser Typ für hohes Risiko, d.h. für hohe Renditechancen, aber dafür wenig Sicherheit.

Aber auch der Dominanztyp neigt dazu, gewisse Risiken in Kauf zu nehmen, wenngleich er stärker die mit den verschiedenen Alternativen verbundenen Risiken mit den entsprechenden Chancen genauer abwägt. Man kann ihn als Typ bezeichnen, dessen Verhalten eher im *risikoneutralen Bereich* ansiedeln lässt. Er sieht neben den hohen Ertragschancen sehr wohl auch die damit verbundenen Risiken. Sicherheit und Renditechancen sind hier auf einem weitgehend ausgeglichenen Niveau angesiedelt. Erwartet er

---

[45] Vgl. auch http://wirtschaftslexikon.gabler.de/Definition/risiko.html

aus einer Entscheidung einen bestimmten Erfolg, so gewichtet er jedoch den möglichen Misserfolg gleich stark.

Bleibt noch der Harmonie- und Balancetyp. Er entspricht dem *risikoscheuen* bzw. konservativen Anleger, der auch als *risikoavers* bezeichnet wird. Er will wenig Risiko eingehen, legt Wert auf hohe Sicherheit und nimmt entsprechend geringere Renditechancen in Kauf. Es ist also der Typ „*Spareinleger*", der nichts von der Börse wissen will. Denn mögliche Kursverluste gewichtet er psychisch sehr viel höher als mögliche Gewinne. Deshalb besteht seine absolute Priorität darin, sich auf keinen Fall Verluste einzuhandeln.

☞ **Was Sie beachten sollten:**

> Es ist empfehlenswert, sich über seine persönliche Risikoneigung klar zu werden. Dazu dient der **Risikotest** (vgl. Anhang), dem Sie sich unterziehen können. Die anschließende Risikobewertung zeigt Ihnen, welche Risikoeinstellung bei Ihnen überwiegt, ob sie also eher risikoscheu, risikoneutral oder risikofreudig sind.
>
> Will man sich beispielsweise selbständig machen, so ist angesichts der hohen Quote gescheiterter Existenzgründungen eher eine risikofreudige oder vielleicht auch noch risikoneutrale Einstellung gefragt. Ähnliches gilt für Börsenengagements, die eher den risikofreudigen Anleger ansprechen, jedoch bei der richtigen Vorgehensweise, die auf starke Diversifikation setzt, auch mit einer risikoneutralen Einstellung vereinbar ist.

Die Einteilung in diese Risikotypen ist nicht immer einfach. Dies zeigt sich auch im erwähnten Risikotest. So werden Sie selbst als grundsätzlich risikofreudiger Typ (4- bis 5-mal die risikofreudige Alternative angekreuzt) auch 1 bis 2 die mal risikoneutrale Verhaltensdisposition gewählt haben. Außerdem ist, ähnlich wie die Einteilung nach Kauftypen, auch die Risikobereitschaft nicht für alle Zeiten zementiert, sie hängt auch von situativen und zeitlichen Umständen ab.

Umfragen deuten darauf hin, dass die meisten Menschen ein eher risikoneutrales Verhalten an den Tag legen. Sie akzeptieren ein gewisses Risiko, wenn sie dafür höhere Erträge erwirtschaften. Dies ist zumindest das Ergebnis US-amerikanischer Befragungen.[46] Ungefähr gleich mit je einem Fünftel sind die risikoaversen und risikofreudigen Einstellungen vertreten. Allerdings kann man mutmaßen, dass für Deutschland der Anteil risikoneutraler und risikofreudiger Menschen geringer sein dürfte. Wahrscheinlich ist, dass sich immer noch viele Anleger am wohlsten fühlen, wenn sie völlig auf den Kauf von Aktien verzichten. Die Ansätze zu einer verstärkten Hinwendung zu Beteiligungspapieren wurden durch die Krise am Neuen Markt (2001/2002) und vor allem durch die Finanzmarktkrise nach 2008 erheblich beschädigt.

4.3 Risikotragfähigkeit

In finanzieller Hinsicht ist jedoch die Bereitschaft, Risiken einzugehen, nur die eine Seite der Medaille. Dazu muss die Überlegung kommen, ob man auf Grund der Vermögenssituation überhaupt in der Lage ist, Risiken zu übernehmen. Es muss also immer die **Risikotragfähigkeit** mit beachtet werden. Das heißt, sich zu fragen, ob man es sich leisten kann, sich beispielsweise nicht gegen Krankheitsrisiken oder Schäden durch Brand, Hochwasser und Diebstahl abzusichern. Die Risikotragfähigkeit leitet sich damit aus dem vorhanden Einkommen und Vermögen ab und ist die Antwort auf die Frage, welche Schäden bei unterlassenen Versicherungen oder Verluste bei Anlagegeschäften getragen werden können. Besonders bei jüngeren Anlegern ist häufig zu beobachten, dass ihre risikofreudige Einstellung nicht konform mit ihrer Risikotragfähigkeit geht. So etwa bei Börseninvestments, bei denen im Verlustfall das gesamte eingesetzte Kapital verloren geht und es sich um Kapital handelt, das Reservevermögen oder Altersvorsorgevermögen darstellt.

4.4 Versicherungsabschluss

Welche Versicherungen sollen nun abgeschlossen werden? Vorauszuschicken ist die Warnung vor allzu leichtfertigem Umgang mit Risiken, aber

---

[46] Vgl. Klaus Spremann, Vermögensverwaltung, 1999 S.223

auch vor falschen Versicherungen. So dürfte die schon vor längerer Zeit getroffene Feststellung des Bundesverbandes der Verbraucherzentralen immer noch zutreffen, dass

80 % der Deutschen zu teuer oder falsch versichert sind!

In Deutschland besteht ein grundsätzlicher Unterschied zwischen Pflicht- und Privatversicherten. Der Pflichtversicherte ist Mitglied einer Solidargemeinschaft, deren wesentliches Merkmal ist, dass die Starken für die Schwachen einzustehen haben. Wer mehr verdient, muss auch mehr in die Sozialkassen einzahlen, wobei sich ursprünglich Arbeitnehmer und Arbeitgeber die Beiträge teilten. Wer dagegen über der *„Jahresarbeitsentgeltgrenze"* (2017: 4.800 €) liegt, ist von der Krankenversicherungspflicht befreit und hat sich privat zu versichern. Bei den anderen im Schaubild aufgeführten Sozialversicherungen gibt es *keine* Befreiungsmöglichkeit für Arbeitnehmer, unabhängig vom Jahresverdienst.

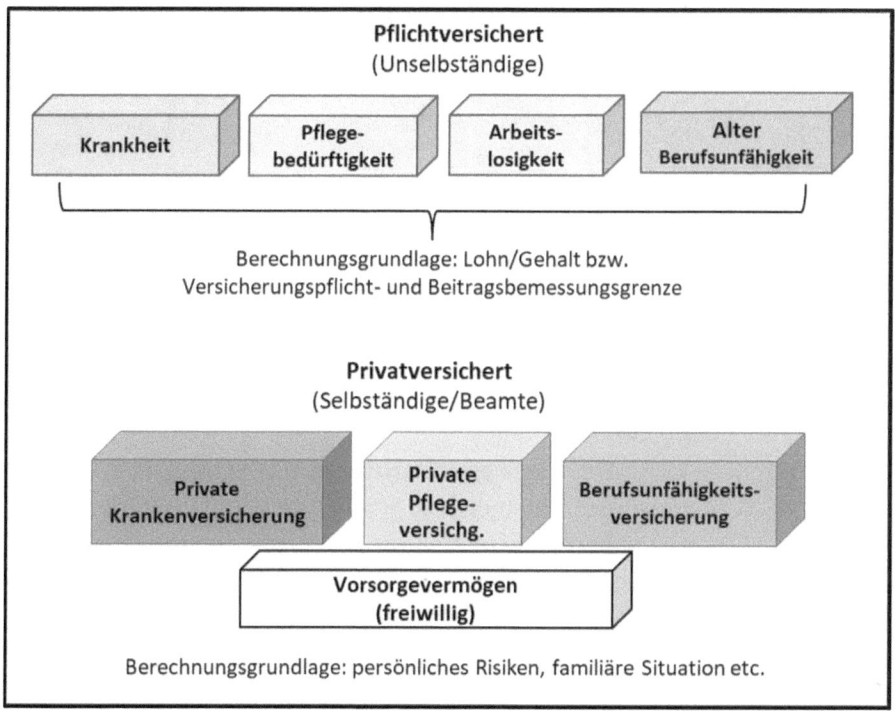

Bei Beamten tritt der Sonderfall ein, dass sie von der Pflichtmitgliedschaft in allen Sozialversicherungen *befreit* sind, d.h. sie haben sich im Normalfall privat zu versichern. In der Privaten Krankenversicherung (PKV) ist die Grundlage das persönliche Risiko des einzelnen Versicherungsmitglieds, auch muss jedes Familienmitglied extra versichert werden. Je nach gesundheitlicher Ausgangssituation werden Risikozuschläge erhoben.

Unter Umständen kann sich ein Selbständiger und Freiberuflicher freiwillig weiterversichern. Wer versicherungstechnisch als „Quasi-Selbstständiger" eingestuft wird – das ist jemand der keine Arbeitnehmer beschäftigt – unterliegt sogar einer Versicherungspflicht![47] Für Selbständige hat sich seit einiger Zeit die Rechtslage geändert, sie müssen jetzt genau wie alle Arbeitnehmer, Mitglied in der gesetzlichen *oder* einer privaten Krankenversicherung sein.

Eine Übersicht über die wichtigsten abzusichernden Risiken bietet folgende Tabelle:

Risiken		
Persönliche	Berufliche	Sachliche
Krankheit ● ▪	Arbeitslosigkeit ● ▪	Gebäude ▪
Arbeitslosigkeit ● ▪	Berufs-/Erwerbsunfähigkeit ● ▪	Hausinventar ▪
Tod/Invalidität ▪		Spezielle Versicherungen ▪
Unfall ● ▪		Rechtsschutz ▪

Es bedeuten: ● Teilweise gesetzlich vorgeschriebene Absicherung ▪ Private Absicherung

Im Folgenden soll kurz auf die Versicherungen eingegangen werden, die nicht gesetzlich vorgeschrieben werden. Für gesetzlich Versicherte gilt es jedoch zu überlegen, ob sie ihre Pflicht-Krankenversicherung durch private Zusatzversicherungen ergänzen oder ihre Pflicht-Altersversicherung durch freiwillige Zusatzleistungen aufbessern wollen.

---

[47] Die Beschäftigung von Auszubildenden oder Arbeitnehmer unter 450 € ist dagegen möglich.

Im Gegensatz zur Gesetzlichen Krankenversicherung (GKV) darf sich die **Privaten Krankenversicherung** (PKV) ihre Kunden aussuchen, sie schließen mit jedem einen eigenen Versicherungsvertrag ab. Für Arbeitnehmer kommt sie in Frage, wenn ihr Einkommen die bereits oben erwähnte **Jahresarbeitsentgeltgrenze** überschreitet. Wer ein hohes Risiko mitbringt, wie etwa in Form von Vorerkrankungen, wird entweder abgelehnt oder muss zumindest einen Risikozuschlag zahlen. Ein Wechsel innerhalb des Systems der Privatkrankenversicherungen (PKV) ist nur eingeschränkt möglich. Ist man krank oder alt, ist ein Wechsel praktisch ausgeschlossen – man ist dann weitgehend in der Hand der Privatkasse. Die Tarife orientieren sind am Eintrittsalter, Gesundheitszustand und Umfang der gewählten Versicherungsleistungen. Dazu kommen sonstige Leistungen wie beispielsweise Rückführung aus dem Ausland sowie Krankenhaustagegeld. Außerdem hat jeder Privatversicherte eine Pflegeversicherung abzuschließen. Bei einem Wechsel in die PKV ist vor allem zu bedenken, dass für jedes Familienmitglied eine *eigene* Versicherung abgeschlossen werden muss, also nicht wie bei der GKV die gesamte Familie mitversichert ist. Die Unterteilung spezielle Tarife für Männer und Frauen ist aufgehoben. Die private Krankenversicherung ist keine billige Angelegenheit, auch die Wahl des richtigen Tarifs ist nicht einfach. Für Neukunden ist eine solche Versicherung kaum unter 400 € im Monat zu haben, wobei die unterschiedliche Selbstbeteiligung im ambulanten Tarif ein weiteres Entscheidungskriterium ist. Einsparmöglichkeiten gibt es durch den Verzicht auf bestimmte Leistungen, wie den Verzicht auf Chefarztbehandlung und Ein- oder Zweibettzimmer.

Hat man die GKV erst einmal verlassen, so ist der Weg zurück in die gesetzliche Kasse meist versperrt. Als Ausweg bietet sich der brancheneinheitliche **Basistarif** an, der wesentlich niedriger ist, dafür aber eben auch nur das Leistungsniveau der Pflichtkassen, zum Teil sogar noch weniger, anbietet. Er darf nicht höher als der jeweilige Höchstbeitrag zur gesetzlichen Krankenkasse sein. Ein wesentlicher Unterschied zur GKV besteht vor allem darin, dass für jede versicherte Person ein eigener Beitrag erhoben wird. Ein Ehepaar hat also zwei Beiträge zu zahlen, jeweils begrenzt auf den Höchstbeitrag. Auch für Kinder und Jugendliche sind gesonderte Beiträge zu zahlen. Für Privatversicherte über 65 Jahre kann noch der sog. **Standardtarif** in Frage kommen, der etwas bessere Leistungen anbietet als der Basistarif.

Die Rückkehr zur gesetzlichen Krankenkasse steht allerdings dann wieder offen, wenn eine *versicherungspflichtige Tätigkeit* aufgenommen wird. Dies betrifft auch Arbeitslose sowie Arbeitnehmer, deren Einkommen für die Dauer von mindestens einem Jahr unter die Jahresarbeitsentgeltgrenze gesunken ist. Zu beachten ist aber, dass ab *55 Jahren* eine Rückkehr in die gesetzliche Krankenkasse weitgehend ausgeschlossen ist. Bei einem Zurück in die GKV ist zu beachten, dass dann alle Altersrückstellungen, die von der PKV für ihre Versicherung individuell gebildet wurden, verloren gehen. Trotzdem – wer private Krankenkassenbeiträge von monatlich oft tausend Euro und mehr aufzubringen hat, tut sicher gut daran, an eine Rückkehr in den kostengünstigen Schoß der Pflichtversicherung zu überdenken. Ein Grund für die Rückkehr in die GKV kann auch sein, dass man den ganzen Papierkram, d.h. die Einreichung der Rechnungen, leid ist. Außerdem ist die Vorfinanzierung der Arztrechnungen, eventuell bis zum Jahresende, eine ärgerliche Sache.

Arbeitnehmer können zur Deckung der Lücke, die das Arbeitslosengeld I und II hinterlässt, eine zusätzliche **private Arbeitslosenversicherung abschließen**. Auch für Selbständige kann eine solche Versicherung in Frage kommen. Es finden sich aber nur wenige Angebote von Versicherungsgesellschaften, bei denen man sich gegen Arbeitslosigkeit versichern kann – und wenn, dann zu hohen Prämien. Außerdem ist die Leistung auf die vereinbarte Laufzeit begrenzt. Wer allerdings in einer stark von Arbeitslosigkeit gefährdeten Branche beschäftigt ist, sollte sich über eine solche zusätzliche Absicherung informieren. Um die Prämie bezahlbar zu gestalten, kann man die Versicherungssumme an den monatlichen fixen Zahlungen ausrichten. Eine Möglichkeit ist auch, nur die Differenz zwischen letztem Nettogehalt und dem niedrigeren Arbeitslosengeld zu versichern. Aber auch eine solche Versicherung ist nicht gerade billig. Wer zum Beispiel Arbeitslosengeld in Höhe von 1.000 € erhalten will, um wenigstens die wichtigsten festen Zahlungsverpflichtungen abzudecken, zahlt etwa 120 € monatlich.

Auch die private Arbeitslosenversicherung unterstellt, dass es sich lediglich um eine *befristete* Arbeitslosigkeit handelt. Außerdem tritt ihre Leistungspflicht nicht sofort ein, sondern erst nach Ablauf einer bestimmten *Wartezeit*, die sich zwischen sechs Monaten und zwei Jahren bewegt. Das bedeutet, es wird nicht gezahlt, wenn der Arbeitsplatz bei Versicherungsabschluss schon in Gefahr war. Die Beitragzahlung bleibt im Übrigen auch *während des Leistungsbezuges* fällig. Als Alternative zur privaten Arbeitslosenversicherung kommt also auch hier die Eigenvorsorge in Frage.

Seit 2009 gibt es auch die Möglichkeit, sich bei der Sozialversicherung zusätzlich gegen Arbeitslosigkeit zu versichern. Auch hierbei ist die Leistung auf maximal 1 Jahre beschränkt und die Leistungen sind sehr überschaubar.

Es macht Sinn, das Rentenniveau durch den Aufbau eines privaten Altersvorsorgevermögens zu verbessern. Deshalb kommt der zusätzliche Abschluss einer **Privaten Rentenversicherung** in Frage. Für Arbeitnehmer gibt es seit den Zeiten der früheren rotgrünen Regierungskoalition die private Vorsorge in Form der „**Riester-Rente**". Zusätzlich kommt vor allem für Selbstständige die „**Basisrente**" in Frage, auch als „**Rürup-Rente**" bekannt. Bei beiden Arten gibt es staatlich Zuschüsse. Bei „Riester" sind es familienabhängige Zulagen und eventuell zusätzlich noch steuerliche Vorteile, „Rürup" ist aus steuerlicher Sicht interessant, da die Versicherungsbeiträge als in ihrer Höhe begrenzte Sonderausgaben deklariert werden können.

Ob „riestern" oder „rürupen" Sinn macht, wird im Kapital II.5.2 und II.5.3 noch ausführlich besprochen.

Arbeitnehmern, in jedem Fall aber Selbstständigen, ist dringend zu raten, sich für den Fall zu versichern, dass sie ihren Beruf wegen Krankheit, Unfall oder sonstigen Gründen nicht mehr ausüben können. Im Allgemeinen muss jedoch der Grad an Berufsunfähigkeit bei mindestens 50 % liegen, bevor die Versicherung zahlt. Die Versicherungen lassen sich danach unterscheiden, ob nur eine reine **Berufsunfähigkeitsversicherung** (SBU) angeboten wird oder ob sie zusätzlich noch mit einer Risikolebensversicherung mit Todesfallschutz (BUZ) gekoppelt ist. Die Kopplung an eine Lebensversicherung, die neben Risikoschutz der Ansammlung von Kapital vorsieht, ist dagegen nicht empfehlenswert. Da die Beiträge am niedrigsten sind, wenn der Schutz schon in jungen Jahren abgeschlossen wird, empfiehlt es sich sogar, schon bei Aufnahme einer Ausbildung oder eines Studiums eine solche Versicherung abzuschließen. Die Beitragshöhe richtet sich nach dem jeweiligen Risiko, weshalb meist vier Berufsgruppen unterschieden werden, von geringem Risiko (z.B. Apotheker, Psychologen, Ärzte) bis hohem Risiko (z.B. Maurer, Schornsteinfeger, Krankengymnasten).

Eine Monatsrente in Höhe von 2.000 € lässt sich für die Berufsgruppe I schon mit Beiträgen von etwa 70 € versichern. Für Angehörige der Gruppe III wird es teurer, weshalb eine Reduzierung der monatlichen Rente auf 1.500 oder 1.000 € in Frage kommt.[48] So hat eine Arzthelferin, die dieser Risikogruppe angehört, für eine Berufsunfähigkeitsrente von 1.000 € nur etwa 20 € aufbringen.[49] Mit einem monatlichen Zusatzbetrag von etwa 30 € kann gleichzeitig noch eine Risikolebensversicherung abgeschlossen werden. Die Crux an der SBU ist allerdings, dass besonders gefährdete Berufe, die den Schutz am nötigsten hätten, die höchsten Beiträge zu zahlen haben.

Es gilt jedoch verschiedene Fallstricke zu beachten, die in den Versicherungsbedingungen angelegt sind. Die wichtigste Maßnahme ist, dass man auf den Ausschluss der *abstrakten Verweisung* dringt. Denn sonst kann die Versicherung völlig unabhängig vom Alter des Versicherten drauf verweisen, dass die Weiterarbeit in einem anderen Beruf zumutbar ist. Es ist deshalb nicht verwunderlich, dass es bei Streitigkeiten mit den Versicherern meist um derartige Probleme geht. Wenn eine Berufsunfähigkeit nicht sofort durch ein ärztliches Gutachten festgestellt werden kann, so ist die vereinbarte Zahlungsfrist wichtig, da die Versicherung die Rente solange hinausschieben kann. Der Versicherte muss sich deshalb rückwirkende Leistungen vertraglich zusichern lassen. Auch das Recht auf eine spätere Rentenerhöhung, beispielsweise wenn man vom Angestellten in eine selbständige Tätigkeit wechselt, sollte man sich garantieren lassen („Nachversicherungsgarantie"). Der spätere Neuabschluss einer SBU ist dagegen teurer.

☞ **Was Sie beachten sollten:**

Es ist empfehlenswert, sich über die erheblichen Beitragsunterschiede zu

---

[48] Viele Anbieter sehen für junge Berufstätige oft nur die Versicherung einer maximalen Rente von 1.000 €.

[49] Eine Tarifübersicht bietet Finanztest 7/2013, 58 ff. Zu unterschieden sind Brutto- und Nettobeiträge. Der Nettobetrag ergibt sich durch die Verrechnung mit Überschüssen der Versicherung, was so gut wie von allen angeboten wird.

informieren. Ist man jung und gesund, sollte man auch die sog. *Starterpolice* prüfen. Sie bietet einen verbilligten Einstiegstarif an. Mit dem Alter steigt dann allerdings die Prämienzahlung. Dann kann man aber immer noch auf einen Normaltarif umsteigen.

Die Suche nach der geeigneten Versicherung kann zu einem Geduldspiel werden. Denn hat man schon gewisse gesundheitliche Probleme, so lehnen viele Versicherer einen Vertragsabschluss ab. Verschweigen geht allerdings auch nicht, denn dann kann die Versicherung im Ernstfall die Zahlung der Rente komplett verweigern. Vor allem Menschen mit Vorerkrankungen im psychischen Bereich fallen schnell durch das Versicherungsraster. Was kann in diesem Fall getan werden?

Es verbleibt dann nur noch die Möglichkeit einer **Erwerbsunfähigkeitsversicherung**. Sie zahlt, wenn der Versicherte fast gar nicht mehr arbeiten kann. Viele Versicherer verfügen über entsprechende Angebote, allerdings sind die Einschränkungen in den Bedingungen genau zu beachten. Wenn auch dieser Weg versperrt ist, z.B. nach Schlaganfall, Herzinfarkt, Krebs oder Gehirnerkrankungen, dann bleibt nur noch die sog. **Schwere-Krankheiten-Versicherung**. Die Zahlung besteht dann meist in Form einer einmaligen Kapitalleistung. Dass die Prämie dafür nicht gerade billig ist überrascht kaum. Unter einem Monatsbeitrag von 200 € geht hier nichts. Kann der Versicherer nachweisen, dass die Krankheit durch Alkoholmissbrauch, Drogen und Medikamente verursacht wurde, so braucht er nicht zu zahlen. Außerdem müssen oft Wartezeiten in Kauf genommen werden.

Um das Todesfallrisiko abzusichern, gibt es die Lebensversicherung. Gegen dieses Risiko kann man sich leider nicht versichern Es geht dabei aber um die Hinterbliebenen, für die man im Fall des eigenen Todes versorgen möchte. Die Lebensversicherung (LV) wird in zwei Varianten angeboten: Zum einen als **Kapitallebensversicherung**, bei der man am Ende der vereinbarten Laufzeit vom eingezahlten Geld einiges wieder zu sehen bekommt, zum anderen als **Risikolebensversicherung,** bei der das eingezahlte Kapital komplett verloren ist. Mit dem Argument, dass man bei einer Kapitallebensversicherung bei Fälligkeit wieder etwas zurückbekommt, werben die Versicherungen. Doch eigentlich widerspricht dies dem Wesen einer Versicherung, denn es geht dabei nicht um Sparen, sondern um das

Absichern von Risiken. Die *Risikolebensversicherung* zahlt deshalb auch nur an die Begünstigten, wenn der Versicherungsfall (Tod) eintritt. Bei der *Lebensversicherung* dagegen gibt es zwei Versicherungsfälle. Der erste ist der Erlebensfall, wenn also der Versicherte das Ende der Laufzeit erlebt und dann die Kapitalauszahlung auslöst. Der zweite ist der Todesfall während der Laufzeit. Diesen „Todesfallschutz", so der von den Versicherungen verwendete Terminus, gibt es streng genommen gar nicht. Vielmehr ist es der *Hinterbliebenenschutz*, der natürlich nur benötigt wird, wer für eine Familie vorzusorgen hat. Für Singles kommt deswegen nur eine reine Risikolebensversicherung in Frage – wobei die Zahl an Singles Legion ist, denen trotzdem eine Kapitallebensversicherung „angedreht" wurde.

Eine Risikolebensversicherung, eventuell kombiniert mit einer Berufsunfähigkeitsversicherung, ist sehr wichtig. Denn sie zahlt – und da ist kein Unterschied zur Kapitalversicherung –, wenn der Versicherte während der Laufzeit stirbt, egal ob durch Krankheit, Unfall oder Mord. Sogar die Selbsttötung ist oft eingeschlossen. Diese Versicherung greift allerdings meist nur, wenn seit Vertragsschließung mindestens drei Jahre vergangen sind.

Die Lebensversicherung dagegen besteht aus einem *Risiko-* und einem *Sparanteil*. Da der Sparanteil abzüglich Verwaltungskosten, vermehrt um die erzielten Überschüsse durch die Anlage am Kapitalmarkt, spätestens am Ende der Laufzeit fällig wird, sind die Beiträge wesentlich höher als bei einer Absicherung des reinen Todesfallrisikos. Vielen Versicherungskunden ist oft nicht klar, dass sie im Rahmen einer Lebensversicherung auch einen Sparvertrag abschließen. Nach Abzug der nicht unerheblichen Verwaltungskosten macht die Versicherung nichts anderes als der Kunde auch kann: Nämlich das Geld selbst am Kapitalmarkt anzulegen und damit hohe Kosten zu vermeiden.

☞ **Was Sie beachten sollten:**

> Bei einer Risikolebensversicherung werden Sie niemals auch nur einen Cent der eingezahlten Beträge wiedersehen. Aber lassen Sie sich von diesem Argument nicht beirren und zu einer Kapitallebensversicherung überreden! Denn Sie wollen ja ihr Todesfallrisiko – genauer das Ihrer Familie – versichern und nicht sparen. Die Prämie macht deshalb auch nur einen Bruchteil der Kapitallebensversicherung aus. Auf Wunsch können

Sie bei letzterer zusätzlich einen Invaliditätsschutz vereinbaren. Und man sollte wissen, dass die Versicherungsvertreter in erster Linie am Verkauf einer Kapitallebensversicherung interessiert sind, denn dafür gibt es die wesentlich höhere Provision.

Es ist erstaunlich, dass der Anteil der Risikoversicherungen nur gut **13 %** aller Lebensversicherungen ausmacht, die Kapitalversicherungen dagegen 46 % und die Rentenversicherung als eine Unterform 41 %. Eine günstige „Risiko-LV", wie es im Fachjargon heißt, kostet pro Jahr um die 100 € – allerdings nur für Nichtraucher. Mit diesem Betrag kann man 150.000 € Versicherungssumme abdecken. Eingeschlossen ist dann meist auch ein Todesfallbonus, d.h. die Leistung an die Hinterbliebenen kann die Versicherungssumme sogar noch übersteigen. Angesichts der mickrigen Rente, die Halbwaisen oder Vollwaisen mit 10 bzw. 20 % Anteil an den Rentenansprüchen von Verstorbenen erhalten, ist der Abschluss einer Risikoversicherung spätestens bei Geburt von Kindern sehr empfehlenswert.

Die Lebensversicherer versuchen sich aus dem augenblicklichen Zinsdilemma zu befreien, indem sie die Lebensversicherung „*light*" auf den Markt gebracht haben. Der Branchenführer ergo und auch die Allianz bieten bei neuen Verträgen keine garantierte Mindestverzinsung mehr an, sondern nur noch den Kapitalerhalt, also eine Nullverzinsung. Wird sie als fondsgebundene Versicherung angeboten, gibt es nicht einmal diese Kapitalgarantie. Damit verbunden ist die Aussicht auf höhere Renditen, da auf Grund der wegfallenden Mindestverzinsung risikoreicher am Kapitalmarkt investiert werden kann.

Die nicht sehr schöne Realität ist aber auch, dass viele Kunden ihre Verträge *vor Ende der Laufzeit* in der Hoffnung kündigen, zumindest einen Teil der eingezahlten Beträge (Rückkaufswert) zurückzuerhalten. Man spricht davon, dass mehr als die Hälfte aller Verträge nicht durchgehalten werden! Will man schnell an das eingezahlte Geld herankommen, so ist eine Vertragskündigung in jedem Fall ein schlechtes Geschäft, zumindest wenn sie in den ersten Jahren erfolgt. Besser ist es in solchen Fällen, wenn sich eine Kündigung schon nicht verhindern lässt, nur die Stilllegung des Vertrages zu beantragen. So ist man sogar noch in dieser Ruhephase an den Erträgen beteiligt. Es gibt außerdem einen Zweitmarkt für „Gebrauchte Lebensversicherungen". Hier werden noch nicht fällige Lebensversicherungen gehandelt, natürlich mit einem gehörigen Abschlag. Die auf diesem Markt tätigen Policen-Händler investieren ihr Geld in solche Verträge, um sie anschließend weiterzuverkaufen, eventuell auch bis zum Laufzeitende zu halten.[50] Selbstverständlich hat der Verkäufer darauf zu achten, dass er mehr erhält als den reinen Rückkaufswert (kann beim Versicherer erfragt werden), sonst macht es keinen Sinn. Der innere Wert einer solchen Versicherung liegt normalerweise auch über dem Rückkaufswert, da die aufgelaufenen Boni und Überschussbeteiligungen einzurechnen sind.

Neben Krankheiten können Unfälle zu großen finanziellen Belastungen führen. Eine entsprechende **Unfallversicherung** zählt jedoch nicht zu den Pflichtversicherungen, es bleibt also jedem selbst überlassen, ob er sich gegen ein solches Risiko absichern möchte. Eine Ausnahme besteht nur bei berufsbedingten Unfällen, die über die Berufsgenossenschaften versichert sind und deren Beiträge ausschließlich vom Arbeitgeber getragen werden. Hinter der Absicht, sich gegen einen Unfallschaden privat abzusichern, steht in erster Linie die Befürchtung, nicht mehr oder nur noch eingeschränkt einer Beschäftigung nachgehen zu können, also zum Invaliden zu werden. Die Statistik zeigt jedoch, dass in 90 % aller Fälle gar nicht Unfälle, sondern Krankheiten die Ursache für Berufsunfähigkeit ist. Deshalb hat eine Absicherung gegen Berufsunfähigkeit erste Priorität. Allerdings ist diese weitaus teurer. Wegen risikoträchtiger Vorerkrankungen oder fortgeschrittenem Alter ist dieser Weg jedoch oft versperrt, ebenso für Hausfrauen und Kinder. Eine Unfallversicherung bietet deshalb zumindest einen gewissen Ersatzschutz. Wenn sie eintritt, dann besteht ihre Leistung entweder in einer einmaligen Geldleistung oder einer Unfallrente.

Trotzdem ist fraglich, ob sich eine Unfallversicherung lohnt, da sie nur selten zahlt. Da deshalb diese Versicherung für die Gesellschaften äußerst profitabel ist, wird kaum eine Versicherung so offensiv verkauft. So ist jeder dritte Haushalt unfallversichert. Die Schadensquote ist dabei so niedrig wie

---

[50] Spezielle Finanzdienstleister kaufen solche Policen auf, um sie zu bündeln und als geschlossene Fonds weiterzuverkaufen. Der Kunde kann eventuell auch trotz Verkauf seiner Police den reinen Todesfallschutz behalten. Außerdem sollte er aus steuerlichen Gründen mindestens 12 Jahre lang die Versicherung gehalten haben.

sonst nirgends. Nach Angaben im GDV-Jahrbuch 2011 beträgt der Anteil der Auszahlungen an den Prämieneinnahmen nur etwa 60 %.

Neben dem Invaliditätsrisiko können auch andere Unfallfolgen gegen eine Mehrprämie versichert werden. So kann bei einem Unfalltod des Versicherten eine Todesfallleistung vereinbart werden. Eine solche Kombination mit Elementen einer Lebensversicherung führt allerdings zu höheren Prämien. Bei Ereignissen wie Schlaganfall, Vergiftung, Selbstverstümmelung usw. gibt es keine Leistung, auch nicht, wenn zum Beispiel ein mehrfach gebrochenes Bein später wieder funktionstüchtig wird. Darüber hinaus bemisst sich die Versicherungsleistung nach der „Gliedertaxe". Dies bedeutet, dass die Schädigung der einzelnen Körperteile je nach ausgeübtem Beruf unterschiedlich bewertet wird. Wenn das Invaliditätsrisiko als hoch eingeschätzt wird, eine Berufsunfähigkeitsversicherung aber nicht möglich ist, dann ist ein *Progressionstarif* empfehlenswert. So gibt es Tarife, die im Fall einer Vollinvalidität das Fünffache der Versicherungssumme zahlen. Im Übrigen ist es auch hier sinnvoll, Vergleichstests heranzuziehen, da sich die Tarife bei weitgehend gleicher Leistung bis zum Dreifachen unterscheiden.

☞ **Was Sie beachten sollten**:

Es ist ein großer Irrtum zu glauben, dass diese Versicherung bei jedem Unfall zahlt. Dies ist nur der Fall, wenn es sich um **Invalidität**, also eine dauerhafte Schädigung, handelt. Nach Angaben der Bundesanstalt für Arbeitsschutz und Arbeitsmedizin führt – erfreulicherweise – nur ein kleiner Teil der Unfälle zu einem solchen dauerhaften gesundheitlichen Schaden. Damit aber muss die Unfallversicherung nur bei den wenigsten Unfällen zahlen. Sie tritt lt. Versicherungsvertragsgesetz (VVG) nur ein, wenn die versicherte Person durch ein plötzliches, von außen wirkendes Ereignis unfreiwillig eine *dauerhafte* Gesundheitsschädigung erleidet. So auch im berühmten Fall, dass man über die eigenen Füße stolpert, dabei ein Bein bricht und trotzdem keinen Versicherungsschutz erhält. Außerdem ist man bei Arbeitsunfällen, die auf direktem Weg zwischen Wohnung und Arbeitsstätte passieren, unfallversichert. Anzumerken ist allerdings, dass diese gesetzliche Absicherung relativ schlecht ist. Und sie nützt nicht unbedingt, da sich die meisten Unfälle im Haushalt und in der Freizeit ereignen.

Es gibt Versicherungen, die fast ein Muss sind, wenn man sich vor **Scha-densersatzansprüchen** in unbegrenzter Höhe schützen will. Wer als Rad-fahrer oder Sportler einen Unfall mit Fremdschaden verursacht, wer als Hausbesitzer für einen durch lose Dachziegel verursachten Schaden auf-kommen muss, wer seiner Aufsichtspflicht gegenüber Minderjährigen nicht nachkommt und wer für sonstige Schäden im privaten Bereich ver-antwortlich gemacht wird, der hat zivilrechtlich dafür zu haften. Auch vom Computerbereich können Gefahren ausgehen, so etwa, wenn virenver-seuchte Emails verschickt werden und beim Empfänger große Vermögens-schäden auslösen. Weniger bekannt ist, dass auch für Schäden an geliehe-nen oder gemieteten Sachen, bei Nachbarschafts- oder Freundschaftshilfen, ein Haftpflichtschutz angebracht ist. Wer an fremden Computern Repara-turen vornimmt oder für seinen Verein eine Webseite betreibt, kann durch fehlerhafte Bedienung große Schäden an fremdem Eigentum auslösen. Schäden können auch durch Fotovoltaikanlagen im öffentlichen Stromnetz oder oberirdische Heizöltanks durch verunreinigtes Grundwasser entste-hen. Hat der Verursacher eine **Privathaftpflichtversicherung**, so kommt sie sowohl für Personen- als auch Sach- oder Vermögensschäden auf. Die Bei-träge sind erschwinglich, schon mit 50 Euro ist man dabei.

Im Gegensatz zur Autohaftpflichtversicherung ist die **Auto-Kaskoversi-cherung** gesetzlich nicht vorgeschrieben. Zumindest eine Teilkaskoversi-cherung dürfte empfehlenswert sein. Sie haftet bei Diebstahl, Brand, Wild-schaden, Glasbruch, Kurzschluss etc. Ein Vollkasko-Tarif, der auch Teil-kasko miteinschließt, empfiehlt sich vor allem bei Kauf eines Neuwagens, was allerdings ziemlich hohe Prämien bedeutet. Wenig zu überlegen gibt es, wenn man schon lange unfallfrei gefahren ist, da man dann in eine güns-tige Tarifklasse eingestuft wurde. Der frühere beliebte Rabattschutz wird kaum mehr angeboten. Damit konnte man trotz eines Unfalls die bisherige Schadensfreiheitsklasse retten und eine Abstufung verhindern.

☞ **Was Sie beachten sollten**:

> Allerdings ist man auch mit einer Vollkaskoversicherung nicht völlig aus dem Schneider. Denn grundsätzlich gilt, dass die Versi-cherungen die Schäden nur übernehmen, wenn keine grobe Fahr-lässigkeit vorliegt, beispielsweise wenn Alkohol im Spiel war.

Anzumerken ist noch eine besonders „kundenfreundliche" Vorgehensweise vieler Autoversicherer. Obwohl es sich um eine Pflichtversicherung handelt, werden Autofahrer ausgesteuert, wenn eine bestimmte Anzahl von Versicherungsfällen eingetreten ist. Wenn man also die Versicherung braucht, dann zahlt sie wohl, anschließend aber erfolgt die Kündigung!

Wer sein Hab und Gut gegen Elementargewalten wie Brand, Blitz, Leitungswasser, Sturm, Hagel und Überschwemmung versichern will, muss eine **Wohngebäudeversicherung** abschließen. Seit dem Wegfall der früheren Versicherungspflicht kann der Gebäudeversicherer frei gewählt werden. Mittels eines gleitenden Neuwertfaktors wird sichergestellt, dass immer der *Neuwert ersetzt* wird. Grundsätzlich ist aber der Versicherungsnehmer selbst für eine ausreichende Versicherungssumme zur Vermeidung einer Unterversicherung verantwortlich. Wie bereits erwähnt, findet sich nicht in jedem Fall ein Versicherer, der bereit ist, solche Risiken abzusichern, wie bei Gebäuden, die in Überschwemmungsgebieten liegen. Schäden in diesen Bereichen können schnell existenzbedrohende Ausmaße annehmen, ein Totalschaden kann den Ruin bedeuten.

Daneben kommt eine **Hausratversicherung** in Frage, die das Inventar eines Haushaltes (Hausrat) gegen Schäden aus Brand, Leitungswasser, Sturm, Hagel, Einbruchdiebstahl- und Raub abdeckt. Auch wenn ein Teil des Hausrates auf Reisen geht, ist er grundsätzlich gegen die genannten Schäden versichert. Dies gilt auch für Gegenstände von Kindern, die auswärts untergebracht sind und sich noch in Berufsausbildung befinden. Die Prämien sind nach Tarifzonen gestaffelt, d.h. am meisten zahlt, wer in Ballungsgebieten wohnt, da hier auch die meisten Schäden (Diebstahl, Raub) vorkommen. Zum Hausrat zählen alle Sachen, die dem Gebrauch und der Einrichtung eines Haushalts dienen, in Grenzen auch Bargeld und Wertsachen. Für spezielle Wertsachen (Beispiel: Rolex-Uhr, Goldschmuck) müssen Kaufbelege aufbewahrt werden, um den Schaden nachzuweisen. Prinzipiell gilt, je höher der Wert des Hausrates, desto höher die Versicherungssumme und damit auch die Beitragsleistung.

☞ **Was Sie beachten sollten:**

Achtung: Wer bei der Hausratversicherung einen zu niedrigem Wert ansetzt, ist **unterversichert**; er erhält dann im Schadensfall eine niedrigere

Leistung. Von Zeit zu Zeit sollte nachgeprüft werden, ob man noch richtig versichert ist. Wenn der Wert einer Wohnung bei etwa 120.000 Euro liegt, die Versicherungssumme jedoch nur 60.000 Euro beträgt, also bei der Hälfte, dann wird auf Grund einer solchen Unterversicherung auch nur die Hälfte des Schadens bezahlt. Eine solche Unterversicherung ist nicht die Ausnahme, sondern fast die Regel! Menschen scheinen zu unterschätzen, was sich alles im Lauf der Zeit an Hausrat angesammelt hat. Wer ganz sichergehen will, kann eine *Unterversicherung-Verzichtsklausel* in seinen Vertrag aufnehmen lassen, was bei einigen Anbietern möglich ist.

Nicht unwichtig ist auch, ob Fahrräder mitversichert sind. Ob sie schon im Grundschutz enthalten sind, wird von den Versicherern unterschiedlich gehandhabt. Bei besonders hochwertigen Rädern ist eine zusätzliche Fahrradversicherung empfehlenswert. Ein Diebstahlschutz ist relativ günstig zu haben; gezahlt wird aber nur, wenn das Rad abgeschlossen war. Dann greift der Schutz sogar, wenn man es nachts im Freien abgestellt hatte. Auch für die Hausratversicherung gilt, dass es bedeutende Tarif- und Leistungsunterschiede gibt, so dass ein Vergleich ratsam ist.

Wenn auch die **Rechtsschutzversicherung** nicht zu den unbedingt notwendigen Versicherungsarten gehört, so sollte man nicht unterschätzen, wie schnell anwaltliche Hilfe benötigt wird oder Prozesskosten anfallen, ganz besonders bei Verkehrsrechtssachen. Aber auch bei Kaufverträgen, im Verkehr mit Banken und bei Auftragsvergabe an Handwerker kann es schnell zu Rechtsstreitigkeiten kommen. Schon eine rechtsanwaltliche Erstberatung kann mehrere Hundert Euro betragen. Recht haben und Recht kriegen ist leider nicht das gleiche. Der Umfang des Rechtsschutzes kann unterschiedlich gewählt werden. Grob lassen sich Privat-, Berufs- und Verkehrsrechtsschutzversicherung unterscheiden, wobei es auch Kombiangebote gibt. Dafür muss dann aber schon recht tief in die Tasche gegriffen werden, unter 400 € ist ein umfassender Schutz nicht zu haben. Aber auch dann sind immer noch viele Gebiete des täglichen Lebens ausgeschlossen, wie Scheidungen, Erbschafts-, Baurechts- und Steuerangelegenheiten sowie Mietstreitigkeiten. Teilweise übernehmen die Versicherungen in diesen Fällen wenigstens die Gebühren einer anwaltlichen Erstberatung.

Kapitel II: Strategien der Vermögensbildung

II.1 Vermögensarten

1.1 Vermögensbegriff

Das zweite Instrument der finanziellen Lebensplanung ist neben dem Finanzplan (vgl. Kapitel I.2.8) die **Vermögensbilanz**. In ihr werden die Vermögenswerte auf der einen Seite (Aktiva) den Verbindlichkeiten auf der anderen Seite gegenübergestellt (Passiva).

> ✋ **Beispiel**
>
> Ein Haushalt hat Sachwerte in Höhe von 350.000 €, zusammengesetzt aus Eigentum an einer Immobilie 300.000 €, Schmuck 5.000 €, Edelmetalle 15.000 € sowie Fahrzeuge 30.000 €. Außerdem bestehen Hypothekenschulden aus der Finanzierung der Immobilie in Höhe von 125.000 €; die Restschulden aus einem Autokredit betragen 15.000 €, dazu kommt noch ein noch nicht völlig zurückgezahlter Bildungskredit von 10.000 €. Bankguthaben bestehen in Höhe von 10.000 €, ein Aktienfonds macht mit 15.000 € und ein Rentenfonds mit 25.000 € aus.

Vermögensbilanz Privathaushalt					
Sachvermögen			Verbindlichkeiten ("Schulden")		
Schmuck	5.000 €		Hypothek Immobilie	125.000 €	
Edelmetalle	15.000 €		Autokredit	15.000 €	
Fahrzeuge	30.000 €		Bildungskredit	10.000 €	
Immobilie	300.000 €	350.000 €	Summe Verbindlichkeiten ("**Passiva**"		150.000 €
Kapitalvermögen					
Bankguthaben	10.000 €		**Nettovermögen:**		
Aktienfonds	15.000 €		Bruttovermögen	400.000 €	
Rentenfonds	25.000 €	50.000 €	Verbindlichkeiten	150.000 €	250.000 €
Bruttovermögen ("Aktiva")		400.000 €			400.000 €

Das folgende Schaubild zeigt, dass die Differenz zwischen der Summe der verschiedenen Vermögensarten (400.000 Euro, den sog. Aktiva) und der Verbindlichkeiten (150.000 Euro, den sog. Passiva) 250.000 Euro beträgt. Dieser Saldo ist das Nettovermögen. Er gibt auch an, wie „reich" dieser

Haushalt ist, in unserem Fall beträgt dieser „Reichtum", genauer gesagt das Eigenkapital, eine Viertel Million Euro.

Möglicherweise ist das Eigenkapital dieses Haushaltes noch etwas höher, wenn man den gesamten Hausrat in die Rechnung einbeziehen wollte. So könnte man den Wert heranziehen, den man der Hausratsversicherung genannt hat. Erfahrungsgemäß kommen aber bei der Verwertung von Haushaltsgegenständen keine großen Summen zustande, in unserer „Wegwerfgesellschaft" wird das meiste unentgeltlich abgegeben oder erzielt nur einen geringen Preis.

Dabei stellt sich das grundsätzliche Problem der Bewertung von privaten Vermögenswerten (Aktiva). Können die im obigen Beispiel genannten Wertansätze auch tatsächlich realisiert werden? Dies könnte nur nachgeprüft werden, wenn alle Aktiva verwertet, also liquidiert (verkauft) würden. Und am Ende müsste der Haushalt die oben genannte Summe von 250.000 Euro bar in der Hand halten.

Bevor auf die einzelnen Vermögensarten näher eingegangen wird, ist festzuhalten, dass das Bruttovermögen nicht mit dem Nettovermögen zu verwechseln ist, was in der Praxis allerdings häufig geschieht. So konnte man vor einiger Zeit lesen, dass sich der Fußballclub X durch den Kauf eines Spielers in Höhe von 60 Mio. Euro total verschuldet hätte. Dies stimmte nur, wenn der Club diesen „Spielerkauf" ausschließlich mit Hilfe von Banken finanziert hätte. Über die Verschuldung kann genau so wenig etwas ausgesagt werden wie über das Vermögen, solange nicht das gesamte Bruttovermögen (Aktiva) dieses Clubs sowie sämtliche Verbindlichkeiten (Passiva) bekannt sind. Wenn beispielsweise einem Gesamtvermögen von 800 Mio. Euro (bestehend aus Immobilien und „Marktwert" der Spieler) Verbindlichkeiten von 300 Mio. Euro gegenüberstehen, so beträgt das Nettovermögen 500 Mio. Im Gegensatz zum Bruttovermögen und zu den Verbindlichkeiten ist dieses *Eigenkapital eine rechnerische Größe*, denn es zeigt sich erst in Zukunft, ob sich beim Verkauf der Sachanlagen und Spieler die angesetzten Werte auch tatsächlich realisieren lassen.

Vermögen besteht aus einer Summe von Sach- und Kapitalgütern, eine Unterscheidung von fundamentaler Bedeutung.

1.2 Sachgüter

Sachwerte unterscheiden sich in erster Linie dadurch von Kapitalwerten, dass sie einen direkten oder indirekten Nutzen haben. Entweder, wie im Fall einer Immobilie, indem man sie bewohnt, also *direkt* nutzt, oder durch Vermietung oder Verpachtung *indirekt* nutzt. Daraus berechnet sich der fundamentale Wert einer Sache. Es lässt sich natürlich einwenden, dass eine Eigennutzung gar nicht bewertet werden kann, da sich der Wert eines Objekts erst zum Zeitpunkt des Verkaufs ergibt. Dieser Einwand ist berechtigt, denn der Eigennutzen lässt sich nicht ohne weiteres ermitteln. Man behilft sich für den Zeitraum vor dem Verkauf des Objekts mit der indirekten Ermittlung durch den *Opportunitätswert*. Dieser gibt an, was an Erträgen zu erzielen wäre, wenn man statt der Primärnutzung, also Eigennutzung durch Bewohnen, zur nächstmöglichen Verwertung überginge, nämlich das Eigentum Fremden zur Nutzung überlassen. Anders ausgedrückt, man zieht die Mieterträge vergleichbarer Objekte heran. Das ist jedoch nicht so einfach, da es sich nur in den seltensten Fällen um völlig identische Objekte handelt. Eine exakte Bewertung ist somit nur bei Verkauf möglich, jede zeitlich vorgelagerte Bewertung ist mehr oder weniger spekulativ!

Es gibt jedoch viele Sachgüter, die überhaupt keinen direkten Nutzen stiften, wie Schmuck, Sammlerstücke oder Kunstgegenstände. Ihr Wert leitet sich ausschließlich aus dem möglichen, jedoch noch unbekannten Verkaufspreis ab. Eine Ausnahme besteht für wenige Güter, wenn für sie ein Markt besteht. Voraussetzung ist jedoch, dass alle Objekte, die auf einem bestimmten Markt gehandelt werden, in Qualität und Quantität identisch sind. Sie müssen also austauschbar sein, oder **fungibel**, wie der ökonomische Fachbegriff lautet. Dann können sie sogar in völliger physischer Abwesenheit gehandelt werden, so wie es an vielen Warenbörsen tatsächlich der Fall ist. Dies bedeutet, dass sie nach Maß, Zahl oder Gewicht genau bestimmbar und damit handelbar sind. Das ist beispielsweise bei bestimmten Edelmetallen (Gold, Silber, Platin) der Fall. So muss jeder Goldbarren, wenn er auf dem Goldmarkt gehandelt werden soll, nicht nur das gleiche Gewicht, sondern auch den gleichen Feingehalt an Gold aufweisen. Durch eine internationale Konvention im Jahr 1972 wurden dafür die Voraussetzungen geschaffen. So besteht der handelbare 1-kg Goldbarren aus 99,9 % Feingold

(24 Karat), der in Deutschland von verschiedenen Prägeanstalten hergestellt (gegossen) wird und aktuell um die 35.000 Euro kostet. Nicht nur Edelmetalle, auch Rohstoffe (Rohöl, Kupfer, Zinn, Messing), Nahrungsmittel (Kakao, Kaffee, Getreide), selbst Strom werden an Warenbörsen gehandelt, soweit sie die Eigenschaft der Fungibilität aufweisen.

Für private Zwecke sind solche in großen Mengen gehandelte Güter natürlich wenig geeignet. Es gibt jedoch *indirekte* Möglichkeiten für den Privatanleger, Güter zu kaufen, ohne sie physisch zu besitzen. Er kann Anteile (Zertifikate) an einem Fonds erwerben, der aus den entsprechenden Rohstoffen besteht. Ein anderer Weg besteht im Kauf von Aktien rohstoffproduzierender Firmen. Selbst Termingeschäfte sind auf diese Weise möglich, die allerdings nur für den sehr spekulativ eingestellten Anleger geeignet sind, denn dafür sind gute Markt- und Objektkenntnisse unbedingte Voraussetzung. Überhaupt sind solche Märkte für nicht direkt nutzbare Güter oft sehr eng, da den wenigen großen Anbietern viele kleinere Nachfrager gegenüberstehen, wie es etwa typisch für den Gold- und Rohölmarkt ist. Auf solchen oligopolistischen Märkten sind häufig heftige Preisschwankungen zu beobachten, die wohl hohe Gewinnchancen versprechen, allerdings auch sehr verlustreich sein können. Überhaupt ist vor dem Erwerb von Sachgütern zu warnen, soweit sie eine geringe Verwendungsbreite haben.[51] Von fundamentaler wirtschaftlicher Bedeutung ist die Unterscheidung, ob ein Sachwert von vielen oder wenigen genutzt werden kann. Wichtig ist auch, ob eine Sache für viele oder wenige Zwecke verwendet werden kann (vgl. das nachfolgende Schaubild).

Für die Preisfindung von Sachgütern ist entscheidend, welcher der vier Kategorien sie zuzuordnen sind, ob es sich um Hobby-, Spekulations-, Sach- oder Substanzwerte handelt. So ist für Hobbyobjekte auf Grund der geringen Nachfrage und dem meist rein persönlichen Nutzen der Preisspielraum stark eingeschränkt und auch die Suche nach Nachfragern oft mühsam und kostspielig. Ganz anders verhält es sich bei Substanzwerten, die sich am oberen Ende der Skala bewegen. Dies trifft beispielsweise auf ursprünglich für Wohnzwecke erbaute Gebäude zu, wenn sie in der City liegen oder an

---

[51] Vgl. Spremann Klaus, Vermögensverwaltung, 1999, S.42 ff.

einem sonstigen angesagten Ort, wie in der Nähe eines touristisch gut er-schlossenen Sees und damit auch für gewerbliche Nutzer (Einzelhandel, Hotel, Segelschule o.ä.) in Frage kommen. Auf Grund der verschiedenen Nutzungszwecke ist ein solches Objekt damit auch preislich sehr interessant.

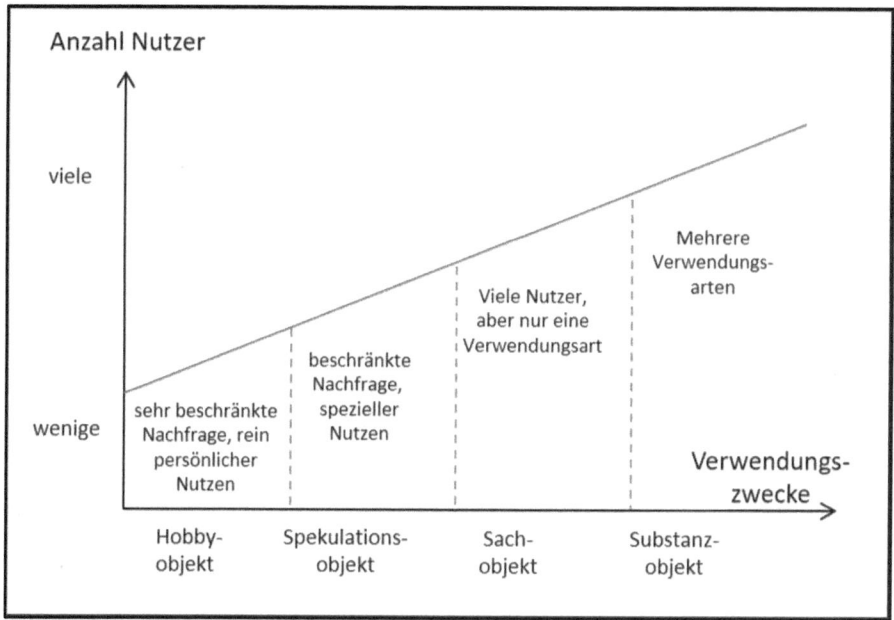

Schwieriger ist die vorgenommene Eingruppierung von Spekulationsobjek-ten. Denn sollte die Spekulation aufgehen, so wie im Fall eines bislang völ-lig unbekannten Malers, der plötzlich zum Star am Kunstmarkt avanciert, so werden seine Gemälde genügend kaufkräftige Nachfrager finden, was sich umgehend in stark steigenden Preisen bemerkbar machen wird.

1.3 Kapitalgüter

Der Anleger wird auf Grund seiner täglichen Anschauung keine Schwierig-keiten haben, den Begriff des Sachgutes zu verstehen. Dies ist bei „Kapitalgütern" jedoch wesentlich anders. Denn hier handelt es sich nicht um anschau- und anfassbare Objekte und damit auch nicht um konkrete Nutzungsmöglichkeiten.

Ein Kapitalgut ist ein juristisches Konstrukt, das Rechte verschiedenster Art verkörpert, die man in zwei Gruppen einteilen kann. Zur ersten gehören **Forderungsrechte**, die auf Rückzahlung des hingegebenen Betrages sowie auf Zinszahlungen gerichtet sind. Dafür hat der Kapitalanleger darauf verzichtet, selbst den investierten Geldbetrag einer konkreten Nutzung zuzuführen, also weder selbst konsumiert noch selbst investiert.

Zur zweiten Gruppe von Kapitalgütern gehören **Beteiligungsrechte**, die Miteigentum an einem Unternehmen verkörpern. Einen Anspruch auf Rückzahlung des investierten Betrages gibt es dabei nicht, neben Mitbestimmungsrechten wird eine Beteiligung am Gewinn in Form einer Dividende (anteiliger Gewinn pro Aktie) in Aussicht gestellt. Der betriebliche Gewinn wird meist nur zum Teil ausgeschüttet, der Rest den Rücklagen des Unternehmens zugeführt. Außerdem hofft der Anleger darauf, seinen Anteil eines Tages wieder mit Gewinn verkaufen zu können. Ist man an einer börsennotierten Aktiengesellschaft beteiligt, hat man also eine *Aktie* als Anteil am Eigenkapital einer börsennotierten Gesellschaft erworben, so kann man sie jederzeit an einer Wertpapierbörse verkaufen. Eine Rückgabe der Aktie an die Gesellschaft selbst ist ausgeschlossen. Deswegen wurde mit der Börse ein sog. **Sekundärmarkt** geschaffen, wodurch eine (fast) jederzeitige Weitergabe möglich ist – ein Vorgang, der grundsätzlich außerhalb der Aktiengesellschaft abläuft.

Damit ist bereits ein wesentlicher Unterschied zwischen Finanz- und Sachgütern genannt. Da für die meisten dieser Rechte ein Markt besteht, genauer eine Börse mit exakt geregelten Abläufen, Rechten und Pflichten für alle Beteiligten, ist die Verwertbarkeit solcher Finanzrechte sehr bequem. Ihre Marktfähigkeit, ihre **Liquidität,** ist ein großer Vorteil gegenüber Sachwerten. Auch die Verwertungskosten bei der Suche nach Käufern für diese Wertpapiere sind weit geringer als bei Sachgütern.

Die Gegenseite der Kapitalanleger stellen die Kapitalnehmer, die Schuldner, dar. Sie haben bei Kreditaufnahme versprochen, den Kapitalgebern bestimmte Rechte einzuräumen. Für die Bewertung solcher Kapitalgüter, die zumindest in früheren Zeiten in entsprechenden „Wertpapieren" verbrieft wurden, ist ein wesentliches juristisches und auch ökonomisches Unterscheidungsmerkmal, ob es sich bei diesen Rechten um Fremd- oder Eigenkapital handelt. Wenn Unternehmen Fremdkapital bei privaten Anlegern aufnehmen, so gewähren sie den Kapitalgebern bloße Forderungsrechte. Dies ist der Fall bei Unternehmensanleihen, die im Prinzip Kredite darstellen, die von Privatanlegern direkt oder indirekt über den Umweg von Banken gewährt werden. Neben Unternehmen treten am sog. „Kapitalmarkt" noch andere Institutionen als Kapitalsuchende auf. Es sind vor allem staatliche Stellen, die Staatsanleihen oder -obligationen ausgeben und damit ihre defizitären Haushalte finanzieren. Gibt eine private Firma dagegen Aktien aus, so erhöht sie damit ihr Eigenkapital. Neben Aktien kommen als Instrumente auch weniger streng regulierte Formen der Eigenkapitalbeschaffung in Frage, wie der direkte Einstieg in Unternehmen als Gesellschafter („Private Equity"), wobei die Anteile meist nicht an der Börse notiert werden und damit ein Ausstieg nicht ohne weiteres möglich ist. Außerdem gibt es *Mischformen* wie Genussrechte, die Gläubiger- und Schuldnermerkmale vereinigen oder Wandelanleihen (convertible bonds), die das Recht auf einen Umtausch in Aktien innerhalb einer bestimmten Bezugsfrist gewähren.

Bei der Bewertung eines Kapitalgutes ist von fundamentaler Bedeutung, ob es sich um eine Anleihe (auch Obligation, Schuldverschreibung oder Festverzinsliches Wertpapier genannt, engl. *bond*) handelt und damit um die Bewertung eines Gläubigerrechtes geht. In völligem Gegensatz dazu steht das Beteiligungsrecht, das ausschließlich vom wirtschaftlichen Erfolg des Unternehmens abhängig ist. In jedem Fall ist es für Anleger ratsam, sich mit den Grundlagen der Kurs-/Preisermittlung von Kapitalgütern zu befassen.

Wenn sich Sachgüter auch stark von Kapitalgütern unterscheiden, so stehen doch beide – eine vielleicht überraschende Feststellung – vor dem gleichen Bewertungsproblem. Beide Arten haben einen **fundamentalen Wert**, der sich daraus ergibt, dass erst die Zukunft Auskunft geben wird, welche Erträge tatsächlich anfallen (Mieten, Pachten, Dividenden), inklusiv des Verkaufspreises bei Sachgütern oder Verkaufskurses (Börsenkurses) bei Aktien. Im Gegensatz zu Sachgütern ist es bei Schuldverschreibungen (Festverzinslichen Wertpapieren) sogar völlig eindeutig, welche Vorteile sie dem Kapitalgeber einbringen. Bei diesen „Festverzinslichen" steht nämlich fest, dass sie Zinserträge erbringen, die über die gesamte Laufzeit gleich sind und am Ende der Laufzeit zu 100 % eingelöst werden (Rücknahmekurs). Bei Sachgütern und Aktien dagegen ist dies weniger eindeutig, da sie keinen festen Ertrag versprechen. Teilweise ist der einzige Ertrag der zukünftige (erhoffte) Verkaufsgewinn als Differenz zwischen Kauf- und Verkaufspreis, so dass sich eine Rentabilität erst im Nachhinein errechnen lässt. Welche tatsächlichen Mieterträge (bei Sachgütern) und Dividendenerträge (bei Aktien) anfallen, sind damit spekulative Erwartungen.

1.4 Fundamentalwert

Die Bewertung von Finanzgütern ist also sogar einfacher als bei Sachgütern, soweit es sich um Schuldverschreibungen handelt. Dies trifft zumindest für den Fall zu, dass der Anleger sein Wertpapier bis zum Laufzeitende behält, so dass sich die Rentabilität (Effektivverzinsung) von *vornherein* berechnen lässt. Der Bewertung von Aktien und Sachgütern ist dagegen gemeinsam, dass sich die Erträge erst im *Nachhinein* ergeben, seien es die laufenden wie Mieten und Dividenden oder der einmalige Gewinn bzw. Verlust, der sich aus dem Unterschied zwischen dem Preis (Kurs) bei Verkauf und Kauf ergibt. Das fundamentale Bewertungsprinzip ist jedoch das gleiche, alle Erträge und Gewinne der Zukunft werden auf heute *abgezinst*, d.h. es wird ihr **Barwert** gesucht. Er ist die Basis jeder Bewertung und damit für die Preisfindung.

☝ Beispiel einer Barwertberechnung:
Sie leihen jemand 100 € gegen das Versprechen, in einem Jahr das Geld einschließlich 5 % Zinsen zurückzuzahlen.

Lösung: Sie erhalten damit am Ende der Leihfrist 105 € zurück, nämlich Rückzahlungsbetrag plus Zinsen (100 € + 5 €). Man kann auch sagen, dass diese Zahlung von 105 € in einem Jahr heute 100 € wert ist. Der Barwert (K_0) dieses Zukunftswertes (K_n) ist 100 €. Handelt es sich um die Zinsperiode von einem Jahr (n = 1), wird aus der allgemeinen Bezeichnung K_n das Endkapital K_1. Es gilt bei Zinssatz i = 5 % bzw. i = 0,05: $K_1 = K_0 + K_0 \cdot i = 100\,€ + 100\,€ \cdot 0,05 = 100\,€ \cdot (1 + 0,05) = 100\,€ \cdot 1,05 = 105\,€$

Setzt man für 1 + i = q, ergibt sich allgemein: $K_n = K_0 + K_0 \bullet i = K_0 \bullet (1 + i) = K_0 \bullet (q)$.

Weiß man dagegen den Rückzahlungsbetrag K_n, so lässt sich der heutige Wert (Barwert) berechnen. Dazu ist die Formel $K_n = K_0 \bullet q$ nach K_0 aufzulösen, indem man beide Seiten durch q dividiert. Man erhält dann $K_0 = K_n / q$;

Im Beispiel ist die Zahl an Jahren n = 1 und für q kann man auch schreiben q^1: Smit ergibt sich bei mehreren Jahren q^n und für den Endwert K_n erhält man die allgemeine Formel $K_n = K_0 \bullet q^n$

und für den Barwert nach K_0 aufgelöst $$K_0 = \frac{K_n}{q^n} = K_n \bullet 1/q^n$$

Der Ausdruck (Quotient) $1/q^n$ wird auch als *Abzinsungsfaktor* bezeichnet. Um also den Barwert zukünftiger Zahlungen zu erhalten, werden sie auf heute abgezinst.

✍ **Beispiel einer Kapitalgut-Bewertung (Schuldverschreibung):**

Ein Anleger möchte eine 5% Schuldverschreibung mit einer Restlaufzeit von 4 Jahren kaufen. Es wird ihm ein Wertpapier angeboten, das eine solche feste jährliche Verzinsung aufweist und am Ende der Laufzeit mit 100 % zurückgezahlt wird. Das Zinsniveau für Wertpapiere dieser Laufzeit sei jedoch seit der Ausgabe zwischenzeitlich auf 3 % gefallen.

Berechnung von Kurs (Preis) einer Anleihe		
Nominalzins	5 %	
Marktzins	3 %	
Laufzeit	4 Jahre	
Lösung:		
q	1,03	(1 + 0,03)
Abzinsungstabelle:		
Jahr	Ertrag	abgezinster Ertrag
1	5,00	4,85 €
2	5,00	4,71 €
3	5,00	4,58 €
4	105,00	93,29 €
Abgezinster Gesamtertrag		107,43 €

Wie hoch wäre der Preis (Kurs) für dieses Wertpapier, d.h. welchen Betrag sollte der Anleger höchstens bezahlen?

Der Anleger sollte damit höchstens den Kurs von 107,43 bezahlen.

Dies ist der fundamentale Wert dieser Investition. Erwirbt er beispielsweise dieses Papier zum aufgedruckten Nominalwert von 1.000 Euro, so hat er 1.074,3 Euro an den Verkäufer dieses Papiers zu bezahlen. (ohne Kaufspesen). Der Kurs über 100 % („über pari") erklärt sich dadurch, dass Papiere, deren „Nominalzins" (5 %) über dem aktuellen Marktzins (3 %) liegt, begehrt sind, was sich in einem Kurs von über 100 % ausdrückt.

✍ Beispiel einer Sachgut-Bewertung:

Einem Kaufmann wird ein Sportgeschäft im Erdgeschoß eines citynahen Gebäudes für 500.000 Euro zum Kauf angeboten. Er geht davon aus, dass die Räumlichkeiten so ideal sind, dass er einen jährlichen Gewinn von 150.000 Euro erzielen kann. Sein bewährtes Geschäftsmodell besteht darin, solche Ladengeschäfte spätestens nach 4 Jahren wieder zu verkaufen. Er rechnet damit, dass er einen Verkaufspreis in Höhe von 600.000 Euro erzielen kann. Wie hoch wäre unter diesen Umständen der maximale Kaufpreis?

Kaufpreis Ladengeschäft		500.000	€
Jährliche Nettoertrag		150.000	€
Verkauf nach		4	Jahren
Preis		600.000	€
Kapitalmarktzins		3	%
q	1,03	(1 + 0,03)	
Abzinsungstabelle:			
		abgezinster	
Jahr	Ertrag (€)	Ertrag (€)	
0	-500.000	-500.000	
1	150.000	145.631	
2	150.000	141.389	
3	150.000	137.271	
4	750.000	666.365	
Abgezinster Gesamtertrag		590.657	

Wenn diese geschätzten Zukunftswerte zutreffen, dann könnte der Kaufmann maximal 590.657 Euro als Kaufpreis auf den Tisch legen. Da er das Ladengeschäft für nur 500.000 Euro erwerben kann, rechnet sich seine Investition, da er unter dem Barwert liegt.

Außerdem ist der Tabelle zu entnehmen, dass die Abzinsungswerte (Barwerte) der jährlichen Gewinne mit jedem Jahr abnehmen.

1.5 Persönliche Vermögensbilanz

Primäres Ziel einer Vermögensbildung ist der Aufbau einer **Sicherheitsreserve** in Höhe von zwei bis drei Monatseinkommen. Das Geld kann entweder auf einem Girokonto, einem etwas höher verzinslichen Tagesgeld- oder Sparkonto vorgehalten werden. Dieses liquide gehaltene Vermögen (*„rainy-day-fund"*) dient dazu, unvorhergesehene Ausgaben zu überbrücken – der Urlaub zählt allerdings nicht dazu! Schulden dagegen, die für die Anschaffung von Autos, Hausrat oder für Reisen und Hobbys gemacht werden, stellen kein sicheres Fundament für einen Vermögensaufbau dar.

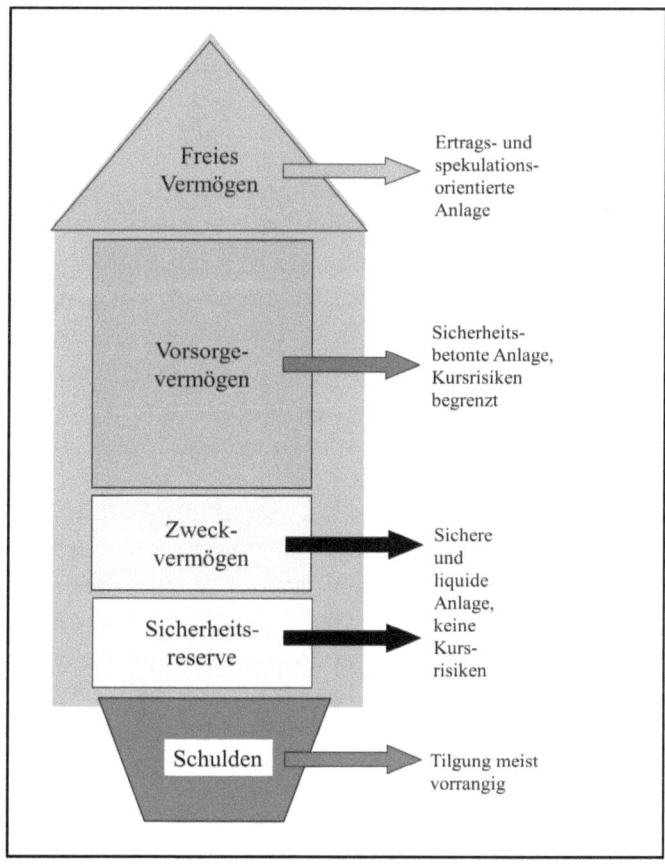

Darüber hinaus ist *Zweckvermögen* aufzubauen, um daraus künftige Ausgaben für Gebrauchsgüter (Autos, Möbel, Haushalts- und Elektronikgeräte etc.) zu finanzieren. Als Anlageform kommen länger laufende Sparbriefe oder Spareinlagen mit vereinbarter Kündigungsfrist sowie Festgeldanlage bei Banken und Sparkassen in Frage, eventuell auch Festverzinsliche Wertpapiere mit einer Restlaufzeit von 3 bis 5 Jahren („Kurzläufer"), um dem Kursrisiko aus dem Weg zu gehen.

Heute ist fast unabdingbar, *Vorsorgevermögen* für das Alter zu bilden. Wer seinen heutigen Lebensstandard im Ruhestand beibehalten möchte, kommt um den Aufbau eines privaten Vorsorgekapitals kaum herum. Dieses Vermögen dient bei Arbeitnehmern in erster Linie zur Finanzierung der Rentenlücke. Selbständige müssen damit ihren gesamten Lebensunterhalt im Alter finanzieren. Bei richtiger Risikostreuung können auch kursabhängige Anlageformen in Betracht kommen.

Gelingt es, daneben noch weiteres Vermögen zu bilden, dann handelt es sich um das *Freie Vermögen*. Seine Erträge tragen sowohl zur Erhöhung des Lebensstandards als auch zur finanziellen Unabhängigkeit bei. Dieser Teil des Vermögens kann auch sehr *spekulativ* angelegt werden, wie der Kauf von Einzelaktien, Unternehmensanleihen, Derivaten oder in Form direkter Beteiligungen an Unternehmen (Private Equity-Markt). Das freie Vermögen wird auch als Spekulationsvermögen bezeichnet, denn es kann in Wertpapiere angelegt und somit dem Kursrisiko ausgesetzt werden.

Wie bereits im Kapitel I aufgezeigt wurde, steht am Anfang aller finanziellen Überlegungen einen Überblick über die Vermögenssituation zu gewinnen. Ziel ist, zumindest eine gewisse Vorstellung zu erhalten, ob das Vermögen größer oder kleiner ist als die Kreditverbindlichkeiten und damit, ob überhaupt ein Reinvermögen (Eigenkapital) vorhanden ist. Noch besser wäre es, sich in gewissen Zeitabständen zu einer schriftlichen Vermögensbilanz durchzuringen. Anstelle des vielleicht etwas hoch gegriffenen Begriffs „Bilanz" kann man auch von einer *Vermögensübersicht* sprechen.

✋ **Beispiel: Die persönliche Vermögensbilanz der Familie Pfeifer:**

Eine vierköpfige Familie mit dem Hauptverdiener Herr Pfeifer (Selbständiger) und Frau Pfeifer als Nebenverdienerin (Angestellte), beide 40

Jahre alt, zwei schulpflichtige Kinder. Das Monatseinkommen beträgt insgesamt netto 5.000 Euro. Die wichtigsten Risiken sind abgesichert, inklusiv einer Berufsunfähigkeitsversicherung. Die monatliche Prämie für die Lebensversicherung liegt bei 200 Euro, sie läuft bereits seit 10 Jahren, Restlaufzeit weitere 20 Jahre. Das Renteneintrittsalter wird mit 65 Jahren angenommen. Die einzelnen Vermögensarten und Verbindlichkeiten gehen aus folgender Übersicht hervor:

Persönliche Vermögensbilanz Familie Pfeifer			
Aktiva	**Betrag**	**Passiva**	**Betrag**
Sachvermögen		Langfristige Verbindlichkeiten	
Einfamilienhaus	320.000 €	Immobiienkredit	60.000 €
PKW	15.000 €	Wertpapierkredit	20.000 €
Finanzvermögen		Kurzfristige Verbindlichkeiten	
Lebensversicherung	30.000 €	PKW-Ratenkredit	8.000 €
Aktien	80.000 €	Dispokredit	2.000 €
Spareinlagen	10.000 €	**Summe Verbindlichkeiten**	**90.000 €**
Festgeld	5.000 €	**Nerttovermögen**	**370.000 €**
Summe Aktiva	**460.000 €**	**Summe Passiva**	**460.000 €**

Was lässt sich aus dieser Vermögensübersicht erkennen?

Das Nettovermögen von 370.000 Euro ergibt sich als Differenz zwischen Bruttovermögen von 460.000 Euro und den Krediten von 90.000 Euro. Das Bruttovermögen ist mit knapp 20 % Verbindlichkeiten belastet, was eine zufriedenstellende Relation ist.

Die Schuldensituation ist nicht besorgniserregend. Das Baudarlehen dürfte in einigen Jahren abbezahlt sein. Die Tragfähigkeit des Autokredits kann angenommen werden. Ein Schönheitsfehler ist die Kontoüberziehung (Dispokredit), da sie teuer ist; sie sollte als erstes zurückgeführt werden. Die Sicherheitsreserve (Spareinlagen und Festgeld) ist mit 15.000 € zufriedenstellend, wenn auch nicht üppig. Der vorhandene Aktienbesitz ist dazu nur bedingt zu zählen, da bei einem notwendig werdenden Verkauf Kursverluste entstehen können.

Aber: Sind die einzelnen Vermögensarten per heute richtig bewertet und – noch viel wichtiger – wie sehen die zukünftigen Werte aus?

a) Bei Verbindlichkeiten gibt es keine Bewertungsprobleme, da Bankauszüge eine genaue Auskunft über den jeweiligen Stand geben.

b) Viel schwieriger ist die Frage zu beantworten, ob die Vermögenswerte (Aktiva) richtig ausgewiesen sind.

b1) Keine Probleme gibt es bei Spareinlagen und Festgeldern, da sie auf Bankkonten exakt ausgewiesen werden.

b2) Auch der aktuelle Wert der Lebensversicherung („Rückkaufswert") ist der jährlichen Mitteilung der Versicherungsgesellschaft zu entnehmen.

b3) Der aktuelle Wert des Aktiendepots ist ebenfalls problemlos festzustellen, da man nur den jeweiligen Stückbestand mit den aktuellen Börsenkursen multiplizieren muss. Depotauszüge kann man sich von der Bank geben lassen oder bei Online-Depots selbst ausdrucken.

b4) Der aktuelle Wert des Einfamilienhauses ist dagegen weit schwieriger zu ermitteln, denn dafür gibt es keine Börse und somit auch keinen Kurs (Preis). Nur durch einen Vergleich mit ähnlichen Objekten lässt sich ein ungefährer Wert ermitteln.

Ob die aktuellen Werte der Aktien und der Immobilie auch in Zukunft Bestand haben werden, ist dagegen unsicher. Es handelt sich um Zukunftswerte, die niemand kennt. Weder ist der Auszahlungsbetrag der Lebensversicherung bekannt noch lassen sich die zukünftigen Aktienkurse vorhersagen. Auch der zukünftige Wert der Immobilie liegt im Dunkeln. Die Werthaltigkeit dieser Vermögensobjekte hängt in erster Linie – und dies trifft grundsätzlich für alle zukünftigen Vermögenswerte zu – von der Entwicklung der Volkswirtschaft ab. Davon werden Beschäftigung, Zinsen, Börsenkurse und Immobilienpreise bestimmt. Das ausgewiesene Nettovermögen von 370.000 Euro ist also eine reine Momentaufnahme. Was eine Immobilie, ein Aktienpaket oder eine Kapitalversicherung in zehn, zwanzig oder dreißig Jahren wert ist, ist unbekannt – im Übrigen ist auch nicht, wie hoch der künftige Wert der gesetzlichen Altersrente einmal sein wird. Auch sie wird von volkswirtschaftlichen Größen determiniert, wie Altersaufbau und gesamtwirtschaftliche Produktivität.

Bei einem **Selbstständigen** interessiert insbesondere, ob im Ruhestand das Vermögen ausreichen wird um den aktuellen Lebensstandard aufrechterhalten zu können. Wie werden sich bis dahin seine „Aktiva" verändern, wenn Her Pfeifer im Alter von 65 Jahren aus dem Berufsleben ausscheiden möchte?

<u>Lebensversicherung</u>: Wie bei allen Hochrechnungen hängt der Endwert von zwei Faktoren ab, nämlich von der zukünftigen *Zinsentwicklung* und der *Inflationsrate*. Unterstellt man, dass der zukünftige Bruttozins bei 3,5 % (vor Kapitelertragsteuer) und die durchschnittliche Inflationsrate 1,5 % betragen, so bliebe eine Nettoverzinsung von rund 2 % übrig.

Für die Berechnung des Endwertes einer Lebensversicherung benötigt man die **Rentenendwertformel**. Sie leitet sich von der Kapitalendwertformel ab, jedoch mit dem Unterschied, dass es sich nicht um ein einmaliges Anfangskapital handelt, sondern dass von *gleichbleibenden Einzahlungsbeträgen* auszugehen ist. Diese Rate wird in der Finanzmathematik als *„Rente"* bezeichnet. Die jährlichen Einzahlungsbeträge, die in unserem Beispiel 2.400 € ausmachen[52], werden aufsummiert. Jeder einzelne Rentenbetrag R trägt je nach Laufzeit zum Endwert bei, der mit S_n bezeichnet wird.

Zur Berechnung des Gesamtwertes der Prämienzahlungen verwendet man die Rentenendwertformel:

Damit ergibt sich: $$\boxed{S_n = R \cdot \frac{q^n - 1}{i}}$$

S_{25} = 2.400 € • (1,02^{25}-1)/0,02 = 2.400 € • (32,03/0,02) = 2.400 € • 32,03 = 76.873

Dazu kommt noch der Kapitalendwert des aktuellen Versicherungswertes von 30.000 €, der ebenfalls zu netto 2 % für die restlichen 25 Jahre verzinst werden soll. Dieser Kapitalendbetrag ist dann auf 49.218 € angewachsen, so dass der Gesamtwert der Lebensversicherung auf ca. 126.000 € geschätzt werden kann.

<u>Immobilienvermögen</u>: Legt man auch hier eine Inflationsrate von durchschnittlich 1,5 % zugrunde, eine jährliche Wertsteigerung von 2,5 % und somit eine Nettoverzinsung von 1 %, so verändert sich in den 25 Jahren

---

[52] Noch genauer ist, wenn man mit den monatlichen Einzahlungen rechnet. Darauf wird an dieser Stelle verzichtet wird, da eine überschlägige Rechnung mit der aufsummierten Jahresprämien völlig ausreicht.

bis zum Ruhestand der Endwert von heute 320.000 auf einen realen Wert von 410.000 Euro.

<u>Aktienkurse:</u> Unterstellt man eine langfristige Kursentwicklung von nominal 6 % und zieht man davon die Kapitalertragsteuer von grob gerechnet 25 % ab, und unterstellt wiederum eine Inflationsrate von 1,5 %, so verbleibt eine reale Rendite von ca. 3 %. Berücksichtigt man zusätzlich noch, dass in den letzten Jahren vor dem Ruhestand ein, zumindest teilweiser, Umtausch in Festverzinsliche ratsam ist, so geht dies zu Lasten der Rendite. Aus diesem Grund wird für das Wertpapierdepot nur noch mit einer realen Verzinsung von 2 % gerechnet, was einen Zukunftswert von ca. 130.000 Euro ergibt.

Damit ergäbe sich zum Zeitpunkt des anvisierten Ruhestandes ein Bruttovermögen von 666.000 Euro, der Zuwachs damit 236.000 Euro. Vorausgesetzt wird, dass das Immobiliendarlehen in voller Höhe getilgt wurde. Das Kapitalvermögen allein würde 256.000 Euro ausmachen.

☞ **Beispiel: Stand des Vermögens der Familie Pfeifer zum Zeitpunkt des Eintritts in den Ruhestand (65 Jahre)**

Anlageart	Heutiger Wert (€)	Wert in 25 Jahren (€)
• Einfamilienhaus	320.000	410.000
• Lebensversicherung	30.000	126.000
• Aktien	80.000	130.000
Gesamtvermögen	430.000	666.000
Zuwachs an Vermögen		**236.000**

Reicht das ausgewiesene Vermögen, unterstellt wird bis zum Rentenbeginn die vollständige Tilgung aller Kredite, um den Lebensunterhalt des Ruheständlers daraus bestreiten zu können?

Welche Monatliche Rente wäre daraus zu erzielen, wenn man unterstellt, dass die Familie Pfeifer weiter in ihrem Eigenheim wohnen bleiben möchte und ein bare Rente nur aus den Wertpapieren und der Lebensversicherung erzielt werden kann? Der im Moment der Ruhesetzung vorhandene Betrag von 256.000 Euro wird als der Rentenbarwert bezeichnet, und man fragt sich, welche Jahresbetrag jährlich daraus entnommen werden kann, wenn das Kapital bis zum Lebensende reichen soll – also was jährlich „vervespert" werden kann. Auch hier müssen wieder Annahmen über die zukünftige Entwicklung getroffen werden, zum einen die Lebenserwartung und zum anderen die Verzinsung des jeweiligen Kapitalbestandes betreffend. Nimmt man beispielsweise nach den Tabellen der Lebensversicherer die Lebenserwartung eines Mannes mit 80 Jahren an, so muss der Betrag für 15 Jahre reichen. Es bleibt dann nur noch die reale Nettoverzinsung (Inflationsrate und Steuer abgezogen) zu bestimmen.

Es würden sich folgende monatliche Renten ergeben (Inflationsrate und Kapitalertragssteuer berücksichtigt:

1 %	1.540 €
2 %	1.660 €
3 %	1.790 €
4 %	1.920 €

Eine höhere Rente ergäbe sich allerdings, wenn auch das immobile Vermögen in eine Rente umgewandelt würde. Gleichzeitig das Eigenheim bewohnen und es als zu verrentender Kapitalstock heranzuziehen, das geht natürlich nicht. Aber man könnte daran denken, mit Eintritt in den Ruhestand das Eigenheim aufzugeben und in eine kleinere Wohnung umzuziehen.

📖 **Wissenswertes:**

Aufbesserung der Rente durch Mobilisierung des Eigenheimes:

Methode 1: **Tausch** (großes) Haus gegen (kleinere) Wohnung

Methode 2: **Umkehrhypothek** aufnehmen (*„eat your brick"*)

Gelänge es bei Methode 1, die Hälfte des Immobilienwertes durch Verkauf zu versilbern und als Kapital anzulegen, so würden sich die oben berechneten Renten in etwa verdoppeln – selbst bei einer Miniverzinsung der angelegten Gelder wären es fast 2.000 Euro, bei 4 % bereits 2.500 Euro.

Mittlerweile gibt es Angebote, die es ermöglichen, dass man in seinem Haus bleiben und trotzdem eine monatliche Rente (oder Einmalzahlung) kassieren kann (Methode 2). Das ist der Weg der sog. **Umkehrhypothek**, für die es seit einigen Jahren einen Markt gibt. Dieses Verfahren, das mit dem Slogan *„eat your brick"* wirbt, kommt aus den USA und ist dort für den Fall vorgesehen, dass die Rente nicht zum Leben reicht und dem Eigentümer nichts übrigbleibt als sein Immobilienvermögen aufzuzehren. Das schuldenfreie Eigentum wird beliehen, wofür es einen Kredit (bisher nur von Versicherungen) gibt, der die Rente aufbessert.

☞ **Was Sie beachten sollten:**

Falls Sie an eine solche Möglichkeit denken, vielleicht sogar gezwungen sind, um Ihre magere Rente aufzubessern, so ist zu beachten:

Die Hypothekenschuld wird erst mit dem Tod oder Auszug fällig, dann erst bekommt also die beleihende Bank ihr Geld aus dem Verkaufserlös zurück. Im obigen Beispiel würde das Ehepaar im Alter von 70 Jahren ca. 400 Euro Monatsrente zu erwarten haben – je älter desto mehr. Egal ob man sich den Gegenwert in Form einer Rente oder auch als Einmalbetrag auszahlen lässt: Im Vergleich zum Immobilienwert sind die Auszahlungen bescheiden.

Mit dem „Verprassen" des Immobilien-, aber auch des Geldvermögens, haben viele ältere Menschen Probleme. Sie sehen sich in der Pflicht, ihr – möglichst unbelastetes – Eigenheim an ihre Nachkommen zu vererben.

Fazit: Im obigen konkreten Beispiel kann Herr Pfeifer zusammen mit seiner Lebenspartnerin im Alter wohl „umsonst" wohnen, aber seine Rente ist nicht unbedingt als üppig zu bezeichnen, es sei denn, er versilbert seine Immobilie. Wie kann er dieser unkomfortablen Lage entkommen? In unserem Beispiel gibt es ja noch seine rentenversicherungspflichtige Ehefrau. Welche Rente hat sie zu erwarten, wenn sie bis zum Ruhestand insgesamt 40 Versicherungsjahre zusammenbringt?

1.6 Gesetzliche Rente

Eine Rentenprognose ist immer gewagt, weil nach dem sog. **Umlageverfahren** das Verhältnis Einzahlungen (der Pflichtversicherten) zu Auszahlungen (Rentner) entscheidend ist. Daraus folgt, dass bei einer sich verschlechternden Relation Einzahler (Rentenversicherte) zu Auszahler (Rentner) die Rentenzahlungen in Gefahr geraten – es sei denn, die Einzahlungen werden erhöht – sei es durch steigende Beiträge der Arbeitnehmer und/oder Verbreiterung des Kreises an Beitragszahlern. Als letzter Ausweg bleibt die Absenkung der Auszahlungen. Neben der vielbeklagten altersbedingten Verschiebung innerhalb der Gesellschaftsstruktur, die mit einer Verschlechterung der genannten Relation einhergeht, kommt es immer auf die wirtschaftliche Situation an, genauer gesagt auf die Beschäftigungslage. Wenn auch die künftigen Renten unsicher sind – was sie eigentlich schon immer waren –, so ist eines sicher, egal ob sie von privater oder staatlicher Seite kommen, dass sie erwirtschaftet werden müssen.

Wenn Versicherungen nicht mehr genügend Rendite erwirtschaften – wie dies seit der Finanzkrise 2007/08 auf Grund des Niedrigzinsniveaus praktisch der Fall ist –, dann versagen auch private Rentenkonzepte. Für die Versicherten gilt, den staatlich geförderten Privatkonzepten wie der Riester- und Rürup-Rente mindestens genauso skeptisch gegenüber zu stehen wie der gesetzlichen Rente. Unser Schicksal hängt in erster Linie von der volkswirtschaftlichen Situation ab („*Die Wirtschaft ist unser Schicksal*"). Die privaten Renten sind davon noch direkter und stärker betroffen, wie die Erfahrung in den letzten Jahren mit den Lebensversicherungen zeigt, die immer weniger Rendite abwerfen.

📖 Wissenswertes:

Die gesetzliche Rente ruht auf zwei Pfeilern:

1. **Umlageverfahren**. Die Gesamtsumme der gezahlten Renten wird auf die Erwerbstätigen umgelegt. Dahinter steht die Idee eines *„Generationenvertrages"*, die aktive Generation kommt für die Finanzierung der inaktiven Generation (Rentner, Jugend) auf.

2. **Äquivalenzprinzip**. Das Grundprinzip besteht darin, dass derjenige, der viel einzahlt in die Rentenkasse, auch viel herausbekommt. Und umgekehrt, wer eben wenig Beiträge leistet, wird auch eine niedrige Altersrente erhalten.

Der gesetzliche Rentenbeitrag wird (Stand 2017) mit 18,7 % aus maximal 6.350 Euro, der sog. Beitragsbemessungsgrenze, berechnet, wobei Arbeitgeber und Arbeitnehmer jeweils die Hälfte des Beitrages tragen. Beachten sollte man auch den Service der automatischen Renteninformation, der allen Versicherten zugeht, die mindestens 27 Jahre alt sind und bereits fünf Jahre Beiträge gezahlt haben.

Um eine Vorstellung zu bekommen, von welchen Einflussfaktoren die Rente abhängig ist, kann man die *„Rentenformel"* heranziehen und sie selbst berechnen oder die im Internet verfügbaren Rentenrechner benutzen. Dieser Service verschiedener Finanzgesellschaften ist natürlich nicht uneigennützig. Denn es ist fast immer damit zu rechnen, dass sich eine Rentenlücke ergibt, so dass bei dieser Gelegenheit auch gleich die entsprechenden privaten Versicherungsprodukte angeboten werden können.

Zur Charakterisierung des momentanen Rentenniveaus wird die sog. Standard- oder Eckrente herangezogen. Zum 1.07.2016 betrug sie 1.370 € (Ost 1.290 €). In den „Genuss" dieser Rente kommt der Eckrentner, das ist jemand, der 45 Jahre lang rentenversichert war und dessen Arbeitsverdienst in all den Jahren exakt dem Durchschnitt entsprach. Diese Zeitspanne ist für Arbeitnehmer, die eine längere Ausbildung absolviert haben, gar nicht erreichbar. Und wer auf eine Rente von über 1.500 € kommen möchte, muss schon zu den Spitzenverdienern unter den Pflichtversicherten gehören. Dafür ist erforderlich, dass man über rund 40 Jahre Beiträge geleistet hat und sich weitgehend am oberen Rand der Beitragsbemessungsgrenze bewegt hat.

Die Höhe einer Rente kann man selbst durch folgende Formel ermitteln:

Rentenbetrag = Summe Entgeltpunkte • Aktueller Rentenwert

Die **Entgeltpunkte** richten sich nach dem Verhältnis des individuellen Einkommens zum durchschnittlichen Einkommen. Verdient man durchschnittlich, so beträgt der Entgeltpunkt für das jeweilige Jahr 1,0. Wer dagegen überdurchschnittlich verdient erhält einen Zuschlag, was einen höheren Entgeltpunkt ergibt. Der maximale Wert, den man aktuell erreichen kann, ergibt sich aus der Division von jährlicher Beitragsbemessungsgrenze (Renten- und Arbeitslosenversicherung) 76.200 Euro mit dem durchschnittlichen Arbeitsentgelt der Pflichtversicherten von 37.103 Euro, was den maximalen aktuellen Entgeltpunkt von 2,0537 ergibt. Der aktuelle Rentenwert beträgt 30,45 € (28,66 € Ost). Dies ist eine Größe, die politisch gesteuert wird und als dynamische Rente das Ergebnis der jeweiligen Anpassung an die Lohn- und Gehaltsentwicklung ist.

Im obigen Fall einer Angestellten lässt sich die Rente wie folgt berechnen:

✋ **Beispiel:**

- Alter: 40 Jahre
- Bisherige Einzahlungsdauer: 20 Jahre
- Das Gehalt lag alle Jahre 20 % über dem Durchschnittseinkommen
- Es wird unterstellt, dass sich die Entgeltpunkte wie bisher weiterentwickeln
- Renteneintrittsalter: 65 Jahre

Lösung:
Einzahlungsdauer (20 + 25) Jahre = 45 Jahre
Entgeltpunkte durchschnittlich 1 + 0,20 = 1,20 Punkte
Summe der Entgeltpunkte = 45 Jahre • 1,20 = 54 Punkte
Rente = Summe Entgeltpunkte • Aktueller Rentenwert = 54 * 30,45 = 1.644.30 €
(Westrente).

Die Rentenformel ist in Wirklichkeit noch etwas differenzierter.[53] Vor allem benötigt man zur genauen Berechnung die gesamte Gehaltsbiografie, also

---

[53] Es gilt noch zwei weitere Faktoren zu berücksichtigen: Den Zugangsfaktor (normal 1,0, für verfrühten Rentenbeginn, pro Monat werden 0,003 von 1,0 abgezogen) und die Rentenart (normal als Altersrente 1,0 – Erwerbsminderungsrente weniger). Die genaue Rentenformel lautet demnach

alle jährlichen Einkommen, um sie ins jeweilige Verhältnis zum durchschnittlichen Arbeitsentgelt zu setzen. Außerdem sind sog. **Berücksichtigungszeiten** einzukalkulieren, die sich bei Arbeitslosigkeit und Schwangerschaft ergeben. Die früher anrechenbaren Ausbildungszeiten sind Schritt für Schritt abgebaut worden und im Jahr 2009 endgültig weggefallen. Dagegen gibt es die Kindererziehungszeiten ("Mütterrente") wieder. Für Kinder, die vor dem 1. Januar 1992 geboren sind, beträgt die anrechenbare Zeit 2 Jahre, für Kinder, die später geboren sind, 3 Jahre. Für jedes Jahr gibt es einen Entgeltpunkt.

Im obigen Beispiel eines Paares mit zwei Verdienern ergibt sich selbst bei der unterstellten Miniverzinsung von real einem Prozent eine gesamte Altersversorgung von monatlich rund 3.000 Euro.

Wer allerdings allein auf die gesetzliche Rente angewiesen ist, hat wenig zum Leben, da selbst der Eckrentner mit seinen 45 Jahren Beitragsdauer und einen unterstellten durchschnittlichen Verdienst nur auf die bereits erwähnten 1.370 Euro Rente kommt. Um die Rente ranken sich allerdings viele Irrtümer und Fehleinschätzungen, die den Lebensabend der Rentner meist in allzu schwarzen Farben malen.

a) Renten-Irrtümer:
- So meinen viele, die Rente komme automatisch, was nicht stimmt, sie muss beantragt werden.
- Auch die Meinung, die letzten Jahre vor der Rente seien besonders wichtig, trifft nicht zu, sondern es sind alle Beitragsjahre wichtig.
- Oft glaubt man auch, die Ehemänner hätten keinen Anspruch auf Witwerrente, was ebenfalls ein Irrtum ist. Männer und Frauen sind heute in der Rente gleichgestellt.
- Hartnäckig hält sich auch der Glaube, dass man erst nach 15 Jahren Beitragszahlung Rentenberechtigt sei. Dies ist falsch, es reichen 5 Jahre bzw. 60 Monate.
- Falsch ist auch, dass man nach einer Einzahlungszeit von 45 Jahren unabhängig vom Lebensalter sofort ohne Abschläge in Rente gehen kann. Es gibt jedoch die

---

Rente = Summe Entgeltpunkte • Aktueller Rentenwert • Zugangsfaktor • Rentenartfaktor. Geht man vom gesetzlich vorgesehen Rentenbeginn und einer Altersrente, so können die beiden letzten Faktoren vernachlässigt werden, wie im Text geschehen.

Rente für besonders langjährig Versicherte. Diese kann momentan allerdings erst mit 63 Jahren und vier Monaten in Anspruch genommen werden.

- Die Rentenabschläge bei vorzeitig beantragtem Ruhestand (0,3 % pro Monat) würden mit Einsetzen der richtigen Altersrente beendet sein. Das stimmt nicht. Sie bleiben auf Dauer bestehen!

- Oft ist hört man, dass zur Rente hinzuverdient werden kann, ohne dass sie gekürzt wird. Es sind vielmehr Hinzuverdienstgrenzen zu beachten. Wer vor Erreichen der Altersregelgrenze mehr als 6.300 Euro (mtl. 525 Euro) hinzuverdient, muss sich den darüberliegenden Betrag zu 40 Prozent auf die Rente anrechnen lassen.

b) Renten-Fehleinschätzungen:

Wenn über Renten oder gar Durchschnittsrenten diskutiert wird, dann muss man sehr aufpassen, welche Begrifflichkeiten man verwendet. Die sicherste Grundlage bietet der alljährliche Rentenversicherungsbericht der Bundesregierung. So konnte man in einem Bericht über eine Veranstaltung des Paritätischen Wohlfahrtsverbandes vor einiger Zeit lesen[54], dass 52 % der derzeitigen Arbeitnehmer eine Altersrente von weniger als 795 Euro zu erwarten hätten! Dies wäre in der Tat ein Betrag, der sich weit unter der für Deutschland definierten Armutsgefährdungsgrenze (60 % des Medianeinkommens) bewegt, die im Jahr 2015 bei 1.033 € lag. Damit hätten mehr als die Hälfte aller Rentner ein so niedriges Einkommen, dass sie Anspruch auf *Grundsicherung* (aus Steuermitteln) hätten – eine falsche und unsinnige Behauptung. Als Faustregel gilt: Wenn Ihr gesamtes monatliches Einkommen im Schnitt **unter 823 Euro** liegt, sollten Sie prüfen lassen, ob Sie einen solchen Anspruch haben. Die Grundsicherung wird unabhängig davon gezahlt, ob Sie bereits eine Altersrente oder eine Rente wegen voller Erwerbsminderung bekommen.[55]

---

[54] Vgl. „Zukunftstrend Altersarmut", in: Badische Zeitung v.3.Juni 2017

[55] Gesetzliche Grundlage ist das Sozialgesetzbuch XII. Die Berechnung ist, wenig verwunderlich, im Einzelnen kompliziert, vom amtlich festgestellten notwendigen Lebensunterhalt (Regelbedarf) wird das eigene Einkommen bzw. die Rente abgezogen. Hilfebedürftige Personen, die die Altersgrenze erreicht haben oder wegen einer bestehenden Erwerbsminderung auf Dauer ihren Lebensunterhalt nicht aus eigener Erwerbstätigkeit bestreiten können, erhalten auf *Antrag* entsprechende Leistungen. Die Grundsicherung kann auch den oben im Text genannten Betrag übersteigen, da die unterschiedlichen Wohn- und Lebenssituationen berücksichtigt werden.

In Wirklichkeit ist es aber so, wie aus dem offiziellen Rentenversicherungs-bericht der Bundesregierung hervorgeht, dass die knapp 21 Millionen männlichen Rentner *Einzelrenten* in Höhe von 1.025 Euro erhalten. Dies ist aber aus zwei Gründen ebenfalls nicht die ganze Wahrheit. Denn bei die-sem Betrag wurden die Altersrenten (also die „normale" Rente) und die Er-werbsminderungsrenten (vorzeitiger Ruhestand wegen Krankheit etc.) zu-sammengezählt. Man könnte auch sagen, dass hierbei Äpfel und Birnen ad-diert wurden. Die durchschnittliche *gezahlte Altersrente* liegt bei 1.100 Euro – ganz gewiss kein üppiger Betrag.

Aber um ein wirklich zutreffendes Bild von der wirtschaftlichen Situation zu erhalten, reicht auch diese Zahl nicht aus. Vielmehr muss das *Gesamt-einkommen der Rentnerhaushalte* herangezogen werden. Diese können ebenfalls dem Rentenversicherungsbericht entnommen werden – und da sieht es ganz anders aus. So nimmt ein durchschnittlicher Rentnerhaushalt immerhin **2.600 Euro** ein. Da ist es gut zu wissen, dass ein noch beschäfti-gungsaktiver Arbeitnehmerhaushalt lt. Statistischem Bundesamt *netto* nur über **2.400 Euro** verfügt, und davon auch noch die Ausgaben für die Kinder bestreiten muss. Alleinstehende Rentner verfügen im Übrigen über knapp 1.600 Euro, alleinstehende Frauen über 1.422 Euro. Der Grund hierfür ist in erster Linie, dass 20 % der Männer und 30 % der Frauen Mehrfachrenten beziehen. Außerdem leben Rentnerhaushalte (immer im Durchschnitt) nur in Höhe von zwei Drittel von der Sozialrente, sonstige Privat- und Betriebs-renten sowie sonstige Einnahmen (Mieten, Zinsen etc.) machen das andere Drittel aus.

Auch die Zukunft sieht bei weitem nicht so rabenschwarz aus, wie uns der zitierte Bericht vermitteln möchte. Bis 2030 wird mit einem Anstieg der Durchschnittsrente um gut 30 % gerechnet (jährlich 2,1 %). Diese Wachs-tumsrate ist sicher nicht üppig, sie hängt jedoch vom *Produktivitätszu-wachs* der Wirtschaft ab und davon, wie man die Rentner daran beteiligen will. Interessant ist die merkwürdige Allianz, die Wohlfahrtsverbände und Finanzindustrie offenbar an einem Strang ziehen lässt. Beiden geht es vor allem darum, Angst und Unsicherheit zu verbreiten, indem sie die gesetz-liche Altersvorsorge in einem möglichst schlechten Licht erscheinen lassen.

1.7 Die Rentenlücke

Der frühere Traum von Wohlstand durch Zins und Zinseszinsen ist heute weitgehend *„eine Schnappsidee"*, wie es Volker Loomann in der Frankfurter Allgemeinen Zeitung treffend formulierte.[56] Ob aber seiner weiteren Einschätzung beigepflichtet werden kann, das einzige auf das man sich verlassen könne, sei selbst angespartes Kapital, ist fraglich. Denn das Dilemma ist, dass von den an sich schon niedrigen Zinsen noch die Kapitalertragsteuer und der Inflationsrate abgezogen werden müssen. Dies gilt umso mehr, wenn das Ersparte in Form von Nominalvermögen wie Bankeinlagen, Lebensversicherungen und Festverzinslichen Wertpapieren anlegt wird.

Viele jüngere Menschen haben bislang für ihre Altersvorsorge nichts oder nicht viel getan. Soweit sie gesetzlich versichert sind, verlassen sie sich auf ihre Altersrente. Es ist allerdings nichts Neues, denn allein mit der gesetzlichen Rente lässt sich das bisherige Konsumniveau nicht aufrechterhalten. Wie bisher gilt, dass immer dann eine *Rentenlücke* auftreten wird, wenn das Alter ausschließlich über die Sozialrente finanziert werden soll. Wirklich neu dagegen ist, dass die jüngere Generation teilweise von Praktika zu Praktika tingelt und/oder sich mit Zeitarbeitsverträgen abfinden muss. So weisen viele Jüngeren große Lücken in ihrer Erwerbsbiografie auf, was sich auf Grund des geltenden Äquivalenzprinzips in fehlenden Einzahlungszeiten und geringen Arbeitseinkommen und damit eines Tages in niedrigen Renten niederschlagen wird.

Bei der Berechnung der Rentenlücke wird häufig unterschlagen, dass die Rentner nach wie vor für ihren Anteil an den gesetzlichen Krankenversicherungsbeiträgen sowie den vollen Pflegesatz aufkommen müssen. Die Einkommensteuer kann beim Durchschnittsrentner meist vernachlässigt werden, im folgenden Rechenbeispiel beträgt sie nach Abzug der Vorsorgepauschale, Sonderausgaben und Werbekostenpauschale nur noch rund 18 Euro für den Fall eines Alleinstehenden, bei Verheirateten fiele sie bei dieser Rentenhöhe ganz weg.

---

[56] Vgl. Frankfurter Allgemeine Zeitung vom 25.05.2013, Nr. 119, S.26

Berechnung der Rentenlücke		
Arbeitnehmer (Einzelveranlagung/Grundtabelle):		
Steuerpflichtiges Einkommen		3.000 €
abzglich	%	
Sozialabgaben (%)	19,50 -	585 €
Einkommensteuer (%)	20,00 -	600 €
Abzüge insgesamt	39,50 -	1.185 €
A) Nettoverdienst		**1.815 €**
Rentner:		
Rente (angenommen die "Eckrente")		1.370 €
abzügl. Steuerfreibetrag (in 2017) 26 %		356 €
Einkünfte (steuerlich)		1.014 €
abzügl. (auf Monat umgerechnet)		
abzügl. Vorsorgepauschale	150 €	
abzügl. Sonderausgaben/Werbekostenp	12 €	
abzügl. Einkommensteuer	18 €	
zu versteuern	834 €	
verbleibt nach Steuer		1.352 €
Gesetzl. Krankenversichg. (%)	7,30	-100 €
Pflegeversichg. (%)	2,55	-35 €
B) Nettorente		**1.217 €**
C) Netto-Rentenlücke (A abzüglich B)	**33%**	**598 €**

Das Beispiel zeigt, wie sich die Rentenlücke berechnen lässt, wobei von einem Bruttoverdienst von 3.000 Euro ausgegangen wurde. Ein Alleinstehender hat sich damit entweder mit einer Einkommenslücke von rund **600 Euro** bzw. **33 %** abzufinden oder er versucht, sie im Laufe seines Arbeitslebens zu schließen. Welche Sparrate notwendig ist um diese Lücke zu schließen, geht aus der folgenden Tabelle hervor. Als Realverzinsung wird sowohl für die Ansparphase (restliche Berufszeit) als auch Auszahlungsphase (Rentenbezug) 1 % angenommen und die Alternativen 30 bzw. 45 Jahre Einzahlungszeit untersucht.

Reale Verzinsung (Inflationsrate berücksichtigt)	Sparrate bei 30 Einzahlungsjahren	Sparrate bei 45 Einzahlungsjahren
1%	240 €	145 €
2%	190 €	105 €
3%	150 €	75 €
4%	120 €	55 €

Um nun noch einmal auf die Vermögensbilanz der Familie Pfeifer zurückzukommen: Sie ist eigentlich unvollständig, denn das **Rentenversicherungsmögen** wurde nicht berücksichtigt. Dies lässt sich allerdings rechtfertigen, denn dieses Vermögen stellt – im Gegensatz zu Lebensversicherungsansprüchen – keinen aktivierbaren Wert dar. Die Rentenansprüche können nicht mobilisiert werden, man kann über sie nicht verfügen, weder durch Auszahlung noch durch Beleihung.[57] Wenn auch nicht im rechtlichen Sinn, so ist dieses Rentenvermögen wirtschaftlich gesehen vorhanden. Dieses **Sozialkapital** lässt sich nur nicht im Sinne eines individuellen Vermögensanspruchs bilanzieren.

Die obige Vermögensbilanz ist aus einem weiteren Grund unvollständig, denn es fehlt noch eine weitere Vermögensart. Neben dem erwähnten Sozialkapital gibt es noch ein weiteres *unsichtbares Kapital*, das sogenannte **Humankapital** (Arbeitskapital).

1.8 Unsichtbares Vermögen

Wenn es um Vermögensbildung und Altersvorsorge geht, gilt die ganze Aufmerksamkeit dem *sichtbaren Vermögen*. Nachdem sich offenbar der Traum immer weiter verflüchtigt, mit Hilfe von Zinsen und Zinseszinsen

---

[57] Dies gab es allerdings in früheren Zeiten, vor allem Frauen ließen sich bei ihrer Herat die Rentenansprüche auszahlen.

reich zu werden, muss umso mehr dem unsichtbaren Kapital Beachtung geschenkt werden. Der Reichtumseffekt via Zinseszins, der jahrelang die Finanzempfehlungen dominierte, hat aktuell – und wohl auch in absehbarer Zeit – ausgedient. Dies ist gepaart mit der Beobachtung, dass die volkswirtschaftliche Bedeutung von Zinsen als Steuerungsinstrument der Wirtschaft an Wirksamkeit eingebüßt hat. Sie spielen momentan nur noch eine Rolle in Form von Risikoaufschlägen, die von südeuropäischen Staaten für ihre Staatskredite zu zahlen sind.

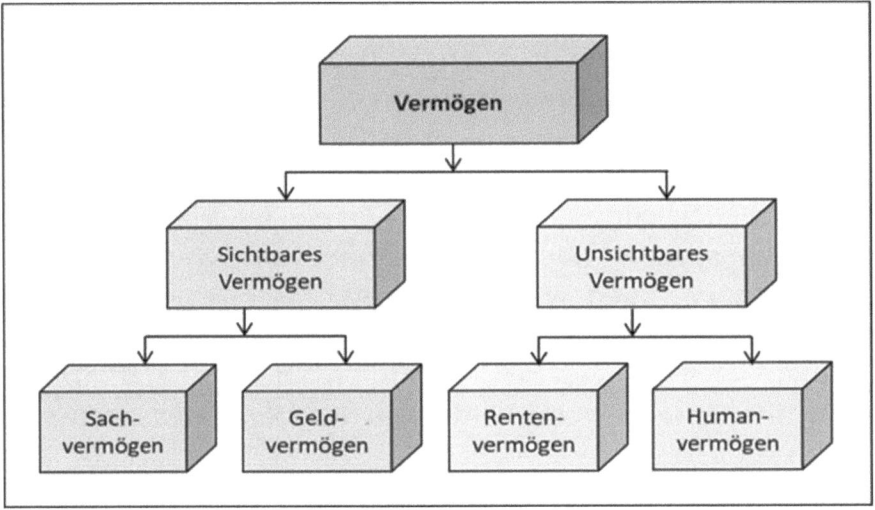

📖 Wissenswertes:

Was ist unsichtbares Vermögen?

a) Zum einen der (rechnerische) **Barwert der Sozialrente**, also was die geleisteten Einzahlungen (Beiträge) heute wert sind. Er wird von der Deutschen Rentenversicherung laufend berechnet und dem Versicherungspflichtigen mitgeteilt. Dieser rechnerische Wert lässt sich vor Eintritt in die Rente jedoch nicht mobilisieren.

b) Das **Arbeitsvermögen** (Human Capital). Es gibt Auskunft darüber, was die Arbeitskraft ökonomisch bis zum Ende des Arbeitslebens wert ist. Dieses Vermögen kann ebenfalls nicht direkt mobilisiert werden, wie etwa als Sicherheit für Kredite.

Der freiberufliche Hauptverdiener, Herr Pfeifer in unserem Eingangsbeispiel, hat weiteres Vermögen, das noch gar nicht zur Sprache kam. Es ist sein *Arbeitsvermögen*, sein **Humankapital**, das sich ebenfalls bewerten lässt. Dieses Humankapital muss in jedem Fall einen positiven Wert haben, denn nur so lassen sich bis zum Ende des Arbeitslebens Erträge erzielen. Nimmt man sein monatliches Netto-Einkommen mit 3.500 Euro an, eine jährliche Gehaltssteigerung von durchschnittlich 3 % und eine durchschnittliche Inflationsrate von 2 % an, so würden während des restlichen Arbeitslebens noch Nettoeinkommen von einer knappen Million Euro generiert. Das auf heute abgezinste Humankapital hätte einen Barwert von ca. 600.000 Euro. Dies ist der Wert, der aus rein ökonomischer Sicht der Arbeitskraft des selbständigen Hauptverdieners in unserem obigen Beispiel beizumessen wäre.[58]

Wie kann dieser Kapitalstock gesichert werden, damit er bis zum Ende des Arbeitslebens Früchte trägt? Seine Erträge können einmal fixen Charakter haben, also über die Laufzeit gleichbleibend sein. Sie können, wie im obigen Beispiel unterstellt, aber auch steigen, meist allerdings nur unter der Voraussetzung, dass in die eigene Fort- und Weiterbildung investiert wird. Dass sich Investitionen in Bildung – zumindest im Durchschnitt – lohnen, wurde bereits in Kapitel I.1 beantwortet.

Weiterbildung wird jedoch sehr unterschiedlich gehandhabt, da Untersuchungen zeigen, dass davon in erster Linie Vollzeitbeschäftigte profitieren. Nahezu jeder Zweite nutzt nach einer aktuellen DGB-Untersuchung entsprechende Möglichkeiten. Die Weiterbildungsquote bei Teilzeitkräften ist dagegen wesentlich geringer. Auch der soziale Status ist entscheidend, während 77 Prozent der Führungskräfte sich weiterbilden, sind es bei Menschen mit Hauptschulabschluss nur 32 Prozent.

---

[58] Häufig wird auch mit einem globalen Kapitalisierungsfaktor gerechnet. Es gilt: je höher das berufliche Verwertungsrisiko, desto höher der Zuschlag auf das vorherrschende Zinsniveau und desto niedriger damit der Kapitalisierungsfaktor. Dieser entspricht der Division von 100 durch Zinssatz. Wird z.B. der Zinssatz mit 5 % angenommen, dann ist der Kapitalisierungsfaktor 20. Wird dieser Faktor mit dem Jahres-Nettoeinkommen multipliziert, dann ergäbe sich im obigen Beispiel 20 • 42.000 Euro (Nettogehalt) ein geschätzter Betrag von 0,84 Mio. Euro, bei 25 ergäbe sich 1,05 Mio. Euro.

☞ **Was Sie beachten sollten:**

Fundierte Bildung, berufliches Engagement und Weiterbildung sind das *sicherste Fundament* der Vermögensbildung. Die Arbeitskraft ist für die meisten Menschen das mit Abstand größte Kapital. Leider wird dieses Kapital oft wenig gepflegt. Das große Problem des Humankapitals ist allerdings, dass es mit Beendigung des Berufslebens weitgehend erlischt, einmal abgesehen von nebenberuflichen oder sonstigen vergüteten Tätigkeiten. Deshalb ist es zwingend erforderlich in der Zeit, in der diese Quelle sprudelt, Rücklagen anzulegen.

II.2 Vermögensmanagement

In der Anlagepraxis ist vielfach das sog. „**stock-picking**" zu beobachten. Viele Anleger sind, insbesondere am Aktienmarkt, auf der ständigen Jagd nach todsicheren „Tipps". Sie verhalten sich wie Spieler im Casino, denen es nur um den schnellen Gewinn geht. Auf die Spitze treiben es die **Daytrader**, die ihre Börseninvestments samt Gewinnen oder Verlusten noch am gleichen Tag glattstellen. Sie lauern den ganzen Tag auf Nachrichten in der Hoffnung, dass sie sich in Form von Kursausschlägen, und seien sie auch noch so klein, niederschlagen. Mit der entsprechenden technischen Ausstattung können sich auch Privatleute auf derartige Spekulationen mit Wertpapieren, Devisen und Derivaten einlassen.

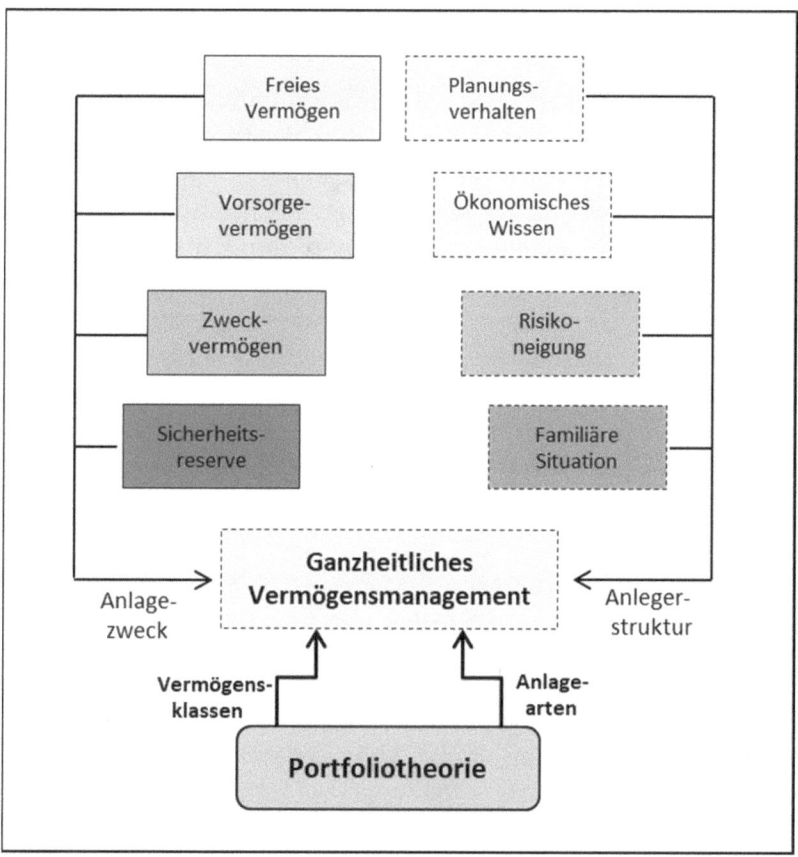

Besonders Mutige hebeln das Ganze noch mit Krediten.[59] Studien in den USA zeigen allerdings, dass 70 bis 80 % der Daytrader Verluste schreiben.

Eine solche Anlagephilosophie, die ausschließlich auf den aktuellen Moment ausgerichtet ist und im permanenten Lauern auf günstige Gelegenheiten besteht, steht in vollkommenem Gegensatz zu einem auf der **Portfoliotheorie** aufbauenden Vermögensmanagement, welches auch als **Asset-Allocation** bezeichnet wird. Diese Anlagephilosophie ist langfristig ausgerichtet.[60] Falls auch andere „Vermögensklassen" miteinbezogen, also außer dem Geldvermögen auch das Sach-, Human- und Rentenvermögen, und wird das Ganze mit der jeweiligen Anlegerstruktur und Anlegermentalität kombiniert, so gelangt man zu einem Ansatz, der als *„Ganzheitliches Vermögensmanagement"* bezeichnet werden kann (vgl. obiges Schaubild).

2.1 Anlegerstruktur

Im Mittelpunkt eines derartigen Anlagemanagements steht nicht das Anlageprodukt, sondern der Anleger. Genauer gesagt geht es um die **Anlegerstruktur**, wobei im Vordergrund die *familiär-berufliche Situation* steht. Denn was sich für einen Single eignet muss noch lange nicht für einen Familienvater passen. Das gleiche gilt für einen dem Kündigungsrisiko unterliegenden Arbeitnehmer in der Privatwirtschaft, dessen ökonomische Situation eine vollkommen andere ist als die eines Beamten mit sicherem Arbeitsplatz. Damit ist bereits die *Risikoneigung* bzw. *-toleranz* angesprochen, der Anleger hat sich also klar zu werden, welchem Risikotyp er entspricht. Die Risikotoleranz ist in Zusammenhang mit seiner ökonomischen Situation zu sehen. Wer ein größeres Vermögen besitzt, kann natürlich mit Risiken ganz anders umgehen. Grundsätzlich gilt, je niedriger und kurzfristiger

---

[59] Dahinter steckt der sog. Leverage-Effekt. Er beschreibt die Hebelwirkung eines wachsenden Verschuldungsgrades auf die Verbesserung der Eigenkapitalrentabilität. Der Effekt funktioniert, solange die Fremdkapitalzinsen unter der internen Verzinsung liegen. Es gibt aber auch ein leverage-risk, nämlich dass es bei steigenden Fremdkapitalzinsen zu einer Verringerung der Eigenkapitalrentabilität kommt.

[60] Als Begründer wird Harry Markowitz angesehen, der dafür 1990 den Wirtschaftsnobelpreis erhielt. Die Moderne Portfoliotheorie wird in erster Linie im Wertpapier-, insbesondere bei der Selektion von Aktien, angewandt, kann aber im umfassenderen Sinne auf das gesamte, also „ganzheitliche" Vermögensmanagement, übertragen werden.

das angelegte Vermögen ist, desto eher müssen Sicherheitsaspekte im Vordergrund stehen.

2.2 Portfoliotheorie

Der dritte Baustein eines ganzheitlichen Anlagemanagements sind die Erkenntnisse der Portfoliotheorie. Sie weist nach, dass durch eine geschickte Mischung der Vermögensarten sowohl das **Risiko vermindert** als auch **gleichzeitig der Ertrag** gesteigert werden kann. Wer also diesen Gesichtspunkt einer Risikominderung bei gleichzeitiger Ertragssteigerung vernachlässigt, handelt nicht optimal. Es konnte nachgewiesen werden, dass viele Depots nicht optimal gemischt sind, oder **nicht effizient**, wie es die Vertreter der Portfoliotheorie bezeichnen. Speziell am Kapitalmarkt ist es oft der Fall, dass es Wertpapiere oder ganzen Wertpapierdepots mit gleichen Risiken, aber höheren Erträgen gibt, so dass es sich nicht um „effiziente" Portfolios handelt. Vor allem unerfahrene Anleger legen zu viel Augenmerk auf die Rentabilität. Sie darf aber nie isoliert gesehen werden, sondern immer nur im Zusammenhang mit ihrem „Gegenspieler", dem Risiko. Es geht also letztlich um **optimale Rendite/Risiko-Mischungen**, sei es im Wertpapierdepot, aber auch im gesamten Vermögen.

Was die Portfoliotheorie vermittelt, ist – abgesehen von der mathematischen Fundierung – nicht etwas vollkommen Neues. Sie geht auf die Wirkung des **Diversifikationseffektes** zurück, der gerne mit der bekannten Empfehlung *„don´t put all your eggs in one basket"* umschrieben wird. Hat man nur einen Korb und das Pech, dass er umfällt, so ist es um sämtliche Eier geschehen. Also ist es besser, das Verlustrisiko zu reduzieren und die Eier auf verschiedene Körbe zu verteilen. Das Verlustrisiko kann und sollte also in bestimmtem Umfang diversifiziert werden. Auch der Eigentümer einer Ein Produkt-Firma läuft größere Gefahr, Pleite zu gehen als die Mehrprodukt-Firma. Natürlich wäre es außerordentlich renditeträchtig gewesen, all sein Geld vor zehn Jahren in Gold anzulegen – aber nur bis zum Oktober 2012. Wer diesen Ausstiegspunkt verpasste und sich der Hoffnung hingab, dass das alte Niveau bald wieder erreicht werden würde, wurde sehr enttäuscht.[61] Hätte er im gleichen Zeitraum stattdessen einen Teil in Aktien angelegt, dann wäre es möglich gewesen, die Goldverluste mit den Aktiengewinnen größtenteils zu kompensieren.[62] Aber: Hinter der Portfoliotheorie steckt noch mehr – darauf wird in diesem Kapitel noch genauer zurückzukommen sein.

Die Portfoliotheorie wird meist nur in Zusammenhang mit dem Kapitalmarkt gesehen. Sie kann aber auch auf alle anderen Vermögensarten übertragen werden. Es handelt sich dann um ein mehrschichtiges Verfahren, das nicht nur innerhalb einer Vermögensklasse, etwa dem Geldvermögen, sondern für das Gesamtvermögen gilt. So sind zum Beispiel nicht nur Bewegungen innerhalb der Vermögensklasse „Geldvermögen" im Sinn von Umschichtungsprozessen zu untersuchen, wie beispielsweise von Spareinlagen hin zu Anleihen. Auch der Vermögenstransfer von einer Vermögensklasse in die andere wäre zu analysieren. So etwa, wenn Geldvermögen aufgelöst und dafür Sachvermögen gebildet wird, wie zum Beispiel durch den Erwerb von Aktien/Unternehmensbeteiligungen oder Immobilien.[63]

Wie die folgende Grafik zeigt, folgen auf die Vermögensklassen die Vermögenssegmente, man kann auch sagen Anlagearten oder Anlageinstrumente, die wieder weiter nach Ländern, Branchen und Unternehmen bzw. Staaten gegliedert werden, wobei in das sichtbare Sach- bzw. Kapitalvermögen und dem Geldvermögen einerseits und in das unsichtbare Human- und Rentenvermögen andererseits unterschieden werden können (vgl. Schaubild).

Plant man etwa den Kauf von Aktien, so hat man sich klarzumachen, dass neben nationalen auch internationale Märkte in Betracht gezogen werden sollten. Weiter lässt sich differenzieren nach Branchen und erst dann nach

---

[61] Goldpreis pro Unze (ca. 31 g) betrug Oktober 2003 328 Euro, Oktober 2012 1371 Euro. In den darauffolgenden Monaten sank er unter das Niveau von 1000 Euro pro Unze.

[62] Anfang Oktober 2003 lag der DAX bei knapp 3.500, im Oktober 2013 dagegen bei fast 9.000 Punkten und hat sich damit um das 2,5-fache erhöht.

[63] Aktien werden hier als Sachvermögen behandelt, denn sie sind Beteiligungen an einem Unternehmen, also einer Sache. Das Geldvermögen dagegen verkörpert nominelles Vermögen, also Forderungsansprüche gegen Banken, Versicherungen etc. Dafür erhält man einen Zins, bei Sachvermögen erhält man dagegen Anteile am Gewinn (Dividenden), ist also von der wirtschaftlichen Situation des Unternehmens abhängig.

einzelnen Firmen. Die Portfoliotheorie hat den hohen Anspruch, einen Vermögensaufbau erst dann als optimal einzustufen, wenn sie nicht nur sämtliche Vermögensklassen, sondern darüber hinaus auch noch ihr Kernanliegen, die gegenseitige Abhängigkeit der jeweiligen Erträge, berücksichtigt wird.

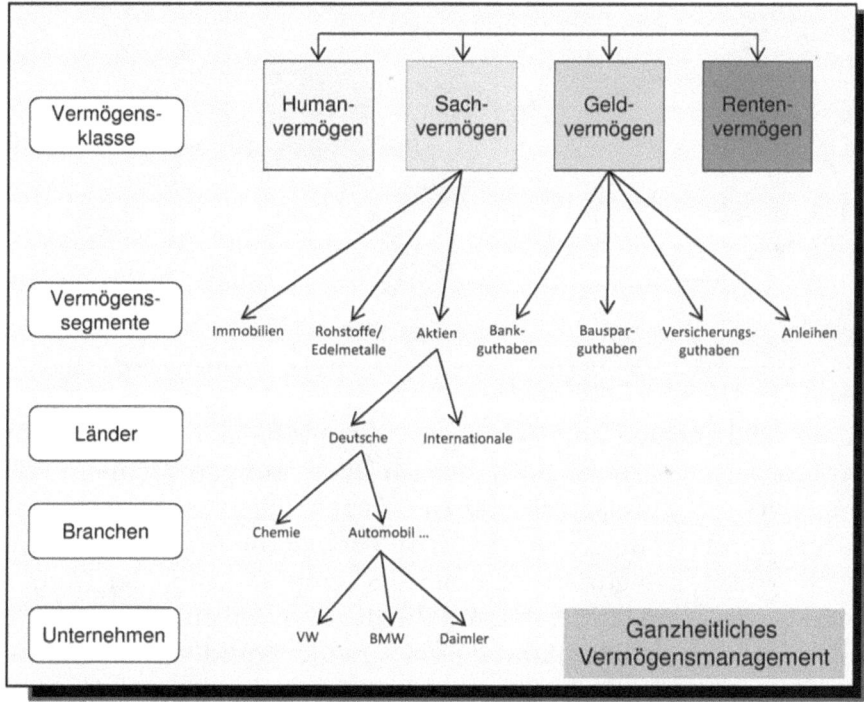

Kein ganzheitliches Vorgehen ist, wenn – wie häufig in der Praxis – der *„bottom up"*-Ansatz gewählt wird. Denn dann fängt man im untersten Segment des Vermögensmanagements an und legt seine ganze Konzentration auf Aktien einzelner Unternehmen. Wenn man sich auf bestimmte Branchen konzentriert, so ist dies bereits ein besserer Ansatz. Ganzheitliches Vermögensmanagement aber geht von oben nach unten, man spricht auch von der *„top-down"* Vorgehensweise.

2.4 Grundsatz der Drittelparität

„Geld allein macht nicht glücklich,
es gehören auch Aktien, Gold und Grundstücke dazu"[64]

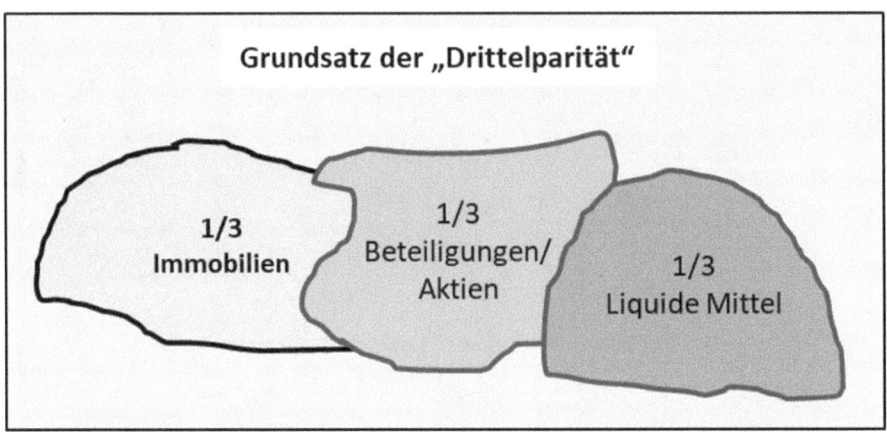

Wie man Geld anlegen und Vermögen bilden soll, hat die Menschen schon immer beschäftigt Sie ließen sich in ihren Überlegungen von mehr oder weniger sinnvollen Grundsätzen und Faustregeln leiten. Am bekanntesten ist wohl der Grundsatz der *„Drittelparität"*, womit die Aufteilung in drei verschiedene Anlagekategorien gemeint ist. So empfahl schon der Talmud eine Aufteilung von je ein Drittel in Land (heute: Immobilien), Geschäfte (heute: Beteiligungen bzw. Aktien) und Bargeld (heute: liquide Mittel aller Art).

Solche Grundsätze sind nicht vollkommen falsch, sie bieten allerdings nur eine grobe Orientierung. Die Aufgabe einer sinnvollen Vermögensplanung aber ist es, Anlagebedarf und Anlageprodukte zusammenzuführen, was mit starren Regeln nicht möglich ist. Eine solche Planung hat die Familien- und Einkommensstruktur mit den Anlagezielen und Anlagearten zu verknüpfen. Vermögensplanung allein mit Faustregeln zu betreiben ist deshalb zu simpel. Der richtige Kern von solchen groben Regeln ist, dass sie auf den Grundsatz der **Diversifikation** hinweisen.

---

[64] Stuttgarter Zeitung vom 7.11.2008

Nehmen wir wieder das obige Beispiel der Vermögensbilanz der Familie Pfeifer, so ergibt sich:

Anlageart	Heutiger Wert (€)	Zukünftiger Wert (€) (Eintritt in Ruhestand)	Heutiger Wert (%)	Zukünftiger Wert (%)
Bankguthaben	15.000 €	15.000 €	3	2
Immobilie	320.000 €	410.000 €	72	60
Lebensversichg.	30.000 €	126.000 €	7	19
Aktien	80.000 €	130.000 €	18	19
Gesamt	445.000 €	681.000 €	100	100

In beiden Gegenüberstellungen dominiert das langfristige Vermögen, das liquide Vermögen ist unterrepräsentiert. In der aktuellen Vermögensbilanz ist ein eindeutiger Mangel an jederzeit verfügbaren Mitteln erkennbar. Die Gefahr droht, dass das finanzielle Gleichgewicht infolge unvorhersehbarer Ereignisse verloren geht. In der Zukunftsbilanz überwiegt das langfristige Vermögen wohl etwas weniger (60 %), das Beteiligungsvermögen ist mit 19 % nach wie vor unterrepräsentiert. Unterstellt man, dass die Lebensversicherung so terminiert wurde, dass sie mit Eintritt in den Ruhestand fällig wird, so ist jedoch der frühere Mangel an liquiden Mitteln beseitigt.

Grundsätzlich ist die Vermögensbildung als *phasengesteuerter* Prozess aufzufassen. Vermögen bilden heißt sparen, was wiederum Konsumverzicht voraussetzt. Ein solcher Verzicht auf Konsum hat aber nicht nur Folgen für den einzelnen Haushalt, er ist auch von großer Bedeutung für die gesamte volkswirtschaftliche Nachfrage und damit auf das Bruttosozialprodukt. Immerhin besteht fast 60 % der Gesamtnachfrage aus den Ausgaben der privaten Konsumenten.

II.3 Anlagestrategien

3.1 Anlagekriterien

Dem Faktor Zeit kommt dabei eine ganz erhebliche Bedeutung zu, entscheidend ist – wie die Amerikaner knapp und bündig sagen, *„if time is on your side or not"*. Je kürzer die verbleibende Anlagezeit, desto höher sollte der Liquiditätsgrad einer Anlage sein. So kann auch Vorsorgevermögen ohne weiteres auf einem – gut gemischten – Aktiendepot aufgebaut werden, aber man muss dafür sorgen, dass es rechtzeitig vor Eintritt in den Ruhestand in liquide und damit weniger rentable Anlageform umgetauscht wird. Zeit ist Geld, das trifft in ganz besonderem Maß für die „strukturierten" Anlagemöglichkeiten an der Börse zu, also Optionen, Futures, Aktienanleihen etc., die nur bis zum Ende ihrer Verfallzeit einen Wert besitzen.

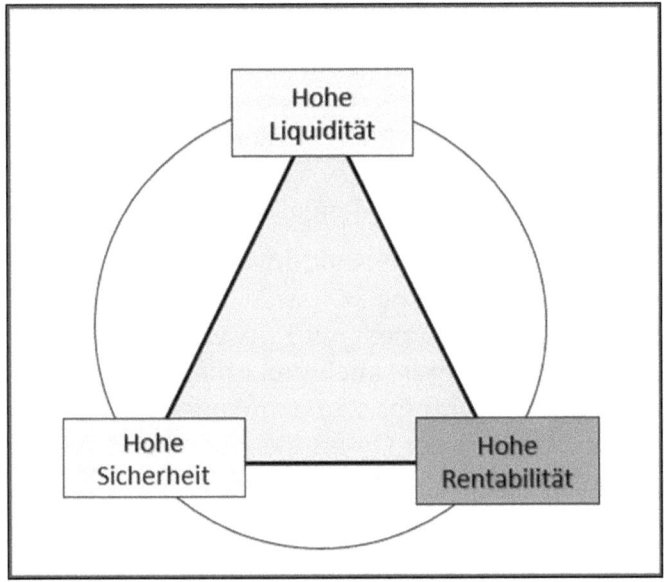

Ideal wäre Vermögensanlage, wenn sie *gleichzeitig* bieten könnte:

- **hohe Liquidität** als jederzeitige Umtauschbarkeit in Bargeld,
- **hohe Rentabilität** (Zinsen, Dividenden, Kursgewinne)
- **hohe Sicherheit** (keine Verluste durch Kurs- bzw. Preisschwankungen, sichere und verlustfreie Rückgabemöglichkeit).

Man kann das auch als das *magische Dreieck der Vermögensplanung* bezeichnen. Magisch deshalb, weil es kaum möglich ist, dass alle drei Seiten gleichzeitig in Erfüllung gehen.

Die eigentlich hierfür geforderte dreidimensionale Darstellung lässt sich auch in eine zweidimensionale Matrix transformieren. Sie ist in die Spalten „Liquidität" und „Sicherheit" (Risiko) und in die Zeilen „hoch" und „niedrig" gegliedert. Die Rendite wird in Form der Intensität der unterlegten Farbe der einzelnen Felder dargestellt.

	Niedriges Wert-/Kursrisiko	Hohes Wert-/Kursrisiko
Hohe Liquidität	I Strategiefeld „Sicherheit" - Spareinlagen - Tages-/Festgelder	III Strategiefeld „Kapitalmarkt" ➤ Schuldverschreibungen ➤ Einzelaktien ➤ Investmentzertifikate ➤ Fremdwährungsanleihen ➤ Unternehmensanleihen ➤ Derivative Finanzprodukte
Niedrige Liquidität	II Strategiefeld „Rendite" ▪ Sparbriefe ▪ Sondersparformen ▪ Bausparen ▪ Immobilienvermögen ▪ Lebensversicherung	IV Strategiefeld „Mitunternehmer" ❖ Genussscheine ❖ Stille Gesellschafter ❖ Privat Equity ❖ Geschlossene Fonds
Anmerkung: Tabelle enthält nur die wichtigsten Finanprodukte		

Hohe Liquidität i.S. einer jederzeitigen Verfügbarkeit oder Wiederveräußerbarkeit bedeutet, dass damit jedoch eine niedrige Verzinsung einhergeht (1. Feld). Verzichtet man auf die Möglichkeit der jederzeitigen Auflösung der Anlage, so wird dies mit einer höheren Rendite vergolten (2. Feld).

Ist man bereit, zusätzlich noch ein Wert- bzw. Kursrisiko in Kauf zu nehmen, sich aber trotzdem die Möglichkeit eines jederzeitigen Verkaufs offenzuhalten, so wird auch dies normalerweise mit höheren Renditechancen entgolten (3. Feld). Voraussetzung dafür ist, dass ein (Kapital)Markt besteht, auf dem Käufer und Verkäufer zusammenkommen. Dies ist bei Aktien und Anleihen jederzeit möglich, da diese Wertpapiere in der Regel an der Börse notiert sind. Ist man gewillt, auf die jederzeitige Veräußerbarkeit zu verzichten, so kann es zu einer weiteren Steigerung der Rentabilität kommen (4. Feld). So wenn man sich direkt an einer Firma beteiligt (Private Equity-Markt) und in direkten Genuss der anteiligen Unternehmensgewinne kommt. Dies hat den Vorteil, dass man sich nicht mit dem begnügen muss, was Unternehmen ihren Aktionären in Form eines Gewinnanteils (Dividende) übriglassen. Es droht aber auch der Totalverlust, so dass solche Anlagen ein sehr hohes Risiko verkörpern.

Dieser geschilderte Durchlauf der Rentabilität vom 1. bis 4. Feld verläuft parallel mit einem entsprechenden Maß an Wissen und Risikobereitschaft. Erfordert eine Spareinlage weder eine hohe Risikobereitschaft noch ein größeres Maß an ökonomischem Know-How, so verhält es sich bei einer Direktbeteiligung an Unternehmen oder an geschlossenen Fonds völlig anders. Nur wer weder das Liquidierungsrisiko noch das Verlustrisiko scheut, ist hier auf der richtigen Seite. In der Regel wird sich der Anleger im Laufe der Zeit entlang der Felder 1 bis 4 bewegen, also „klein" anfangen mit Banksparen (Sparkonto bereits im Kindesalter), sich später dann über Festgelder zu längerfristigen Finanzanlagen vorarbeiten, also Bauspar- und Lebensversicherungsverträge abschließen und damit die ersten Schritte in Richtung Immobilieneigentum tun. Dann erst ist das Terrain bestellt, um seine Spargelder am Kapitalmarkt bzw. an der Börse zu investieren, also Investment- und Immobilienfonds erwerben sowie sich auf Aktien, Staats- und Unternehmensanleihen sowie eventuell auf Derivate/strukturierte Produkte einzulassen. Während diese Anlageformen eine hohe – oder zumindest eine relativ– hohe Liquidität bzw. Wiederveräußerbarkeit aufweisen, ist dies bei den Anlagemöglichkeiten im 4. Quadranten nicht der Fall. So werden Genussscheine oft gar nicht an einer Börse notiert und von direkten Firmenbeteiligungen (Privat Equity-Markt) sowie Geschlossenen Fonds kann man sich nur unter großen Schwierigkeiten wieder trennen. Dafür werden für die hohen Risiken solcher Anlagen hohe Gewinnmargen (zumindest) in Aussicht gestellt, wenn auch keinesfalls garantiert.

Selbst Spareinlagen verkörpern keine vollkommene Verwirklichung des Magischen Vermögens-Dreiecks! Von der niedrigen Rentabilität abgesehen ist zumindest bei Spareinlagen ohne vereinbarte Kündigungsfrist zu beachten, dass sie drei Monate vor der Abhebung zu kündigen sind (gesetzliche Kündigungsfrist).

Damit sind bei der Liquidität Abstriche vorzunehmen, zusätzlich noch bei der eh schon niedrigen Rentabilität, wenn die Bank auch noch Vorschusszinsen berechnet bei nicht rechtzeitiger Kündigung. Auch das Postulat der Sicherheit ist nicht vollkommen gewahrt, in jedem Fall dann, wenn die Spargroschen bei nicht EU-Banken angelegt wurden. Dann ist keine nämlich keine Einlösegarantie im Fall einer Bankinsolvenz gegeben. Selbst wenn die Bank einem Einlagesicherungsfonds angehört, ist damit keine hundertprozentige Sicherheit verbunden, denn bei massenweisen Bankzusammenbrüchen geraten auch die Einlagesicherungsfonds an ihre Grenzen.

Der Erwerb von Anteilen an einem Aktienfonds ist jederzeit durch Verkauf an der Börse rückgängig zu machen. Die Rentabilität ist hoch, wenn auch der Kauf von Einzelaktien rentabler – aber auch risikoreicher – sein kann. Wenn unter Sicherheit die Vermeidung von Kursverlusten verstanden wird, so ist jeder Erwerb von Aktien oder eines Aktienkorbes (Fonds) mit Kursrisiken verbunden.

3.2 Anlageberatung

Dass es allgemein um die Finanzberatung der Banken, insbesondere aber um ihre Anlageberatung, nicht zum Besten steht, pfeifen die Spatzen seit vielen Jahren von den berühmten Dächern. Zumindest wenn man den Tests der **Stiftung Waren-/Finanztest** Glauben schenken darf, gibt es noch viel zu verbessern. Ganz so katastrophal wie vor einigen Jahren ist die Beratungsqualität offenbar nicht mehr, aber von den im Jahr 2016 getesteten 23 Banken und Sparkassen erhielten lediglich drei die Note „gut". Der gestellten Aufgabe, einen Betrag von 45.000 Euro für 10 Jahre anzulegen, und zwar ein Teil riskant, ein Teil aber auch liquide, waren 30 % der Kreditinstitute nicht gewachsen, so dass die Tester die Note „ausreichend" oder „mangelhaft" vergeben mussten.[65] Positiv beurteilten die Tester, dass die gesetzliche Vorgabe, ein Beratungsprotokoll anzufertigen, zumindest häufiger als

---

[65] Stiftung Warentest/Finanztest Nr. 2/2016, S. 32 ff.

vor fünf Jahren beachtet wurde. Ungeheuer schwierig war die vorgegebene Anlageaufgabe wohl kaum. Für den Anlagevorschlag, 7.500 Euro in einen flexiblen globalen Mischfonds, 7.500 Euro in einen ETF auf den Weltaktienindex MSCI, 15.000 in einen defensiven europäischen und weitere 15.000 Euro in einen defensiven global operierenden Mischfonds zu investieren, gab es bereits die Note „sehr gut". Den Vogel schoss eine Bank ab, deren Beraterin (Callcenter) empfahl, den gesamten Betrag in die 0,8 % verzinsliche FC Bayern-Sparkarte anzulegen. In weiteren nicht befriedigend beurteilten Beratungen wurden entweder zu riskante Vorschläge unterbreitet oder das Geld war nicht rechtzeitig wieder verfügbar. Ärgerlich war auch bei diesem Test, dass allzu oft Hausprodukte empfohlen und teilweise immer noch keine Beratungsprotokolle angefertigt und ausgehändigt wurden.

3.3 Genutzte Anlageformen

Die Bundesbürger wurden befragt, welche Geldanlagemöglichkeiten sie aktuell nutzen.[66] Es ergab sich folgende Rangfolge (vgl. nachfolgende Tabelle):

Spitzenreiter ist die selbstgenutzte Immobilie, also das Eigenheim in Form von Haus- oder Wohnungseigentum. Jeder zweite der Befragten hat demnach in Immobilien investiert und damit ein solides Fundament seiner Vermögensbildung geschaffen. Auf Rang 2 folgt die Kapitallebensversicherung, dieser Mischung aus Risikovorsorge (Invalidität, Todesfall) und Sparvertrag. Es gehört keine prophetische Gabe dazu vorauszusagen, dass sich speziell diese starke Position in den kommenden Jahren nachhaltig verändern wird, da auf Grund der laufenden Absenkung der Renditen diese Anlageform erheblich an Boden verlieren wird. Nimmt man noch die private Rentenversicherung – im Prinzip ebenfalls eine Art Lebensversicherung, nur mit anderen Auszahlungsmodalitäten im Erlebensfall – mit weiteren 27 % dazu, so übertrumpft diese Versicherung sogar die selbstgenutzte Immobilie. Beide Versicherungsarten stellen sehr sichere Anlageformen dar, jedoch mit stark eingeschränkter Rentabilität und Liquidität. Nimmt man noch den Bausparvertrag mit 26 % dazu, dann lässt sich nachvollziehen,

---

[66] Institute Enigma, Ipsos, ifak, Marplan, 32.218 Befragte, Zeitraum Oktober 2010 bis März 2012, vgl. http://de.statista.com.

dass die Deutschen gerne als anlagemäßige „Hasenfüße" bezeichnet werden. Sie sind also *stark risikoavers oder sicherheitsorientiert,* vor nichts fürchten sie sich mehr als vor Kursverlusten.

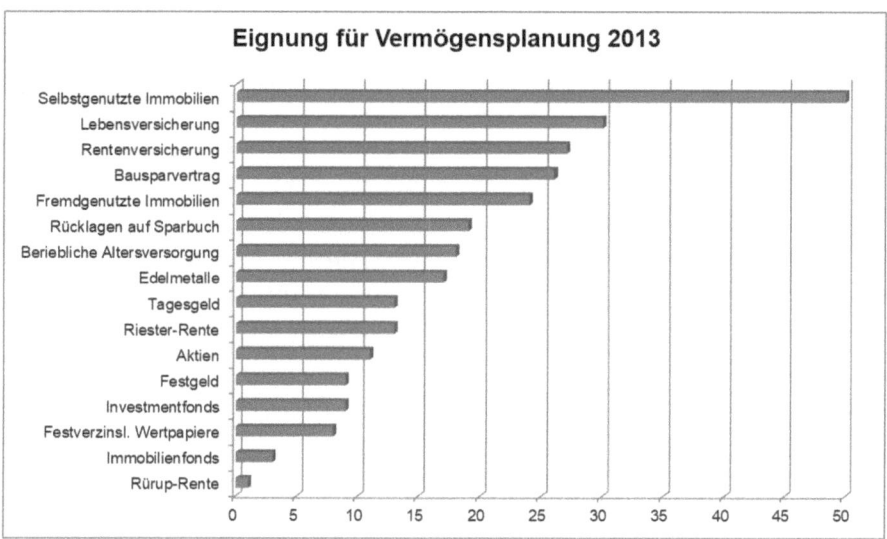

Die deutsche Aktienquote von 11 % ist im Vergleich zu vielen anderen Nationen vergleichbarer wirtschaftlicher Potenz als sehr gering einzustufen und sicher ein Grund dafür, dass – vor allem in guten Börsenjahren – die Reichen immer reicher geworden sind.[67] Das Eigenheim, die Lebens-/Rentenversicherung sowie der Bausparvertrag können da nicht mithalten.

Renditeorientierte Anlagen am Kapitalmarkt wie Aktie und Investmentfonds sowie Festverzinsliche Wertpapiere spielen dagegen mit zusammen

---

[67] In der Anlagepraxis wird teilweise mit der Formel Optimale Aktienquote = 100 minus Lebensalter operiert. Bei Erreichen des Ruhestandsalters von 67 Jahren müsste dementsprechend der Aktienanteil am Gesamtvermögen 33 % entsprechen (vgl. z.B. https://www.extra-funds.de/news/etf-news/optimale-aktienquote). Zur Berechnung der Aktienquote wird teilweise auch der Aktienbestand dem *verfügbaren Haushaltseinkommen* gegenübergestellt. Auch auf diese Vergleichsgrundlage liegt Deutschland bei bescheidenen 19 %, Großbritannien bei 75 % und USA bei 143 % (vgl. Spreemann Klaus, a.a.O., S.53)

28 % eine relativ bescheidene Rolle. Dass die deutschen Anleger, wie teilweise empfohlen wird, zumindest *jeden fünften Euro* in Aktien stecken sollten, dürfte konservativen Anlegern schwer zu vermitteln sein.[68]

Bevor wir uns mit den einzelnen Anlagemöglichkeiten und –Anlagestrategien beschäftigen, soll der Frage nachgegangen werden, ob sich das Sparen überhaupt noch lohnt. Man hört häufig, nicht zuletzt von Vertretern der Sparkassen, dass die Niedrigzinspolitik der EZB nichts anderes sei als eine kalte Enteignung des Sparers. Richtig ist sicher, dass es kaum mehr Zinsen auf Bankeinlagen gibt, vor allem nicht auf die Spareinlage mit gesetzlicher Kündigungsfrist, die das Nullniveau praktisch erreicht hat. Es wird viel vom „**Anlagenotstand**" gesprochen. Nur sollte man die „Kirche im Dorf lassen", denn wenn man die letzten 60 Jahre Spargeschichte betrachtet, war auch da nicht alles Gold was (angeblich) glänzte.

☞ **Was Sie** beachten sollten:

Die meisten Verbraucher und Sparer „leiden" an der **Geldillusion**. Dies ist eine Art „Zahlenblindheit", die sich einstellt, wenn man sich zu sehr auf den Nominalzins konzentriert. Der Nominalzins ist der genannte bzw. aufgedruckte Zinssatz, der in Euro gutgeschrieben wird. Bezieht man aber die Inflationsrate in die Rechnung mit ein, so sieht das Ganze anders aus. Denn in fast der *Hälfte der letzten 60 Jahre* (genau in 26 Jahren) hat man mit der „normalen" und beliebtesten Art, der Sparereinlage mit gesetzlicher Kündigungsfrist von 3 Monaten, real gesehen, also nach Abzug der Inflationsrate vom Nominalzins, Verluste erzielt.

✋ **Beispiel:**

Sie sparen 30 Jahre lang jährlich 1.200 Euro. Der Anlagezins liegt durchschnittlich bei 5 %. Die Inflationsrate lag in diesem Zeitraum bei durchschnittlich 4 %.

Wie hoch ist das nominelle und reale Endkapital?

---

[68] http://www.handelsblatt.com/finanzen/anlagestrategie/fonds-etf/eckhard-sauren-im-interview-20-prozent-aktienquote-fuer-konservative-anleger/11229852-2.html

Lösung: Das nominale Rentenendkapital (ohne Berücksichtigung der Inflationsrate) beträgt ca. 80.000 Euro.[69] Wenn allerdings in dieser Zeit die durchschnittliche Inflationsrate bei 4 % lag, dann schmilzt dieses Endkapital auf nur noch rund die Hälfte zusammen.

Außerdem ist es ja nicht so schlecht, wenn das Ersparte seinen Wert behält, wenn die Inflationsrate also gegen Null tendiert. Eigentlich müsste es Ziel der Geldpolitik sein, das Preisniveau so zu steuern, dass das Geld seine Kaufkraft behält. Auf einem anderen Blatt steht allerdings, ob ein Zinsniveau von fast null Prozent überhaupt in der Lage ist, die Investitionsfreudigkeit der Unternehmen zu stimulieren, was ja die EZB letztlich mit ihrer Politik bezweckt. Der Zins ist nur ein Kostenfaktor (und nicht einmal der wichtigste) und die Investitionsfreudigkeit wird vor allem von der Aussicht auf hohe Verkaufszahlen und Gewinne positiv beeinflusst.

☞ **Was Sie beachten sollten**:

Viele Kalkulationen, die zukünftige Erträge berechnen, sind *„Milchmädchenrechnunge*n". Es werden häufig zwei Fehler gemacht:

Inflation: Der zukünftige Kaufkraftverlust (die Inflationsrate) wird nicht berücksichtigt.
Barwert: Euro wird gleich Euro gesetzt. Es wird nicht berücksichtigt, dass ein zukünftiger Euro heute weniger wert ist, und zwar eben um den Zins. Sind z.B. 10.000 Euro in 10 Jahren fällig, so ist dieser Betrag heute, bei einem unterstellten Zinssatz von 5 %, nur ca. 6.000 Euro wert.

✋ **Beispiel**:

Eltern besitzen ein Eigenheim im Wert von 300.000 €. Sie haben 2 Kinder, die zu Teilen erbberechtigt sind. Als der Vater stirbt, übernimmt der Sohn das Haus und zahlt seiner Schwester deren Erbanteil aus. Der Mutter soll jedoch ein lebenslängliches Wohnrecht eingeräumt werden. Die

---

[69] 30 Jahre monatlich 100 Euro einzahlen bedeutet 30 ● 12 = 360 Zinsperioden. Nach der Formel für die Berechnung des Rentenwendwertes gilt S_{30} = 1.200 ● $(1{,}05^{\wedge 30}-1)/0{,}05$ = 79727 €. Wird als realer Zinssatz nur 5% – 4% = 1 % genommen, dann beträgt das Endkapital kaufkraftmäßig nur 41.741 €.

Vermietung der Räume ist damit nicht möglich, so dass der Bruder eine Entschädigung dafür verlangt, d.h. einen Abzug vom Kaufpreis (das halbe Erbe gleich 150.000 Euro). Die durchschnittlich noch verbleibende Lebensdauer der Mutter wird analog der Sterbetafel auf 12 Jahre und der Mietverlust mit 500 € pro Monat festgelegt. Der Bruder fordert deshalb einen Abzug vom Kaufpreis in Höhe von 72.000 € (500 € mal 12 Monate mal 12 Jahre) und will damit nur noch 78.000 an die Schwester auszahlen. Glauben Sie, dass die seine Schwester damit einverstanden ist?

Erbauseinandersetzung			
Marktwert des ererbten Hauses		300.000 €	
Anteile je hälftig der beiden Geschwister			150.000 €
Bewertung des Wohnrechts der Mutter:			
Werte der entgangenen Monatsmiete	500 €		
Miete pro Jahr	6.000 €		
Angenommene restliche Lebenszeit der Mutter	12	Jahre	
Nominaler Wert des Wohnrechtes			72.000 €
Angebotener Auszahlungsbetrag			**78.000 €**
Neuberechnung des Wohnrechts auf der			
Grundlage des Barwertes:			
Unterstellter Kapitalmarktzins	4	%	
Zinsfaktor q	1,04		
Endwert Wohnrecht	90.155 €		
Abgezinster Endwert Wohnrecht			56.310 €
Geforderter Auszahlungsbetrag			**93.690 €**

Die Schwester ist mit dem Abzug von insgesamt 72.000 Euro natürlich nicht einverstanden! Sie argumentiert, dass diese entgangenen Mieten erst im Laufe der kommenden 12 Jahre anfallen und deshalb heute einen niedrigeren Wert haben. Hier kommt nun der Barwert ins Spiel. Alle Mietzahlen der Zukunft werden auf heute „abgezinst" (diskontiert) und ergeben nur 56.310 Euro. Die entgangenen Mietzahlungen der Zukunft sind damit um fast 16.000 Euro niedriger, so dass die Schwester statt der vom Bruder angebotenen 78.000 Euro nun den höheren Auszahlungsbetrag von 93.690 Euro fordert.

Solche „Rechenprobleme" sind u.a. der Grund für viele Erbstreitigkeiten, weil den Beteiligten oft das finanzmathematische Verständnis fehlt. Und wenn es ums Geld geht, hört ja bekanntlich die Freundschaft auf – oder die Verwandtschaft, die sich nicht selten in eine lebenslängliche Feindschaft verwandelt![70]

Nun nochmals zurück zur Frage, ob sich denn das *Sparen überhaupt noch lohnt*?! Eines steht allerdings fest: Nicht zu sparen ist der verkehrte Weg. Nur müssen Sie heute anders sparen, d.h. nicht der Bankwirtschaft Milliarden schenken, indem in bequemer aber wirtschaftlich unsinniger Weise Geld in Form kurzfristigen Spareinlagen gebunkert wird.

> Sparen also ja, man denke vor allem an die Altersvorsorge der jungen Generation. Allerdings bedeutet dies,
>
> **die richtige Anlageform**
>
> zu wählen, was das Ziel der folgenden Ausführungen ist.

Als Fazit bleibt festzuhalten, dass heutzutage die Aussichten auf automatisch wachsendes Vermögen nicht sehr günstig sind – zumindest, wenn man nicht gewillt ist, Kursrisiken bei Wertpapierinvestments in Kauf zu nehmen. Der Zinseszinseffekt wirkt sich momentan nur schwach aus. Man wird sich also eher auf den *„Hamstereffekt"* einstellen müssen.

So kann der Hamster im Winter nur von dem leben, was er als Rücklage angelegt hat. Auf eine Vermehrung kann er – wenn überhaupt – nur hoffen, wenn er seinen sicheren Rückzugsort verlässt und auf Beutezug geht. So ähnlich ist es auch beim Anleger, wenn er seinen sicheren Anlagehafen aufgibt und sich auf die raue See des Kapitalmarktes hinauswagt. Leider ist

---

[70] Wenn der Autor einen Rat (auf Grund leidiger eigener Erfahrungen) geben darf: Vermeiden Sie solche Erbauseinandersetzungen! Erbt man zusammen Immobilien oder sonstige Wertgegenstände, sollte man möglichst schnell danach trachten, die gesetzliche entstandene Erbengemeinschaft aufzulösen, indem man das gesamte Erbe an Dritte verkauft und der Erlös anteilig aufteilt. Es kommt fast immer zu Reibereien, wenn einer der Erben z.B. das elterliche Haus übernimmt und die anderen Erben auszahlen muss – dem einen ist der Preis zu hoch, den (die) anderen zu niedrig.

dort auf die vorherrschenden Winde wenig Verlass, sie wehen mal aus der einen, mal aus der anderen Richtung. Begeht man dann auch noch den grundlegenden Fehler, sich mehr auf Gefühle als auf den Verstand zu verlassen, also nicht die richtigen Instrumente an Bord zu haben und zu allem Überfluss auch noch auf alle möglichen Verlockungen und Versprechungen hereinzufallen, so ist die Gefahr eines Untergangs groß.

3.4 Die vier fundamentalen Anlagestrategien

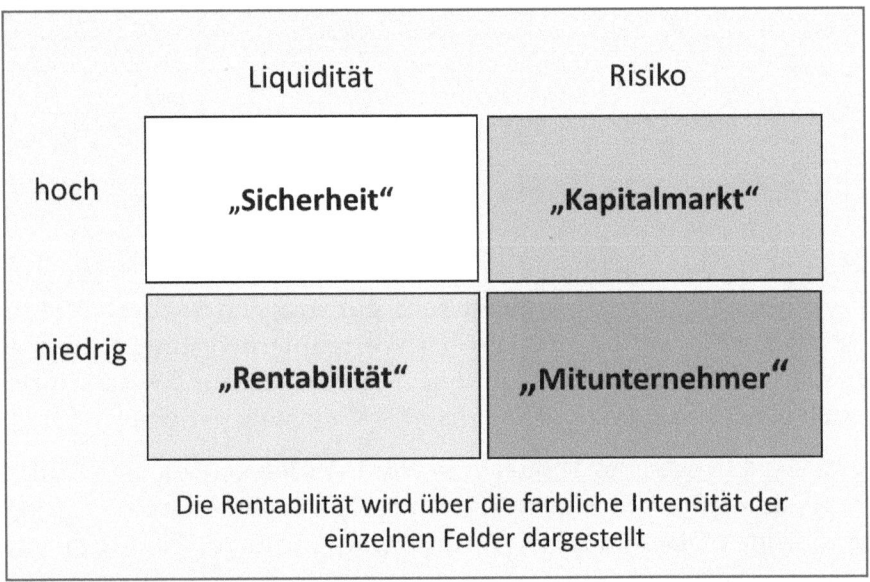

Je nachdem welches der Anlageziele vorherrschend ist, lassen sich – wie bereits in Kapital II.3.2 dargestellt –, Vermögensstrategien grundsätzlich unterscheiden, welches Gewicht den Anlagezielen Liquidität, Risiko und Rentabilität *vorwiegend* beigemessen wird. In der Anlagepraxis ist es natürlich so, dass entsprechend der jeweiligen Lebensphase und der entsprechenden Anlageziele diese Strategien nicht in Reinkultur vorkommen. Dies gilt vor allem für die **Kombination der Strategien** „Sicherheit" und „Rendite", „Rendite und „Kapitalmarkt" sowie „Kapitalmarkt" und „Mitunternehmer". Auch kann es im Laufe des Lebens zu Verlagerungen kommen, vor allem wenn die persönliche Situation erlaubt, in Erwartung höherer Renditen mehr Risiken durch Anlagen am Kapitalmarkt in Kauf zu nehmen. Ein riskantes Unterfangen ist zweifellos, eine Strategie zu wählen, bevor Erfahrungen mit der jeweils vorhergehenden Stufe gesammelt wurden. Und absolut gefährlich ist es, wer die Strategie „Mitunternehmer" wählt, ohne Erfahrung mit anderen Strategien, insbesondere mit der Strategie „Kapitalmarkt", gesammelt zu haben. Eigentlich logisch, trotzdem sieht die Realität teilweise anders aus, wie die Vorfälle am „Grauen Kapitalmarkt" zeigen (vgl. weiter unten Kapitel II.4.5).

3.5 Fundamentalstrategie „Sicherheit"

Als Anlageprodukte kommen für die Strategie „Sicherheit" in erster Linie Bankeinlagen in Frage. Der deutsche Anleger parkt traditionsgemäß sehr viel Geld bei Banken auf Spar-, Termin- und Girokonten. Diese Bankeinlagen betragen aktuell ca. 1.6 Billionen Euro, das sind pro Privathaushalt im Durch-

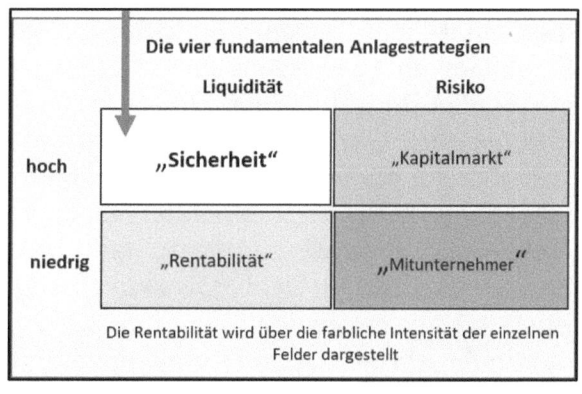

schnitt knapp 40.000 Euro. Nimmt man als Maßstab eine ausreichend erscheinende Sicherheitsreserve von zwei bis drei Monatsgehältern an, so entgehen den Anlegern auf Grund dieser ausgeprägten Liquiditätspräferenz hohe Zinsbeträge.

Die Einleger sind also bereit, für die jederzeitige Verfügbarkeit ihrer Gelder auf Rendite zu verzichten. Diese Haltung hat aber nichts mit der momentanen Niedrigzinsphase zu tun, sie ließ sich auch schon früher beobachten. Verständlich ist, dass sich nun die Sparer angesichts der Zinssituation vom

133

Sparbuch und anderen kurzfristigen Einlagen abwenden. Was Spareinlagen betrifft, so ist das Verhalten der Bundesbürger von einem gewissen Widerspruch geprägt. Obwohl fast zwei Drittel der befragten Bundesbürger das Sparbuch nutzen, trauen sie ihm keine tragende Rolle bei der Vermögensbildung zu. Denn auf die Frage, *„welche Produkte eignen sich für die Vermögensplanung bzw. den Vermögensaufbau am besten"*, rangierte das Sparbuch mit 19 % unter ferner liefen – immerhin 8 Prozentpunkte niedriger als im Vorjahr. Spareinlagen, obwohl fast so hoch wie der Bestand an Festverzinslichen und Investmentzertifikaten zusammen, werden offenbar gar nicht als langfristiges Vermögen angesehen, sondern eher als kurzfristige Rücklage und Notgroschen. Warum dann der Bestand trotzdem so hoch ist, ist wohl nur aus verhaltenspsychologischer Sicht verständlich. Am Ende des Kapitels II wird darauf zurückzukommen sein.

Wenn man der Anlagenidee „Bankeinlage" weiterhin die Treue halten möchte, so bieten sich zwei Strategien an. Zum einen kann man seine Spargroschen auf ein Tagesgeld- oder Festgeldkonto umbuchen lassen oder man nützt die zahlreichen Sondersparangebote. Hier sind es vor allem die Direktbanken, die wesentlich höhere Zinsen bieten. Aktuell (Mitte 2017) gibt es allerdings für Tagesgeld – also Gelder, die täglich „verzinst" werden und über die trotzdem täglich verfügt werden kann – ebenfalls nur Zinsen von weniger als 1 %; außerdem stammen die Angebote oft von ausländischen Banken. Bei den Festgeldangeboten sieht es auch nicht viel besser aus. Hier kommt erschwerend dazu, dass man an eine bestimmte Laufzeit gebunden ist, über die Gelder also kurzfristig nicht verfügt werden kann. Die Zinssätze reichen ebenfalls kaum an 1 % heran, selbst bei Anlagefristen von vier und mehr Jahren gibt es selten wesentlich mehr.

In den letzten Monaten haben günstige Zinsangebote von Genossenschaften für einiges Aufsehen gesorgt. Die Verzinsung der angebotenen Genossenschaftsanteile bewegt sich meist im Bereich von 4 bis 5 %. Die auf diese Weise festgelegten Gelder haben allerdings eine lange Kündigungsfrist, sie können nur aufs Jahresende gekündigt werden und für die Zeit bis zur Generalversammlung im folgenden Halbjahr gibt es überhaupt keine Dividende! Außerdem ist die Anlage meist auf wenige Genossenschaftsanteile begrenzt. Ob die Beteiligung an einer fremden Genossenschaft wirklich eine gute Idee ist – abgesehen von der lokalen Volks- oder Raiffeisenbank – ist fragwürdig und eigentlich auch nicht zu empfehlen. In jüngster Zeit haben einige schwarze Schafe die ganze Genossenschaftsbranche in Verruf gebracht.[71]

📖 **Wissenswertes:**

> Bei einer Geldanlage bei ausländischen Banken muss auf die **Einlagensicherung** geachtet werden. Bei EU-Banken gibt es die staatliche Einlagensicherungseinrichtung. Mindest- und Höchstanlagebeträge sind zu beachten. In Deutschland reicht der Einlagenschutz bis zur gesetzlichen Grenze von 100.000 Euro, alle privaten Banken sind zusätzlich Mitglied in der freiwilligen Entschädigungseinrichtung des privaten Bankgewerbes.

Für die Kontoeröffnung bei einer nicht ortsansässigen Bank ist der zusätzliche Gang in eine Postfiliale in Kauf zu nehmen, um sich dort anhand der zugeschickten Kontounterlagen persönlich zu legitimieren. Nach den traumatischen Erfahrungen vieler deutscher Anleger mit ausländischen Banken in der Kredit-/Bankenkrise von 2007/08 sollte nicht ein einziger Cent bei einer Bank außerhalb der EU angelegt werden, die nicht Mitglied eines Einlagensicherungsfonds ist – und seien die Zinsen auch noch so hoch.[72]

Sparkassen und Banken lassen sich in den letzten Jahren alle möglichen **Kombi-Produkte** einfallen. Es handelt sich dabei meist um eine Bankeinlage, die mit dem Erwerb von Wertpapieren kombiniert wird. Damit sind jedoch meist höhere Risiken und Kosten verbunden. Die Verzinsung richtet sich in der Regel nach der Entwicklung bestimmter Aktien oder eines ganzen Aktienkorbes. Die Bank gewährt wohl höhere Zinsen für die Einlage, was sie aber durch Provisionen in Form eines Ausgabenaufschlages und sonstiger Provisionen wieder zurückholt.

Und die Rendite ist oft nach oben limitiert. Teilweise werden auch Bankeinlagen mit Investmentzertifikaten gekoppelt. Grundsätzlich gilt hier, wie

---

[71] Vgl. dazu Stiftung Warentest (Finanztest) Nr.8/2015, S. 29 ff.
[72] Die Idee einer gemeinsamen europäischen Einlagensicherung ist bislang am vehementen Widerstand Deutschlands bzw. seiner Banken gescheitert.

überall bei Engagements am Kapitalmarkt: Höhere Rendite bedeutet höheres Risiko – there´s no-free- lunch.

3.6 Fundamentalstrategie „Rentabilität"

Wer diese Anlagestrategie verfolgt, erwirbt Produkte, die keine jederzeitige Eintauschbarkeit in liquide Mittel garantieren. Sie haben teilweise bereits ein gewisses Preis-/Kursrisiko, versprechen aber auf Grund ihrer langfristigen Laufzeit eine höhere Rentabilität.

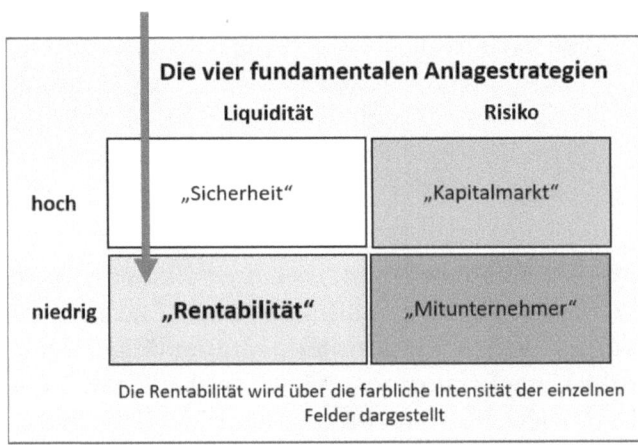

Die vier fundamentalen Anlagestrategien

Die Rentabilität wird über die farbliche Intensität der einzelnen Felder dargestellt

Diese Gruppe ist etwas heterogen, denn sie umfasst, quasi als Vorstufe zu Kapitalmarkt- bzw. Börsenprodukten, sowohl das längerfristige Bank-, Bausparkassen- und Versicherungssparen als auch den Erwerb von Immobilienvermögen, sei es in Form von Selbstnutzung (Eigenheim) oder Fremdnutzung (Vermietung). Die erste Gruppe weist keine Kursrisiken auf, sie verspricht im Allgemeinen mindestens die Rückzahlung des eingezahlten Kapitals und der vereinbarten Zinsen. Für Lebensversicherungen gilt dies allerdings eingeschränkt, wer sie vorzeitig auflöst, erhält nur den Rückkaufswert, der unter dem aufgelaufenen Wert (Einzahlungsbetrag plus anteilige Kapitalmarktzinsen) liegt. Wer eine solche Versicherung bereits nach kurzer Zeit auflöst, hat eventuell mit Kapitalverlusten zu rechnen, da die Abschlussgebühren durch die eingezahlten Prämien noch nicht vollständig gedeckt sind.

Die Strategie „Rendite" umfasst als zweite Gruppe zusätzlich den Erwerb von Immobilienvermögen. Hier besteht bereits ein beträchtliches Risiko, da nicht garantiert ist, dass bei einem Verkauf der Erlös den Einstandspreis

inklusiv Nebenkosten übersteigt. Dies gilt insbesondere für „Preisblasen"
am Immobilienmarkt, wenn die Fundamentalwerte (Mieterträge) spekulativ überhöht sind und die Gefahr von Preisabstürzen droht (vgl. Immobili-
enkrise USA 2007).

3.6.1 Bausparen

Im Rahmen dieser Strategie nimmt das **Bausparen** – zumindest in Deutschland, in anderen Ländern ist diese Sparform weitgehend unbekannt – einen
bedeutenden Raum ein. Denn unter den gewählten Anlageformen (vgl.
Grafik weiter oben unter II.3.4) nimmt diese Sonderform des Sparens mit 26
% den dritten Platz ein. Die Idee dahinter ist, dass der Bausparer durch re-
gelmäßige Sparraten die Option auf ein späteres Bauspardarlehen erhält.
Wenn die Vertragssumme nach einer Ansparzeit von beispielsweise zehn
Jahren ausgezahlt wird, d.h. auszahlungsreif ist, steht etwa das Doppelte
der Sparsumme zur Verfügung.

Das Bausparen hat, zumindest was das in Aussicht gestellte Darlehen angeht, aktuell kräftig an Attraktivität verloren. Denn die in früheren Zeiten
günstigen Bauspardarlehen sind mittlerweile von den Hypothekenangebo-
ten der Banken und Sparkassen unterboten worden. Umgekehrt hat nun
plötzlich das gesunkene allgemeine Zinsniveau den Sparanteil attraktiv gemacht, da die vor Jahren abgeschlossenen Bausparverträge Zinssätze von
drei und mehr Prozent vorsehen. Bausparkunden verzichten deswegen
heute oft auf das Darlehen und besparen ihren Vertrag weiter, um sich die
momentan fast konkurrenzlos hohen und risikolosen Guthabenzinsen zu
sichern. Damit kommen aber die Bausparkassen in Bedrängnis, denn sie
zahlen auf der einen Seite hohe Zinsen und können auf der anderen Seite
die eingesammelten Gelder nur zu niedrigen Zinsen verleihen. Auch Anlagen in sichere Produkte am Kapitalmarkt erbringen, soweit sie gesetzlich
überhaupt erlaubt sind, nur bescheidene Erträge.

📖 **Wissenswertes:**

Die Bausparkassen wollen gerne die Bausparer aus den gut verzinsten
alten Verträgen herausdrängen. Es geht um jene Kunden, die keinen
Wert auf das zugesagte Baudarlehen legen und ihre zuteilungsreifen
Verträge weiter ansparen. Diesen Konflikt hat der BGH im Februar 2017

zugunsten der Bausparkassen entschieden. Die Bausparer dürfen nur **noch maximal 10 Jahre** nach Zuteilung ihren Vertrag weiter ansparen, danach haben die Bausparkassen das Recht, den Vertrag zu kündigen

Es ist klar, dass dieses Urteil die Verbraucherschützer und -anwälte nicht gutheißen und von einem Bruch des Zinsversprechens sprechen. Das unternehmerische Risiko, dass Zinsen steigen und fallen, sei an die Bausparer abgetreten worden. Immerhin betrifft das Urteil ca. 250.000 Bausparverträge.

☞ **Was Sie beachten sollten:**

Trotzdem: Brechen Sie nicht vorschnell den Stab über das Bausparen. Ein passender Bausparvertrag bietet Hauseigentümern handfeste Vorteile.

► Sie wissen heute schon, was Sie für einen späteren Baukredit zahlen müssen, so dass Sie nicht von der unsicheren Zinsentwicklung am Kapitalmarkt abhängig sind.

► Interessant sind Bausparverträge für spätere Hausmodernisierungen, da für kleinere Darlehen in Höhe von 20-30.000 Euro die Banken oft hohe Zinsaufschläge von ihren Kunden verlangen.

► Nicht zu verachten sind auch die **nachrangigen Darlehen der Bausparkassen.** Im Gegensatz zu vielen Banken berechnen sie keinen Zinsaufschlag, wenn das Grundstück bereits durch einen anderen Kredit belastet und im Grundbuch an erster Stelle eingetragen ist. Teilweise gewähren Bausparkassen auch **Blankodarlehen.** Kredite bis zu 30 000 Euro vergeben sie oftmals ohne kostenintensive Absicherung im Grundbuch.

Mit den neuen *Renditetarifen* kann sich Bausparen sogar als *reine Geldanlage* lohnen. Bei diesen Tarifen erhalten Sparer Bonuszinsen, wenn sie nach sieben Jahren kein Bauspardarlehen in Anspruch nehmen. Zusammen mit dem Bonus sind dann Renditen bis über drei Prozent erzielbar. Für Sparer, die eine staatliche Wohnungsbauprämie erhalten, ist diese Variante besonders attraktiv. Dadurch lässt sich die Sparrendite bei teilweise auf über fünf Prozent steigern.

Aber Achtung: Auch Bausparen verkörpert in Zeiten niedriger Zinsen nicht mehr hundertprozentige Sicherheit. Mehrere Bausparkassen mussten in den letzten Jahren auf den gemeinschaftlichen **Notfonds** zurückgreifen, um die Zuteilung der Verträge zu garantieren.[73]

3.6.2 Immobilien

Der einzige Ausweg, der sich momentan angesichts des (angeblichen) „Anlagenotstandes" anzubieten scheint, ist die Investition in sogenanntes „Betongold", also in Immobilien. Denn günstiger als in der aktuellen Niedrigzinsphase war eine Darlehensfinanzierung noch nie. Das ist für viele oft der einzige Grund, in Immobilien zu investieren. Die Gefahr besteht allerdings, Haus- und Wohnungseigentum nur aus der Perspektive der günstigen Finanzierung zu sehen und Überlegungen hinsichtlich der Rentabilität zu vernachlässigen.

☞ **Was Sie beachten sollten:**

1. Gegenüber Wertpapieren hat der Immobilienmarkt einen großen Nachteil: Er ist ungeregelt und unübersichtlich – und was sich dort Makler nennt, sind oft Personen, die ihr „Handwerk" gar nicht gelernt haben und auch keinerlei Eignung nachweisen müssen. Die Bezeichnung Immobilienmakler ist weder geschützt noch bedarf es zur Ausübung eines Nachweises über die fachliche Eignung oder berufliche Ausbildung. Unter dem Aspekt der Gewerbefreiheit kann jeder ein Maklergewerbe anmelden und betreiben.

2. Für die zukünftige Rentabilität – und insoweit kein Unterschied zur Börse – ist die Entwicklung von Angebot und Nachfrage entscheidend. Das Angebot an Grundstücken bleibt weiterhin Mangelware, insbesondere in Groß- und Universitätsstädten. Die Nachfrage ist dagegen schwieriger zu beurteilen, sie hängt in erster Linie von der zukünftigen Bevölkerungsentwicklung ab. Sie ist nicht zuletzt eine politische Variable, vor allem was die Förderung von jungen Familien und die Möglichkeiten der Vereinbarkeit von Arbeit und Familie betrifft. Ein wichtiger Faktor wird weiterhin die zusätzliche

---

[73] Vgl. „Bausparkassen nutzen Notfonds", in: Badische Zeitung v. 18.08.2017

Nachfrage sein, die von Zuwanderern ausgeübt wird. Sie wirkt sich prinzipiell preissteigernd vor allem im niedrigpreislichen Wohnungssegment aus. Außerdem dürfte der Trend einer Reurbanisierung, also die Wanderungsbewegung zurück vom Land in die Stadt, anhalten und zu weiter steigenden Immobilienpreisen in den Städten führen, was sich bis in die Randgebiete auswirkt.

Im Wesentlichen gibt es drei Arten Immobilien zu erwerben:

Direkt in Form der
Selbstnutzung eines Eigenheims (Haus, Wohnung),
Ertrag ist die eingesparte Miete;
Fremdnutzung durch Vermietung der Immobilie,
Ertrag sind die Mieteinnahmen abzüglich Unterhaltskosten und Steuern;

Indirekt in Form von Immobilienzertifikaten,
wobei der Ertrag in Ausschüttungen (Dividende) sowie im eventuellen Kursgewinn bei Verkauf besteht.
Es gibt zwei komplett unter schiedliche Formen:
offene und **geschlossene Immobilienfonds**.

Kursverluste wie bei börsengehandelten Wertpapieren gibt es bei Immobilien nicht. Was teilweise als „Immobilienbörse" bezeichnet wird, ist irreführend, da alle Merkmale einer staatlich beaufsichtigten Kurs- bzw. Preisermittlung wie an Wertpapierbörsen fehlen. Dass es keinen regulierten Markt wie die Börse gibt, und damit auch nicht die Gefahr von Kursverlusten besteht, wird leichtgläubigen Anlegern immer wieder als Vorteil von Immobilien angepriesen. Dem steht aber der entscheidende Nachteil entgegen, dass man sich nicht schnell von seinem Eigentum trennen kann und dann eventuell auch nur unter Inkaufnahme von Kosten, Mühen und Zeit. Preise werden wohl auch für Immobilien festgestellt, aber erst in dem Moment, in dem ein realer Umsatz, also ein Verkauf, zustande kommt. Die meisten Kommunen stellen ersatzweise Kaufpreissammlungen zur Verfügung.

Die folgende Tabelle zeigt den Wertzuwachs in Großstädten. Hier kann man von einem regelrechten Immobilienboom sprechen, vielleicht auch schon von einer Immobilienblase, die zu teilweise stark überhöhten Preisen führte. Diese „Blase" wird spätestens platzen, wenn sich die Wohnungspreise und -mieten nur noch eine kleine wohlhabende Schicht leisten kann – ganz real und kurzfristig aber schon, wenn die Zinsen wieder steigen werden. Die Bundesbank warnte jüngst bereits vor einem solchen Szenario.

Preissteigerung bei neuerbauten Eigentumswohnungen 2010 bis 2015:[74]		
	jährlich	€ bei 100 qm Wohnfläche
Stuttgart	12,5 %	510.000
München	11,2 %	630.000
Köln	10,4 %	380.000
Dortmund	9,6 %	300.000
Durchschnitt der 20 größten Städte	8,2 %	---

In ländlichen Gebieten oder weniger attraktiven Städten ist dagegen nur geringes Preiswachstum zu verzeichnen, wie bisher bleibt es auch in Zukunft teilweise sogar negativ.

Eigengenutztes Wohneigentum

„Ausgerechnet ihre Geldanlage in Häuser und Wohnungen rechnen viele nicht spitz", schrieb der Finanzanalyst Volker Loomann in der Frankfurter Allgemeinen Zeitung.[75] Er fragte sich außerdem, was Anleger dazu bewege, „den Verstand auszuschalten", denn nur wenige Menschen wollten wissen, wie hoch die dabei zu erzielenden Renditen seien. Der Grund ist, dass der Kauf von Eigenheimen für viele Menschen keine Angelegenheit des Verstandes, sondern des Herzens ist – insbesondere in ländlichen Gebieten, wo man ohne ein eigenes Haus oft kaum gesellschaftsfähig ist. Wie Entscheidungen auf diesem Sektor des Wohnungsmarktes zustande kommen, ist ein geradezu

---

[74] Vgl. dpa. Ermittelt von den Gutachterausschüssen für Grundstückswerte (GEWOS).
[75] Nr. 52 v. 7.03.2013, S. 25

ideales Forschungsfeld für die **Verhaltensökonomie** sein. Es gibt nicht viele Bereiche, wo beschränkt rationale oder sogar irrationale Beweggründe mit derart langfristigen Auswirkungen eine so herausragende Bedeutung haben. Es sind meist *immaterielle Gründe*, wie Sicherheit (vor Vermieterwillkür), Freiheit (Ausgestaltung nach eigenen Vorstellungen) und nicht zuletzt auch Statusüberlegungen (Immobilie als Demonstration gesellschaftlichen Ansehens), die dominieren. Eher unbewusst ist die Hoffnung, dass man durch die jahrelange Abzahlung der Bauschulden zum Sparen gezwungen wird, sich also eine Art freiwilliges „Zwangssparen" auferlegt.

Wie nicht anders zu erwarten, ist die Frage des Wohneigentums in erster Linie eine Frage des Einkommens.[76] Vier von fünf Bezieher hoher Einkommen tendieren dazu, Herr im eigenen Haus zu sein. Und keine Überraschung ist, dass sich in ärmeren Schichten nur ein Zehntel Wohneigentum leisten kann, und nicht wenige dürften dazu per Erbschaft gekommen sein. Die Wohneigentumsquote von knapp 45 % ist in Deutschland im Vergleich zum europäischen Umfeld relativ niedrig, was vor allem auf die hohen Grundstücks- und Baukosten in Deutschland zurückzuführen ist. Die zahlreichen Bauvorschriften tragen ebenfalls nicht dazu bei, aus Deutschen mehrheitlich ein Volk von Wohneigentümern zu machen.

Anteil der Haushalte in der jeweiligen Kategorie			
alle Haushalte	2003	2008	2013
Eigentümerhaushalte	44,9%	44,8%	44,7%
Mieterhaushalte	55,2%	55,2%	55,3%
bei geringen Einkommen			
Eigentümerhaushalte	7,8%	8,9%	9,0%
Mieterhaushalte	92,2%	91,1%	91,0%
bei hohen Einkommen			
Eigentümerhaushalte	76,9%	77,1%	77,8%
Mieterhaushalte	23,1%	22,9%	22,2%

---

[76] Quelle: Einkommens- und Verbrauchsstichprobe (*EVS*) des Statistischen Bundesamtes.

Gibt es aber auch wirtschaftliche Gründe, die für ein Eigenheim sprechen? Denn allein die Tatsache, dass man keine Miete mehr zahlen muss, kann nicht ausschlaggebend sein. Gibt es denn überhaupt so etwas wie eine Rendite bei selbstgenutzten Wohnungseigentum? Falls ja, wie lässt sie sich berechnen? Aus wirtschaftlicher Sicht sind folgende Überlegungen anzustellen:

1. Ist die *Tragfähigkeit* gegeben, kann man sich die Zins- und Tilgungsraten denn überhaupt leisten?

2. Steht überhaupt genügend *Eigenkapital* zur Verfügung? Die meisten Banken verlangen bis zu 20 % der Gesamterwerbskosten.

3. Sind die Grundstücks- und Baukosten *angemessen*?

4. Wie attraktiv ist das Baugebiet, gibt es gute Chancen bei einem *Wiederverkauf*?

5. Wie ist die momentane *Zinssituation*?

6. Welche *Laufzeit* soll das aufzunehmende Baudarlehen haben?

Folgendes Beispiel stellt einen Haushalt vor, der Nettoeinnahmen von monatlich 3.600 Euro hat und über ein Eigenkapital von 65.000 Euro verfügt. Der Spielraum beträgt jährlich 11.400 Euro. Muss für den Kapitaldienst für Zins und Tilgung zusammen 4,75 % aufgebracht werden, so entspricht dies einem Kapitalisierungsfaktor von 100:4,75 = 21 und einer maximal möglichen Kreditsumme von ca. 277.000 Euro. Zusammen mit dem vorhandenen Eigenkapital können sich demnach die gesamten Anschaffungskosten inklusiv der Nebenkosten auf maximal 305.000 Euro belaufen. Zur Sicherheit könnte man noch weitere 5 bis 10 % für unvorhergesehene Kosten (Umzug, neue Möbel, Küche etc.) eingerechnet werden. Die Eigenkapitalquote beträgt in diesem Beispiel (vgl. nachfolgende Tabelle) etwas mehr als 20 % an den Gesamtkosten, was eine zufriedenstellende, wenn auch nicht üppige, Finanzierungsbasis bedeutet. Sie entspricht der allgemeinen Empfehlung beispielsweise der Bausparkassen.

Als Fremdkapitalquelle kommt neben einem Bankdarlehen (meist in Form eines Annuitätendarlehens mit jährlich gleichbleibenden Raten) auch ein

Bauspardarlehen in Frage. In Zeiten niedriger Zinsen ist daran zu denken, ob nicht eine hohe Annuität vereinbart werden sollte, da auf Grund der laufend sinkenden Zins- und steigenden Tilgungsraten die Restlaufzeit des Darlehens bedeutend verkürzt werden kann. Die oft gehörte Empfehlung, dass das Bauspardarlehen 20 bis 25 % der Gesamtsumme ausmachen soll, ist mit Vorsicht zu genießen. Denn ein solches Darlehen hat eine Laufzeit von rund 10 Jahren, womit in den Anfangsjahren die finanzielle Belastung sehr hoch ist.

Ermittlung des maximalen Baubudgets		
Einnahmen netto		3.500 €
Ausgaben monatlich:		
Lebenshaltungskosten		1.500 €
Ratenverpflichtungen etc.		800 €
Sonstige Verpflichtungen		250 €
Finanzieller Spielraum für Kreditrate monatlich		950 €
Jährlich		11.400 €
Kapitaldienst:		
Tilgung (%)	2,00	
Zinsen (Festzins) %	2,75	
Finanzierungsrate (%)	4,75	
Kapitalisierungsfaktor (100 : Finanzierungsrate)	21	
Maximaler Kredit inkl.Nebenkosten (10%)		240.000 €
Vorhandenes Eigenkapital		65.000 €
Max. Gesamtbudget (= Anschaffungskosten)	110%	**305.000 €**
+ Nebenerwerbskosten (Notar, Grunderwerbsteuer, Makler)	10%	27.727 €
Max. Kaufpreis		277.273 €
Finanzielle Belastung p.a.	5%	11.400 €
Finanzielle Belastung mtl.		950 €

Kommen wir zur Rendite einer selbstgenutzten Immobilie. Sie ist äußerst schwer zu berechnen, da eigentlich nur die Kosten einigermaßen zutreffend zu ermitteln sind. Wie sieht es mit den Erträgen aus? Gibt es denn bei selbstgenutztem Wohneigentum überhaupt einen Ertrag? Den muss es, zumindest kalkulatorisch geben, denn der zukünftige Bauherr oder Erwerber steht letztlich immer vor der Frage, ob er bauen/kaufen oder mieten soll.

Eine solche Rechnung könnte beispielsweise wie folgt aussehen:

Erwerb eines Eigenheims			
Grundstückskosten	60.000 €	Vergleichsmiete mtl.	1.000 €
Baukosten	217.273 €	Instandhaltung mtl	150 €
Kaufpreis	277.273 €	Steigerung Miete p.a.	1%
Nebenkosten (10 %)	27.727 €	Aufzunehmender Kredit	240.000 €
Anschaffungspreis	305.000 €	Zinssatz (fest, 25 Jahre)	2,75%
Eigenkapital (25%)	65.000 €	Tilgungsquote	2,00%
Nutzungszeit (Jahre)	25	Annuität jährlich	4,750%
Steigerungsrate Immobilie p.a.	1,0%	Verkaufspreis Ende Laufzeit	355.583 €
Steigerungsrate Instandhaltung	5%	restl. Kredit Ende Nutzung	70.628
		Nettoverkaukfserlös	284.955

Die Festlegung einer Nutzungszeit ist für die Ermittlung der Rendite rechnerisch zwingend erforderlich. Sie wurde im Beispiel mit 25 Jahren angenommenen, damit zu einem Zeitpunkt, in dem das Darlehen noch nicht restlos getilgt ist. Kalkulatorisch wurden weiter angesetzt:

- ▶ die Nutzungszeit (25 Jahre),
- ▶ die Mietersparnis (Vergleichsmiete, Ausgangswert monatlich 1.000 Euro)
- ▶ der Instandhaltungsaufwand (Ausgangswert monatlich 150 Euro)
- ▶ Jährliche Steigerungsrate der Instandhaltung (5 %)
- ▶ der Wertzuwachs der Immobilie (1 %)

Bei der vorgegebenen maximal möglichen Tilgung (monatlich 950 Euro) dauert es rund 31 Jahre bis zur restlosen Tilgung des Darlehens, also eine sehr lange Zeit. Bei der im Beispiel angenommenen Nutzungszeit von 25 Jahren bleibt damit noch ein Restdarlehen übrig (70.628 Euro), so dass sich bei der unterstellten jährlichen Wertsteigerungsrate des Kaufpreises von 1 % der Nettoverkaufserlös bei 284.955 Euro liegt.[77]

Die laufenden Betriebskosten (Heizung, Strom, Wasser, Verwaltung usw.) werden in der Rechnung weggelassen, da sie bei Kauf und Miete anfallen.

---

[77] Der jährliche Wertzuwachs von 1 % erscheint niedrig zu sein. Es kommt dabei jedoch der Zinseszinseffekt zum Tragen. Selbst bei einer Wertsteigerungsrate von nur 1 % im obigen Beispiel hat sich der Wert 25 Jahren und 28,2 % erhöht. Legt man 2 % zugrunde, so ergibt sich eine progressive Wertsteigerung von 64 %.

Unter der Annahme einer Steigerungsrate der Immobilie von jeweils 1 % ergibt sich für die zwei ersten Jahre und beiden letzten Jahr folgendes Tableau:

Jahr	Mietvorteil (kalk.)	Instandhaltung	Annuität	Cashflow
				-82.000
1	12.000	1.800	11.400	-1.200
2	12.120	1.890	11.400	-1.170
...	...	...	...	...
24	15.086	5.529	11.400	-1.843
25	15.237	5.805	11.400	**282.987**
	499.923	162.577	399.000	**5,11%**

Damit ergibt sich eine Rentabilität bzw. ein interner Zinsfuß von **5,11 %**. Dieser Wert ist angesichts des niedrigen Zinsniveaus am Kapitalmarkt als sehr gut zu bezeichnen. Außerdem ist zu beachten, dass der Verkaufsgewinn bei selbstgenutzten Immobilien nicht zu versteuern ist, ganz im Gegensatz zu Wertpapieren. Für den Bau von Eigenheimen gibt es allerdings keine Steuervorteile mehr wie in früheren Jahren, aber es müssen auch keine Ertragsteuern bezahlt werden. Für Geringverdiener ist allerdings das erforderliche Eigenkapital das Haupthindernis. Selbst wenn eine Bank gefunden wird, die bis zu 90 % fremdfinanziert, kommt es zu einer kaum tragbaren monatlichen Belastung – auch deswegen, weil die geringe Eigenkapitalquote das Risiko der Bank und damit den Kreditzins erhöht.

Simulationen dieses Beispiels, d.h. also die Veränderung der genannten kalkulatorischen Werte, zeigen, dass die alles entscheidende

Durchschnittliche jährl. Wertsteigerung	Verkaufspreis nach 25 Jahren	Rendite
-1%	216.000 €	2,0%
0%	277.000 €	3,6%
1%	355.000 €	5,1%
2%	455.000 €	6,5%
3%	581.000 €	7,8%

Größe der *Verkaufspreis* ist. Die Rentabilität eines Eigenheims steht und fällt also mit dem *Verkaufspreis*, über den natürlich mehr oder weniger nur spekuliert werden kann. Aber ohne eine Vorstellung vom Wert des Eigenheims am Ende der angenommenen Haltedauer ist eine Rentabilität nicht zu berechnen! Angesichts der aktuellen Preis-Hausse an den Immobilienmärkten erscheint die im obigen Beispiel angenommene langfristige Wertsteigerung von 1 % sehr vorsichtig zu sein. Man sollte trotzdem einige weniger optimistische Alternativen durchrechnen (vgl. Tabelle). Jeder Prozentpunkt Wertsteigerung entspricht ungefähr eineinhalb Prozentpunkte mehr Rendite.

Wichtig ist, keinen überhöhten Erwerbspreis zu zahlen. Dabei wird vielfach als Maßstab der **Kaufpreis-Miete-Multiplikator** genommen. Er gibt an, welches Vielfache der Jahreskaltmiete der Kaufpreis (üblicherweise ohne Nebenkosten) beträgt. Der Multiplikator ergibt sich, indem die Grundstücks- und Baukosten durch die jährliche Kaltmiete geteilt werden. Die ersparte Miete wird dabei als Rendite betrachtet, die das erworbene Objekt erwirtschaftet.

Im obigen Beispiel errechnet sich dieser Multiplikator, indem der Kaufpreis von 277.273 Euro durch die Kaltmiete von jährlich 12.000 Euro dividiert wird. Er liegt bei rund 23 und kann damit als günstig eingestuft werden. Bislang galt am Immobilienmarkt die Regel, wenn der Multiplikator unter 20 liegt, dann ist der Kaufpreis als sehr günstig zu beurteilen. Bewegt er sich im Bereich bis 25, so ist der Kaufpreis günstig bzw. tolerabel, liegt er darüber, so ist er als hoch anzusehen. Die aktuelle Hausse-Situation am Immobilienmarkt hat diese Regel ein Stück weit außer Kraft gesetzt und hat den Multiplikator nach oben verschoben. In Großstädten wie München lag der Multiplikator bei Eigentumswohnungen, die nach dem Jahr 2000 in sehr guten Lagen erstellt wurden, schon bisher bei 23 bis 28, in Lübeck dagegen nur bei 14 bis 18.[78] Dieser Multiplikator ist zumindest ein Annäherungswert, um den verlangten Kaufpreis beurteilen zu können. Er ist gleichzeitig ein erstklassiges Käuferargument, um sich gegen hohe Preisforderungen zu wehren! Als Vergleich dazu die weiter untenstehende Übersicht.[79] Dabei

---

[78] Vgl. den umfangreichen Vergleich in Finanztest 8/2013, S. 54 ff. Die dortigen Werte gelten allerdings für Eigentumswohnungen, für Eigenheime dürften sie etwas höher liegen. Der Grund liegt in der vergleichsweise besseren Verwertbarkeit von Häusern.

[79] Vgl. https://presse.immowelt.de/pressemitteilungen/marktberichte/artikel/artikel/immobilien-als-kapitalanlage-wo-sich-kaufen-noch-lohnt.html

heißt es aufzupassen, denn in den letzten Jahren stiegen die Kaufpreise
schneller als die Mieten.

📖 **Wissenswertes:**

Das Empirica-Institut hat sogar einen „*Blasenindex* entwickelt. Das Platzen einer solchen Immobilienblase wie zum Beispiel in den USA im Jahr
2007 habe die darauffolgende weltumspannende Finanz- und Wirt-
schaftskrise verursacht. Kennzeichen einer solchen Fehlentwicklung sei,
dass die Kaufpreise schneller als die Mieten steigen und damit die Im-
mobilien-Rentabilität tendenziell sinke. Noch sei der Markt im Gleichgewicht, argumentiert das Institut, wenn auch der Blasenindex weiter angestiegen sei. Befürchtet wird vor allem eine nachhaltige Zinswende,
was dann kräftig auf die Nachfrage und Kaufpreise drücken würde. Von
einer Euro-Abwertung, einem Beschäftigungsrückgang infolge der US-
Exportpolitik bis zur anstehenden Bundestagswahl (Schreckgespenst einer Rot-Rot-Grünen Regierung) würden eine Vielzahl von Kandidaten
bereitstehen, um eine Trendwende einleiten zu können.[80]

Stadt	Kaufpreis (€ pro qm)	Mietpreise (€ pro Jahr und qm)	Miet-Multiplikator
München	5.192	172	30,2
Frankfurt	3.444	150	23,0
Hamburg	3.335	125	26,7
Berlin	2.650	108	24,5
Stuttgart	2.553	125	20,5
Düsseldorf	2.480	113	22,0
Köln	2.209	118	18,8

---

[80] http://www.empirica-institut.de/nc/nachrichten/details/nachricht/empirica-blasenindex-2016q4/

Kauf oder Miete

Im Allgemeinen rechnet sich der Kauf eines Eigenheims wohl immer noch. Nur brauchen die Wohneigentümer erhebliches Durchhaltevermögen. Nicht zu verkennen sind allerdings die Nachteile, die in der eingeschränkten Flexibilität durch die hohe Belastung in den Anfangsjahren sowie im Kreditrückzahlungsrisiko bestehen. In Zeiten einer von allen Seiten geforderten beruflichen Mobilität ist besonders das Zinsänderungsrisiko zu beachten, da Banken bei vorzeitigem Ausstieg aus den Darlehensverträgen hohe Vorfälligkeitsentschädigungen verlangen. Dieser Nachteil ist allerdings im Zeichen niedriger Zinsen weniger akut, kann man doch davon ausgehen, dass bei steigendem Zinsniveau für die Banken eine Wiederanlage gekündigter Darlehen profitabel sein müsste.

Übrigens: Wem die dargestellte Eigenheim-Kalkulation eventuell zu theoretisch ist, für den gibt es noch eine andere Berechnungsart, die sich weniger mit der Rentabilität als mit der Frage beschäftigt, ob *Kauf oder Miete günstiger* ist (Methode Finanztest[81]). Vorauszuschicken ist jedoch auch dabei, dass bei dieser Methode ebenfalls Annahmen über die Entwicklung zukünftiger Einflussfaktoren getroffen werden müssen.

✋ **Beispiel:**

Dem folgenden Beispiel liegen die gleichen Daten zugrunde wie in der Rentabilitäts-Berechnung (vgl. oben). Es wurde jedoch von einem „echtes" Annuitätendarlehen ausgegangen. Dies bedeutet, dass die Annuität finanzmathematisch exakt auf Grund der vorgegebenen Nutzungsdauer berechnet wird.[82] Im obigen Beispiel müsste also der Bauherr, wenn er genau nach 25 Jahren sein Darlehen abgezahlt haben will, eine jährliche Belastung von 1.117 Euro in Kauf nehmen. Als Festzinsdarlehen mit 25-jähriger Laufzeit wurde dabei der Zinssatz von 2,75 % unterstellt.

---

[81] Vgl. Nr.4/2015. S.40 ff.

[82] Kommt in der Bankpraxis eher selten vor, die meist nicht finanzmathematisch ausgebildeten Bankberater begnügen sich mit der vom Bauherrn gewünschten anfänglichen Belastungsquote Zins- und Tilgungssatz). Aus der heute gesetzlich vorgeschriebenen Darstellung des Tilgungsverlaufs kann das Ende der Kreditlaufzeit jedoch ersehen werden.

Bei Kauf wie bei Miete ist die entscheidende Bewertungsgröße, wie sich das Eigenkapital bzw. Reinvermögen entwickeln wird. Es ist die Frage, was am Ende des Betrachtungszeitraumes, hier 25 Jahre, aus dem zu Beginn vorhandenen Eigenkapital geworden ist, das wiederum mit 65.000 Euro angenommen wurde. Der Eigentümer beginnt allerdings mit dem erheblichen Nachteil, dass sein Eigenkapital gleich zu Beginn um die Erwerbsnebenkosten von 27.727 Euro geschmälert wird und nur noch 37.273 Euro für den Kaufpreis übrigbleiben. Denn wenn man gedanklich unterstellt, der Eigentümer würde sofort nach Erwerb zum Verkauf schreiten, so erhält er nur den Gegenwert von Grundstück und Gebäude, also den Kaufpreis, die Nebenkosten werden nicht vergütet.

Bei Kauf ergibt sich folgender Verlauf (alle Angaben in €):

1. Kauf							
Jahr	Instandhaltung	Kapitaldienst	davon Zinsen	davon Tilgung	Schuldenstand	Wert Immobilie	Eigenkapital
0	0	0	0	0	240.000 €	277.273 €	37.273 €
1	1.800 €	13.402 €	6.600 €	6.802 €	233.198 €	280.045 €	46.847 €
2	1.890 €	13.402 €	6.413 €	6.989 €	226.210 €	282.846 €	56.636 €
...	...	...	...	...	...	...	...
24	5.529 €	13.402 €	708 €	12.694 €	13.043 €	352.063 €	339.020 €
25	5.805 €	13.402 €	359 €	13.043 €	0 €	355.583 €	355.583 €

Bei Miete ergibt sich folgender Verlauf (alle Angaben in €):

2. Miete								
Jahr	Eingesparte Instandhaltung	Eingesparte Kreditraten	Mietaufwand	Mietaufwand - Einsparungen	Zinsertrag Eigenkapital	Guthabenzins 2 % vor Steuer	Eink.Steuer 25%	kalkulatorisches Eigenkapital
0	0	0	0	0	0	0	0	65.000 €
1	1.800 €	13.402 €	12.000 €	3.202 €	1.300 €	- 302 €	- 76 €	69.577 €
2	1.890 €	13.402 €	12.120 €	3.172 €	1.392 €	- 210 €	- 53 €	74.193 €
...	...	...	...	...	...	...	...	...
24	5.529 €	13.402 €	15.086 €	3.844 €	3.799 €	2.197 €	549 €	197.022 €
25	5.805 €	13.402 €	15.237 €	3.970 €	3.940 €	2.338 €	585 €	204.347 €

Das Reinvermögen des Käufers steigt jedoch schnell an, die entscheidende Größe ist die Annuität (Zins und Tilgung). Das durch die Tilgung verminderte Fremdkapital muss mit jährlich fallenden Zinsen bedient werden, so dass die Differenz, d.h. die ersparten Zinsen, von Jahr zu Jahr zu einer wachsenden Tilgungsquote führt. Nach 25 Jahren ist der Kredit getilgt, das Endkapital beträgt knapp 356.000 Euro.

Wie sieht es nun für den Mieter aus, der mit dem gleichen Eigenkapital gestartet ist? Zu Beginn ist der Berechnung wirkt sich vorteilhaft aus, dass er keine Kaufnebenkosten zu bezahlen hat, sein in gleicher Höhe angenommenes Eigenkapital bleibt damit ungeschmälert. Die Betriebskosten (Strom, Wasser, Verwaltung etc.) bleiben außer Betracht, da sie für Käufer und Mieter anfallen. Er muss nur die Miete aufbringen, weder Instandhaltungskosten noch Kreditraten hat er zu leisten. Im Beispiel beträgt die Differenz im 1. Jahr zugunsten der Miete stattliche 3.202 Euro. Unterstellt wird in der Berechnung *kalkulatorisch*, dass er dieses freie Eigenkapital anlegt und dafür 2 % Guthabenzinsen erhält. Zieht man die dafür fällige Steuer aus Kapitalvermögen ab (Abgeltungssteuer 25 %) und berücksichtigt noch den Sparerfreibetrag (verheiratet, 1602 €), so wächst sein Kapital im 1. Jahr auf knapp 70.000 Euro an. Auf gleiche Weise verläuft dieser Sparprozess auch in den nächsten Jahren. Kalkulatorisch wird dabei unterstellt, dass der Mieter alle im Vergleich zum Kauf eingesparten Gelder auf die Bank trägt, wobei eine jährliche Mietsteigerung von 1 % berücksichtigt wurde. Der Käufer der Immobilie muss also erst einmal diesen erheblichen Eigenkapital-Vorsprung des Mieters aufholen – was auch gelingt, aber dieser Aufholungsprozess dauert.

Am Ende der 25-jährigen Laufzeit ist das Vermögen des Mieters auf etwas über 204.000 Euro angewachsen – ein Blick auf die obige „Tabelle Kauf" zeigt jedoch, dass die Endkapitalien von Käufer und Mieter sich sehr unterschiedlich entwickelt haben. Der Käufer verfügt nämlich über ein um 75 % höheres Endvermögen! Ein klarer „Sieg" also von Kauf über die Miete?

Zuerst muss nach dem Grund für diese erhebliche Differenz gefragt werden – obwohl zugunsten des Mieters kalkulatorisch unterstellt wurde, dass er sämtliche gegenüber dem Käufer eingesparten Gelder zur Bank getragen hat (was in der Realität niemand tun wird)?[83] Es ist, wie auch in der obigen ersten Berechnung, die unterstellte *Wertsteigerung des Wohneigentums*, die

---

[83] Im Gegensatz zur Vorgehensweise von Finanztest muss in einer solchen *kalkulatorische Rechnung* davon ausgegangen werden. Dass die gegenüber dem Kauf eingesparten Gelder ebenfalls bei der Bank verzinslich angelegt werden.

den entscheidenden Unterschied ausmacht. Selbst bei der sehr vorsichtigen Wachstumsrate von nur 1 % hat der Käufer den Mieter schon ca. 6 Jahren eingeholt. In der folgenden Grafik wurden die weiteren Szenarien von Wertsteigerungen mit -1 %, 0 % und 2 % zusätzlich durchgespielt. Es zeigt einmal mehr die überragende Bedeutung der unterstellten Wertsteigerung. Je höher sie ausfällt, desto schneller wird der Mieter vom Käufer eingeholt. Bei einem Nullwachstum dauert es allerdings ziemlich lange, erst im 10. Jahr zieht der Käufer mit dem Mieter gleich. Bei einem Minuswachstum sind es sogar 21 Jahre bis der Käufer den Mieter einholt.

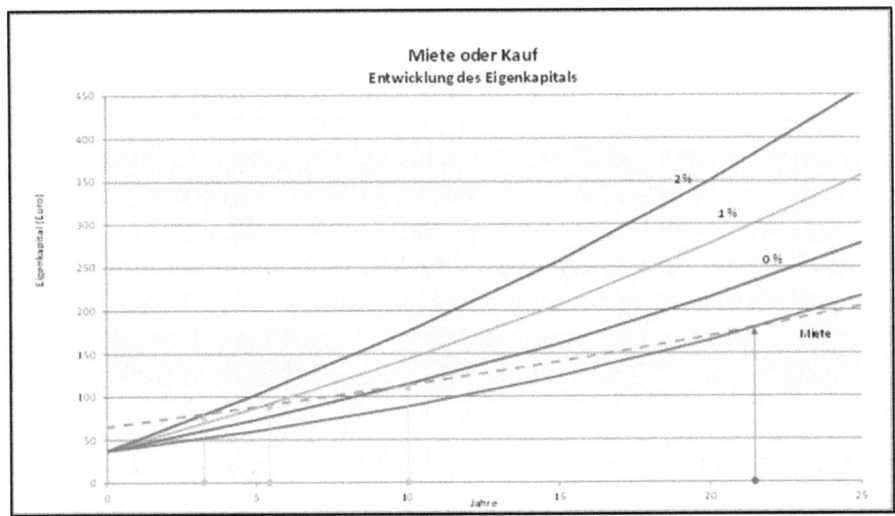

Angaben in Mio. €	Entwicklung des Eigenkapitals bei Jährlicher Wertsteigerung des Eigenheims				1 % Mietsteigerung
Jahre	-1%	0%	1%	2%	Miete
0	37	37	37	37	65
5	60	73	87	102	88
10	88	114	143	175	113
15	123	161	206	257	140
20	165	215	277	350	170
25	216	277	356	455	204
Gleichstand Jahr	21	10	6	4	

📖 **Wissenswertes:**

Als Ergebnis kann festgehalten werden, dass der Kauf eines Eigenheims, sei es eine Eigentumswohnung oder ein Eigenheim, fast immer wirtschaftlich vorteilhaft ist. Allerdings kann sich bei einer ungünstigen

Preisentwicklung ein Wiederverkauf nach nur wenigen Jahren nachteilig auswirken. So dauert es bei einer 0 % Wertsteigerung 10 Jahre, bei -1% erreicht der Käufer erst nach 21 Jahren Gleichstand (vgl. Grafik).

Dieses Ergebnis deckt sich auch weitgehend mit den Untersuchungen des bereits zitierten Forschungsinstituts Empirica.[84]

Kauf ist im Allgemeinen günstiger als Miete, aber nur auf lange Sicht.

Vermietung

Im Gegensatz zum Eigenheim spielen bei vermieteten Immobilien steuerliche Überlegungen des Investors eine wichtige Rolle. Es lässt sich aber zeigen, dass es selbst bei vermieteten Immobilien weniger auf die laufenden Kosten und Erträge ankommt, sondern auf den erwarteten Verkaufserlös am Ende der zugrunde gelegten Kalkulationszeit.[85]

Am besten macht man sich dies an einem Beispiel klar: Um ein Kalkulationstableau aufzubauen, müssen die von den Steuergesetzen vorgegebenen Größen berücksichtigt werden. Dies sind die steuerlich erlaubte Abschreibung von 2 % der Baukosten und der darauf entfallenden Erwerbskosten sowie der individuelle Einkommensteuersatz des Investors (mit 40 % angenommen). Schwieriger sind Annahmen zu treffen über den Verlauf der Mieteinnahmen (Ausgangsbasis ist ein Multiplikator von 20 bzw. 5 % des Kaufpreises) und der laufenden Instandhaltungskosten (20 % der Bruttomieten angenommen). Dazu folgendes Beispiel:

Renditeberechnung Vermietungsobjekt

Kaufpreis	500.000 €	Abschreibungsbasis	440.000 €
davon Grundstück	100.000 €	Abschreibung	2%
Nebenkosten (10%)	50.000 €	Multiplikator	20
Einkommensteuer (%)	40,00	Mietertrag 1. Jahr	25.000 €
Mietsteigerung p.a. (%)	1,00	Nutzungsdauer (Jahre)	15
Verwaltungskosten*)	20,00	Nebenkosten*)	20
*) in v.H. der Miete		Steigerungsrate Nebenkosten (%)	1,00

---

[84] Man sollte jedoch nicht verschweigen, dass die Ergebnisse von Empirica in Zusammenarbeit mit LBS Research entstanden sind.

[85] Vgl. Volker Looman, Die Liebe zu Immobilien sollte nicht den Blick auf die Rendite trüben, in: Frankfurter Allgemeine Zeitung v. 02.03.2013, S. 25.

Da die Schätzung der jährlichen Wertsteigerung die problematischste Größe ist, wird auf die sogenannte *Szenario-Technik* zurückgegriffen, wie sie bei gewerblichen Investitionen und unternehmerischen Entscheidungen üblich ist. Die Schätzungen können auf der Basis der bereits erwähnten kommunalen Kaufpreissammlungen vorgenommen werden. Aber auch sie bieten für die zukünftige Entwicklung nur Anhaltspunkte. Man ist allerdings immer wieder erstaunt über die Unterschiede zwischen den amtlichen, in der Tagespresse veröffentlichten Kaufpreisen und den meist weit höheren Preisvorstellungen in den Immobilienanzeigen.

Geht man von einer Haltedauer bzw. Nutzungszeit von 15 Jahren des Vermietungsobjektes aus und unterstellt man in einem ersten Schritt eine jährliche Wertsteigerung der Immobilie von 1 %, so ergibt sich (vgl. Tabelle):

Jahr	Mieterträge	laufende Nebenkosten	AfA	zu versteuern	Eink.steuer	Cash-flow
0			-		-	550.000 €
1	25.000 €	5.000 €	8.800 €	11.200 €	4.480 €	15.520 €
2	25.250 €	5.050 €	8.800 €	11.400 €	4.560 €	15.640 €
3	25.503 €	5.101 €	8.800 €	11.602 €	4.641 €	15.761 €
4	25.758 €	5.152 €	8.800 €	11.806 €	4.722 €	15.884 €
5	26.015 €	5.203 €	8.800 €	12.012 €	4.805 €	16.007 €
6	26.275 €	5.255 €	8.800 €	12.220 €	4.888 €	16.132 €
7	26.538 €	5.308 €	8.800 €	12.430 €	4.972 €	16.258 €
8	26.803 €	5.361 €	8.800 €	12.643 €	5.057 €	16.386 €
9	27.071 €	5.414 €	8.800 €	12.857 €	5.143 €	16.514 €
10	27.342 €	5.468 €	8.800 €	13.074 €	5.229 €	16.644 €
11	27.616 €	5.523 €	8.800 €	13.292 €	5.317 €	16.775 €
12	27.892 €	5.578 €	8.800 €	13.513 €	5.405 €	16.908 €
13	28.171 €	5.634 €	8.800 €	13.737 €	5.495 €	17.042 €
14	28.452 €	5.690 €	8.800 €	13.962 €	5.585 €	17.177 €
15	28.737 €	5.747 €	8.800 €	14.189 €	5.676 €	597.798 €
	402.422 €	80.484 €	132.000 €	189.938 €	75.975 €	**3,26%**
						Rendite

Es ergibt sich eine Verzinsung von **3,26 %**, dies ist bei der unterstellten Wertsteigerung von lediglich einem Prozent kein schlechter Wert, wohlgemerkt nach Steuern.

Nun zur *Szenario-Technik*: Dazu gewichtet man die verschiedenen Endpreise der Immobilie mit den einzelnen Wahrscheinlichkeiten. Aus der folgenden Tabelle geht hervor, dass Wertsteigerungsraten im Bereich zwischen - 1 % und 2 % als die am wahrscheinlichsten angenommen wurden. Die beiden Randwerte +2% und -1% werden nur mit 10 % Wahrscheinlichkeit, die dazwischenliegenden mit je 40 % gewichtet. Somit ergibt sich, dass mit einem durchschnittlichen Verkaufswert von 542.300 Euro gerechnet werden kann. Diesem Verkaufspreis entspräche eine Rendite von 2,90 %, die unterstellte jährliche Wertsteigerung beträgt 0,55 %.

Wert-steigerung	Ø Rendite	Verkaufs-preis	Wahrschein-keit	Gewichtete Verkaufspreise
-1%	1,68%	430.000 €	10%	43.000 €
0%	2,46%	500.000 €	40%	200.000 €
1%	3,26%	580.000 €	40%	232.000 €
2%	4,07%	673.000 €	10%	67.300 €
			100%	**542.300 €**

Es ist leicht einzusehen, dass der zukünftige *Verkaufspreis* auch bei vermieteten Wohnobjekten von überragender Bedeutung ist.

Was die Mietrenditen betrifft, so ist selbst der Hauptgeschäftsführer der Deutschen Bauindustrie nicht allzu euphorisch, denn er meinte, dass sie *„eher bescheiden"* seien, aber *„es gibt eben kaum Alternativen"*.[86] Positiver sieht dies ein anderer Funktionär der Bauwirtschaft, Dieter Diener, der die Wohnungsnot vor allem Ballungsgebieten als noch lange nicht behoben ansieht, was für gute Renditen sorge.[87] Festgehalten werden muss, dass auch eine Geldanlage in Immobilien nie ohne Risiko ist. So betont der Immobilienexperte beim Deutschen Institut für Wirtschaftsforschung (DIW), Martin Gornig, dass es immer ein Vermietungsrisiko gäbe, wenn es auch bei Neubauten geringer sei.[88]

Im Gegensatz zum Eigenheim ist man bei der Wahl des optimalen Standorts für ein Vermietungsobjekt wesentlich freier, so dass der Blick auch über das heimische Umfeld hinausgehen kann. Wo es attraktive Möglichkeiten gibt, lässt sich auch anhand der Datenbank des Verbandes deutscher Pfandbriefbanken (vdp) ermitteln. Hier werden alle Preise gesammelt, die in über

---

[86] Heiko Stiepelmann, in Stuttgarter Zeitung v. 4.12.2013, S. 13
[87] Dieter Diener ist Hauptgeschäftsführer der Bauwirtschaft Baden-Württemberg, vgl. ebenda.
[88] Ebenda.

30 Städten und vielen Landkreisen seit 2003 gezahlt wurden. Wer nicht unbedingt in deutschen Großstädten mit ihren exorbitanten Preisen investieren möchte, dem stehen viele Gegenden offen, die in den letzten Jahren geringere Preissteigerungen aufwiesen. Wie bereits erwähnt, sollte man nicht nur auf die erzielbaren Verkaufspreise und Mieteinnahmen schauen, sondern auch auf den Input, also das Kapital, das zu Beginn zu investieren ist. Es kommt immer auf die Relation von heutigen Ausgaben zu zukünftigen Einnahmen an, und dieses Verhältnis kann in Cottbus, Mecklenburg, im Harz oder im Bayrischen Wald weit vorteilhafter sein als in München, Berlin oder am Bodensee und Starnberger See. Es ist ein schwerer Fehler, sich nur auf die im Blickpunkt der Öffentlichkeit stehenden preisheißen Großstädte und eindrucksvollen Landschaften zu konzentrieren. *„Hinten ist die Ente fett"*, heißt es so schön – also was am Ende herauskommt ist entscheidend, die Endrendite und nicht die vordergründig hohe Miete oder der scheinbar so attraktive Verkaufspreis.

Auf Grund der Preise für Bauland ist es meist nicht sehr vorteilhaft, nur mit einer einzigen Wohnung oder einem einzelnen Haus in das Immobiliengeschäft einzusteigen. Den Vermietungsmarkt beherrschen, zumindest in den Städten, Bauträgergesellschaften, deren Ziel es ist, aus einem Grundstück möglichst viele Wohneinheiten herauszuschlagen. Auf diese Weise verlieren die hohen Grundstückspreise einen Teil ihres Schreckens.

Wer selbst nicht bauen möchte und eine ganze Immobilie kaufen will, auch nicht Bauherrengemeinschaften beitreten möchte, kann sich trotzdem am Immobilienmarkt engagieren. Er kann sich indirekt beteiligen durch den Kauf von Anteilen (Zertifikaten) an Immobilienfonds. Sie werden von Kapitalanlagegesellschaften ausgegeben und von ihnen auch wieder zurückgenommen, also nicht an der Börse gehandelt. Der Markt der Immobilienfonds hat allerdings turbulente Monate hinter sich und der oft gehörte Ratschlag, Geld könne man sicher und jederzeit verfügbar in Immobilienfonds anlegen, hat sich als problematisch, ja sogar als falsch erwiesen. Dies vor allem deshalb, weil mit der – eigentlich seriösen – Idee einer Risiko-Diversifikation in mehrere Objekte Schindluder getrieben wurde. Bei den *geschlossenen* Immobilienfonds waren es nicht selten windige Geschäftemacher, deren Geschäftsmodell von vornherein auf einen mehr oder weniger großen Betrug herauslief. Bei den *offenen*, prinzipiell langfristig ausgerichteten Immobilienfonds, waren es dagegen gewerbliche Anleger, die sie zur kurzfristigen Zwischenanlage liquider Gelder missbrauchten. Durch den plötzlichen Rückzug großer Summen gerieten einige Immobilienfonds in Liquiditätsschwierigkeiten.

3.6.3 Offene Immobilienfonds

Offene Immobilienfonds (zu den geschlossenen vgl. Kapitel II.4.5) erlauben den jederzeitigen Ein- und Austritt, die Anteilscheine konnten zumindest bisher grundsätzlich ohne erhebliche zeitliche Fristen zurückgegeben werden. Diese Fonds sind im Gesetz über Kapitalanlagegesellschaften (KAGG) geregelt und entsprechen in ihrer Funktionsweise den prinzipiell gleich konstruierten Wertpapierfonds. Sie eignen sich in erster Linie als Beimischung für ein Depot. Diese Fonds investieren neben Wohnanlagen auch in gewerbliche Objekte, sind aber meist viel breiter aufgestellt als geschlossene Fonds, die im Extremfall nur ein einziges Objekt finanzieren.

Es hat sich jedoch in den letzten Jahren gezeigt, dass eine jederzeitige Rückgabe an die Fondsgesellschaften nicht immer möglich war. Denn als Großanleger ihre Anteile massenweise zurückgaben, mussten die Fondsgesellschaften kapitulieren, ihre Liquiditätsreserven reichten nicht mehr aus. Sie waren gezwungen, die Auszahlungen zu stoppen, sehr zur Überraschung und zum Ärger der „normalen" Zertifikatsinhaber. Wie konnte es dazu kommen? Immobilienzertifikate eignen sich eigentlich, bedingt durch ihr Wesen als Investition in langfristiges Sachvermögen, nur für eine langfristige Vermögensanlage. Für spekulative, kurzfristige Anlagen sind sie nicht geschaffen, allein schon deshalb nicht, weil der Anleger zuerst einmal den nicht unerheblichen Kursaufschlag (meist 5 %) verdienen muss. Das ist gleichzeitig auch ein entscheidender Nachteil von Immobilienzertifikaten, ihr Erwerb ist teuer. Langfristig kann es trotzdem rentabel sein durch die jährlichen Dividendenausschüttungen, die entweder unmittelbar an den Anleger ausgezahlt oder wiederangelegt werden (sog. Thesaurierungsfonds). Ein Vermögensportfolio sollte im Allgemeinen kaum mehr als 10 % solcher Zertifikate aufweisen. Die Rentabilität ist nicht überragend, sie liegt selten über 3 % – immerhin höher als bei Bankeinlagen. Da die Fonds jederzeit liquide sein müssen um Auszahlungswünsche zu erfüllen, legen sie bis zu einem Drittel ihrer Mittel liquide an, was natürlich an der Rendite zehrt. Fonds, die sich ausschließlich auf Wohnimmobilien spezialisiert haben, erzielten im Übrigen in den letzten Jahren die vergleichsweise höchsten Renditen.

Seit 1. Januar 2013 gelten nun aber hinsichtlich der Rückgabe von Immobilienzertifikaten *neue gesetzliche Regeln*: Die Mindesthaltefrist beträgt jetzt mindestens 24 Monate, ein Freibetrag von 30.000 Euro darf jedoch halbjährlich entnommen werden, der Rest ist zwölf Monate vorher zu kündigen. Ob diese Beschränkungen allerdings die Probleme tatsächlich lösen, muss sich noch zeigen. Vieles spricht dafür, dass sie nur abgemildert, aber nicht gelöst sind. Denn der Widerspruch zwischen langfristigem Charakter von Immobilienvermögen und kurzfristiger Verfügbarkeit von Zertifikaten bleibt im Grundsatz bestehen. Dessen ungeachtet stecken viele Menschen wieder eine Menge Geld in solche Fonds, angelockt von den in Aussicht gestellten Renditen von zwei bis vier Prozent. Der Anleger vergisst offenbar ziemlich schnell.

☞ **Was Sie beachten sollten:**

Immobilienfonds sind keinesfalls ein Ersatz für Spareinlagen und ähnlichem, sondern dienen der mittel- bis langfristigen Anlage. Es handelt sich teilweise auch um komplizierte Produkte, über die in den Anlegerinformationen nicht immer umfassend aufgeklärt wird.

Außerdem wird ab 2018 die Besteuerung der Fondserträge ungünstiger und komplizierter. Der Gesetzgeber hat sich neue Regelungen einfallen lassen, die – wie kaum anders zu erwarten – für den Laien teilweise schwer verständlich sind. Die Fonds müssen erstmalig für ihre Erträge Körperschaftssteuer (15 %) und den Solidaritätsbeitrag abführen, selbst der Bestandsschutz für Altanleger (vor 2009) wurde eingeschränkt. Wer ausländische Immobilienzertifikate besitzt, sollte sich zur Vermeidung einer Doppelbesteuerung genau informieren.

3.7 Fundamentalstrategie "Kapitalmarkt"

Wer die Anlagestrategie „Kapitalmarkt" verfolgt, erwirbt Produkte, die an der *Börse gehandelt* werden. Ihr durchgängiges Merkmal ist, dass über Angebot und Nachfrage jederzeit ein Kurs festgestellt und somit auch die jederzeitige Eintauschbarkeit in liquide Mittel garantiert wird. Damit einher geht jedoch ein Kursrisiko, da

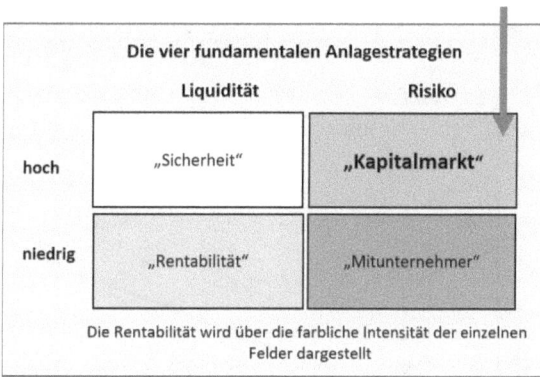

der Preis/Kurs dieser Wertpapiere börsentäglich neu festgestellt wird und natürlich auch sinken kann. Die Kehrseite des Kursrisikos ist die Kurschance. Im langjährigen Durchschnitt übertrifft die Rentabilität der börsengehandelten Objekte die der Strategie „Rentabilität" bei weitem.

Ursprünglich waren Wertpapiere verbriefte Rechte, die ohne eine entsprechende Urkunde nicht geltend gemacht werden konnten. Heute werden Wertpapiere im physischen Sinne nicht mehr oder nur auf ausdrücklichen Wunsch ausgehändigt, man kann also nur noch von Wertpapieren im virtuellen Sinn sprechen. Im folgenden Abschnitt werden nur solche Wertpapiere besprochen, die den strengen Regeln der staatlichen Börsenaufsicht entsprechen. Wertpapiere, die nicht darunterfallen und damit auch nicht der zusätzlichen Kontrolle der Finanzaufsichtsbehörde (Bafin) unterliegen, fallen grundsätzlich in eine höhere Risikokategorie („Grauer Kapitalmarkt"). Die nicht börsengehandelten Papiere werden unter der Fundamentalstrategie „Mitunternehmer" vorgestellt. Beispielsweise gibt es Unternehmensanleihen (corporate bonds), die an der Börse gehandelt werden und solche, bei denen drauf verzichtet wurde. Dieser außerbörsliche Handel, auch Direkthandel oder OTC-Handel genannt, bezeichnet finanzielle Transaktionen zwischen Marktteilnehmern, die nicht über die Börse abgewickelt werden. OTC steht für den englischen Begriff over the counter, was mit *„über den Tresen"*, im bildlichen Sinne also die direkte Aushändigung an den Kunden, übersetzt werden kann.

Wie das folgende Schaubild zeigt, werden am Kapitalmarkt Wertpapiere mit ganz unterschiedlichem Risikoprofil gehandelt. Ihre Chancen-/Risiko Profile sollen im Folgenden dargestellt werden.

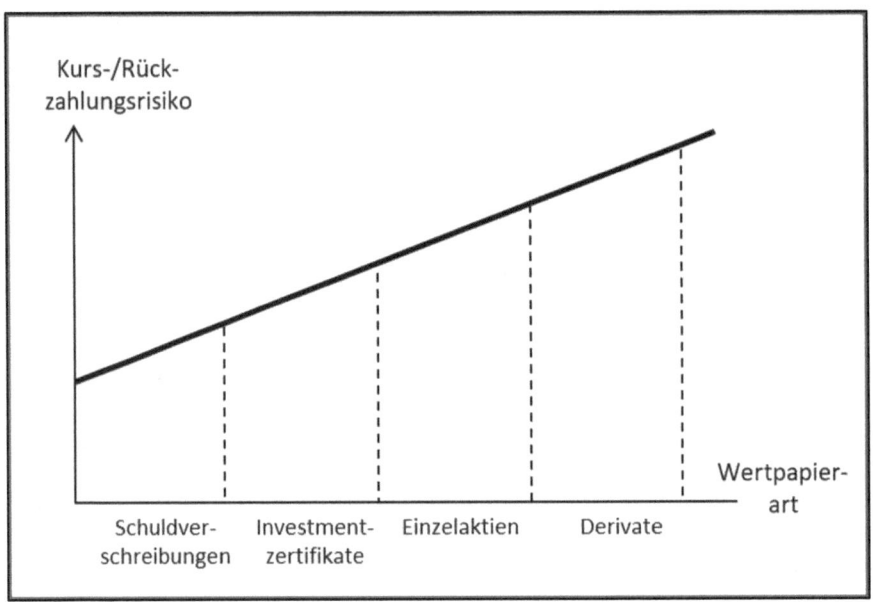

3.7.1 Schuldverschreibungen

Als erste Begegnung mit der Börse und ihren Usancen sowie mit Fragen der Verwahrungsart kommt der Erwerb von Festverzinslichen Wertpapieren (auch Schuldverschreibungen, Anleihen oder Rentenwerte genannt, engl. *bonds*) in Frage. Wer ein solches Wertpapier erwirbt, wird Gläubiger in zweifacher Hinsicht: Zum einen durch den Anspruch auf Rückzahlung zum vereinbarten Nominalwert (normalerweise 100 %), zum anderen auf Zahlung des vereinbarten Nominalzinses. Eine vorzeitige Veräußerung an den Emittenten (Herausgeber) ist nicht vorgesehen, jedoch können diese Papiere über den Börsenhandel (*Sekundärmarkt*) veräußert werden. Voraussetzung ist natürlich, dass sie an der Börse notiert werden. Mit einem solchen Verkauf vor Fälligkeit ist ein Kursrisiko verbunden. Die Rendite setzt sich damit aus der festen Verzinsung (Nominalzins) sowie den Kursdifferenzen zusammen. Ein Kursrisiko hat also nur derjenige Anleger, der das

Papier vorzeitig veräußert. Den Nachteil langfristiger Bank- und Versicherungsprodukte, ihre faktische Unkündbarkeit, haben **Festverzinsliche** nicht, sie haben also kein Liquiditätsrisiko. Außerdem ist das Bonitätsrisiko als Gefahr, dass fällige Zinszahlungen oder die Rückzahlung der aufgenommenen Gelder nicht geleistet werden, relativ gering. Dies gilt zumindest für Anleihen von Staaten mit guter Bonität. Anders ist es bei Anleihen, die von überschuldeten Ländern wie Portugal, Italien, Griechenland und Spanien (*„PIGS"-Staaten*) emittiert worden sind. Sie haben ein Insolvenzrisiko, das bei griechischen Anleihen bereits eingetreten ist (*„Schuldenschnitt"*). Die mangelnde Qualität solcher Papiere führt dazu, dass sie wenig begehrt und damit einen niedrigen Kurs haben. Ein Trost ist, dass sie hoch rentierlich sind, denn wer solche riskanten Wertpapiere kauft, will durch eine hohe Verzinsung (*"Effektivzins"*) entschädigt werden. Auch Anleihen von Industrieunternehmen, die in jüngster Zeit verstärkt angepriesen werden, sind höher verzinslich, haben aber auch ein höheres Kursrisiko. Es gilt also, je höher das Risiko, desto höher die Verzinsung.

Bei Festverzinslichen Wertpapieren besteht nur *während der Laufzeit* ein Kursrisiko. Dies ist der Preis für den Vorteil, dass man sie jederzeit veräußern kann. Falls es sich nicht gerade um Anleihen mit unbegrenzter Laufzeit handelt (*„Ewige Anleihen"*), werden sie zu 100 % getilgt, so dass – zumindest *nominal* – der Anleger sein investiertes Kapital wieder zurückbekommt.

☞ **Was Sie beachten sollten:**

Wer Anleihen erwirbt, um damit Zweck- oder Vorsorgevermögen aufzubauen, kann durch geschickte *Streuung der Laufzeiten* das vorzeitige Einlösungsrisiko minimieren.

Festverzinsliche bieten nicht nur eine Verzinsung, die fast alle Bankprodukte übertrifft, sondern sie lassen sich auch für *spekulative* Zwecke benutzen.

☙ **Beispiel:**

Mitte Februar 2017 notierte die 4,75 % Anleihe 08/40 der Bundesrepublik Deutschland zum Kurs von 177.

Der Zusatz 08/40 bedeutet eine Laufzeit von 2008 bis 2040 („*Langläufer*"). Diese Staatsanleihe scheint auf den ersten Blick eine ausgezeichnete Anlagemöglichkeit zu bieten, da sie jedes Jahr 4,75 % Zinsen abwirft.

Ein Blick in die Spalte Rendite der Börsenzeitung zeigt allerdings, dass sie nur 1,02 % beträgt. Woher kommt diese große Zinsdifferenz? Wer ein solches Rentenpapier erwirbt –– und bis zum Ende der Laufzeit durchhält – macht allerdings zum Zeitpunkt der Rückzahlung (zum Kurs 100 %) einen gewaltigen Verlust, nämlich 77 %. Der Anleger muss diesen **Rückzahlungsverlust**, auch wenn er in ferner Zukunft liegt, in seine Renditeüberlegung einbeziehen, so wie auch jeder, der dieses Papier vor Ablauf der Laufzeit an der Börse erwirbt. Er wird diesen Tilgungsverlust auf die restliche Laufzeit von 23 Jahren verteilen, was einen durchschnittlichen Verlust 3,35 % pro Jahr ergibt. Um eine Vorstellung zu erhalten, in welchem Bereich die Rendite in etwa liegt, muss der jährliche Festzinsertrag von 4,75 % mit diesem Gesamtverlust verrechnet werden. Auf diese Weise bleibt nur noch eine Verzinsung von etwa 1,40 % übrig. Bezieht man diesen Ertrag auf das eingesetzte Kapital von 177, so bleibt, nun allerdings finanzmathematisch exakt berechnet, eine Rendite von rund 1 % übrig.[89]

An Hand dieses Beispiels lässt sich zeigen:

1. Euro ist nicht gleich Euro. Denn ein Euro, den man erst in vielen Jahren erhält, ist heute weniger wert, der sog. *Barwert* ist niedriger. So muss der Rückzahlungsverlust des obigen Beispiels von 77 % auf den heutigen Zeitpunkt abgezinst werden, so dass der Barwert dieses Verlustes heute geringer ist.

2. Die an sich so „harmlosen" Anleihen können auch für *spekulative Zwecke* eingesetzt werden. Vergleicht man den heutigen Kurs der obigen Bundesanleihe mit dem Kurs vor 3 Jahren, so stieg er von 140

---

[89] Die genaue finanzmathematische Berechnung, auf die an dieser Stelle verzichtet wird, ergibt unter Berücksichtigung von sog. Zinsstruktureffekten eine Rendite von 1,02 %. Sie erfolgt analog dem Beispiel der Renditeberechnung eines Finanzgutes in Kapitel II.1.4. Eine „kaufmännische" Berechnung ist bei einer so langen Laufzeit sehr ungenau und muss im Ernstfall auf finanzmathematischer Basis erfolgen. Mit dem Programm Excel kann unter Verwendung der Funktion IKV die interne Verzinsung berechnet werden, die – von ein paar Feinheiten abgesehen – der Anleihen-Rendite entspricht.

auf 177 %. Verkauft man dieses Papier zum aktuellen Kurs, so bedeutet dies einen Kursgewinn von nominal rund 37 %. Also nicht nur bei Aktien, auch im Börsensegment Anleihen gibt es Chancen auf gute Gewinne.

3. Der Rückgang des allgemeinen Zinsniveaus am Kapitalmarkt hat zu einem beträchtlichen Kursanstieg dieser Bundesrepublik-Anleihe aus dem Jahr 2008 geführt. Als die Anleihe auf den Markt gebracht wurde, betrug das Zinsniveau für „Langläufer" (Laufzeit 30 Jahre und mehr) rund 4 %, mittlerweile ist der langfristige Kapitalmarktzins auf etwa 1 % gefallen. Die Zinsen haben also gewaltig an Boden verloren, so dass solche *„Hochzinser"* heiß begehrt sind, was sich die Verkäufer allerdings mit einem hohen Abgabekurs vergüten lassen. Die später emittierten Anleihen waren als Auswirkung der Finanzkrise von 2007/2008 mit sehr viel niedrigeren Zinskupons versehen. Umgekehrt verhält es sich, wenn das Zinsniveau steigt und die neu auf den Markt gebrachten Papiere höher verzinst werden. Die Kurse der alten Anleihen werden dann fallen, denn die Verzinsung ist nicht mehr zeitgemäß. Damit der Verkauf solcher Anleihen weiterhin möglich ist, muss der Kurs fallen, und zwar so tief, dass der Zinsverlust des Käufers ausgeglichen wird. Der Verkäufer dagegen wird einen Kursverlust erleiden, da er am Ende der Laufzeit nur den Nennwert 100 % erhält. Dieser *Zins-Kurs-Mechanismus* ist besonders unter aktuellen Gesichtspunkten wichtig, denn die Zinsen werden in nächster Zeit prinzipiell nur nach oben gehen können.

4. Der Anleihekäufer muss sich deshalb mit einer Kennzahl beschäftigen, die neben Kurs und Zins eine Rolle spielt. Dazu gilt es noch einen Blick auf die (in der Regionalpresse) meist nicht mitveröffentlichte Kennzahl *Duration* werfen.[90] Darunter versteht man die durchschnittliche Kapitalbindungsdauer einer Geldanlage in einem festverzinslichen Wertpapier. Bei einer Änderung des Zinsniveaus sind zwei Effekte für den Anleger bedeutsam: Zum einen ändert sich der Kurs der

---

[90] Exakt ist es die *„Modified Duration"*, also die Kurselastizität des Wertpapiers. Streng genommen gilt diese Kennzahl nur für sehr kleine Zinsänderungen.

Anleihe (*Marktwerteffekt*) und zum andern ändert sich die zu erzielende Verzinsung auf die zwischenzeitlich ausgeschütteten Zinszahlungen (*Wiederanlageeffekt*). Die im Beispiel angeführte Staatsanleihe hat die sehr hohe Duration von 16. Dies bedeutet, dass bei einem Zinsanstieg von einem Prozentpunkt, z.B. von 1 auf 2 %, der Börsenkurs um rund 16 Prozentpunkte fallen wird. Das Kursniveau geht infolgedessen von 177 auf etwa 161 zurück. Wichtig ist, dass bei dieser Anleihe dieser Ausgleichsmechanismus aber nur rund 16 Jahre der restlichen Laufzeit von 23 Jahren funktioniert, und zwar in der Weise, dass sich die Wiederanlagegewinne der fällige Kuponzahlungen und der Kursverlust gerade ausgleichen. Für das praktische Handeln des Anlegers bedeutet dies, dass er möglichst die Anleihen so zu wählen hat, dass ihre jeweilige *Duration mit seinem persönlichen Anlagehorizont identisch* ist, also dem Zeitpunkt, an dem das Geld benötigt wird. Für Zwecke des Vorsorgevermögens bietet sich an, die Anleihen so zu staffeln, dass die einzelnen Fälligkeiten den jeweiligen Durationen entsprechen.

5. Die obige Staatsanleihe hat das Qualitätsmerkmal **AAA** („Triple A"). Das ist die höchste Bonitätsstufe, die von den Rating-Agenturen verliehen wird. Mit jedem weiteren Buchstaben, der auf das A im Alphabet folgt (von B bis D), wird die Qualität schlechter. Griechische Anleihen haben mit D die schlechteste Bonitätsnote, sind stehen auf „*Ramschniveau"*. Das heißt für den Normalanleger: Finger weg.

Anzumerken ist noch, dass besonders hohe Kurspotenziale folgende Papiere bieten:

- **langlaufende** Anleihen (20 Jahre und mehr), im Extremfall die Ewige Anleihe (keine Rückzahlung, nur laufende Verzinsung)

- **niedrig verzinsliche** Anleihen, im Extremfall die sog. Nullkupon-Anleihe. Sie bietet gar keine laufende Verzinsung, sondern nur die Rückzahlung am Ende der Laufzeit.

Kurspotenzial heißt, dass diese Anleihen auf eine Änderung des Marktzinses stark reagieren, die Kursausschläge (nach oben und unten!) damit spekulativ ausgenutzt werden können.

Noch eine Anmerkung zur Verzinsung von Anleihen. Das Zinsniveau einer Volkswirtschaft wird im kurzfristigen Bereich primär durch die Geldpolitik der Zentralbank bestimmt. Wenn sie für das Geld, das sie den Banken kurzfristig leiht, aktuell gar keine Zinsen mehr erhebt, so hat dies Auswirkungen auf alle Banken und alle mittel- und langfristigen Zinssätze. Die Banken stehen immer vor der Situation, dass sie Geld statt von Kunden oder anderen Banken auch bei der Zentralbank kurzfristig aufnehmen können. Dieser EZB-Refinanzierungssatz strahlt deswegen auch auf das längerfristige Zinsniveau aus. Stellvertretend für das längerfristige Zinsniveau steht die sog. **Umlaufrendite,** das ist die Rendite für Bundesanleihen, die sich aus einem Mix verschiedener kurz- und mittelfristiger Rentenwerte zusammensetzt (aktuell Februar 2017 sind es nur 0,12 %).

Da man aktuell selbst für Anleihen der Bundesrepublik mit ihrer erstklassigen Bonität – die sogar noch gestiegen ist, da der Finanzminister für seine Schulden viel Geld eingespart hat – nur geringe Zinsen erhält, wird der Anleger nach anderen Anlagemöglichkeiten Umschau halten. Dazu bieten sich Anleihen mit höherem Bonitätsrisiko an. Dafür kommen Staatsanleihen südeuropäischer Ländern (Rückzahlungsrisiko!), aber auch Anleihen aus dem Unternehmungssektor in Frage, die aufgrund ihres betriebswirtschaftlichen Risikos eine höhere Verzinsung bieten müssen. Wer sich für solche Papiere interessiert, tut gut daran, ihre wirtschaftliche Situation, aber auch die Ausgabebedingungen zu prüfen. So können erstklassige Unternehmensanleihen, wie von Coca-Cola oder JP Morgan-Bond, interessant sein, da bei ihnen kaum mit einem Firmenzusammenbruch zu rechnen ist. Es ist aber zu beachten, dass alle Zahlungen in US-Dollar erfolgen. Der Erwerber muss neben den üblichen Risiken auch noch das **Währungsrisiko** tragen.

Vor allem die Börse Stuttgart hat sich auf Unternehmen im *Entry Standard* spezialisiert; das sind festverzinsliche Wertpapiere mittelständischer Unternehmen (*bonds*), die sich auf diese Art statt bei Banken direkt beim Anleger Fremdkapital besorgen. Sie hat dafür den *Bondm-Index* eingeführt, der repräsentativ ist für dieses Marktsegment. Ob dieser Bereich für Kleinanleger in Frage kommt, muss bezweifelt werden. Auf jeden Fall sollte er um Schuldverschreibungen von Firmen, deren Branche und wirtschaftliche Lage er nicht kennt, einen großen Bogen machen – trotz verlockend hoher Zinsen.

3.7.2 Renten-Indexfonds

Wer solche Risiken scheut und trotzdem eine einigermaßen interessante Rendite erzielen möchte, kann auch Zertifikate von Rentenfonds oder an einem Renten-Index-Fonds erwerben. Bei beiden Arten von Fonds gehen Anleger weniger Risiko, da sich das Risiko auf viele Wertpapieren verteilt.

☞ **Was Sie beachten sollten**

Börsengehandelte **Rentenindex-Fonds** (ETF, Exchange Traded Funds) sind eine sehr gute Alternative für Anleger, die ihr Geld langfristig und sicher anlegen wollen. Dazu sind die Kauf- und Verkaufsgebühren dieser Indexfonds äußerst günstig. Ein Indexfonds entwickelt sich proportional zum Index, auf den er sich bezieht. Mit dem Kauf eines Renten-ETF können sich Privatanleger die Wertentwicklung einer Auswahl deutscher oder internationaler Staatsanleihen sichern. Im Gegensatz zu aktiv gemanagten Fonds müssen Anleger bei ETF keine Fehlentscheidung eines Fondsmanagers befürchten. ETF sind Sondervermögen der emittierenden Gesellschaft und somit im Fall einer Pleite geschützt.

Renten-Index	Name des Index	Inhalt	Zinsänderungs-risiko (Modified Duration)	Rendite 5 Jahre
Barclays Euro Treasury Bond Index	iShares Core Euro Government Bond	333 Staats-Anleihen	7,7	6,8 % p.a.
Markit iBoxx Euro Sovereigns	db x-tracks iBoxx Sovereigns Eurozone	326 Staats-Anleihen	6,8	6,8 % p.a.
Barclays Euro Aggregate	iShares Euro Aggregate Bond	3.967 Staats- und Unternehmens-anleihen	6,8	6,2 % p.a.

Im Gegensatz zu Aktienindizes sind Rentenindizes (vgl. Tabelle) wie der Barclays Euro Treasury Bond Index und den Index Markit iBoxx Euro Sovereigns Eurozone weit weniger bekannt, nicht zuletzt auch auf Grund ihrer wenig

marketingkonformen Bezeichnungen. Sie enthalten beide über 300 Staats-
analeihen der Euroländer. Ihre Wertentwicklung kann sich sehen lassen,
wie die folgende Tabelle zeigt:

3.7.3 Aktien

Nur 11 % der befragten Bundesbürger halten Aktien als eine geeignete
Form der Vermögensbildung (vgl. Schaubild unter Kap. II.3.3). Im Gegensatz dazu steht die Meinung fast aller Kapitalmarktexperten, dass zum Aufbau von Vorsorgevermögen an Unternehmensbeteiligungen, also Aktien,
insbesondere angesichts der heutigen niedrigen Zinsniveaus, kein Weg vor-
beiführt. Das Problem ist eigentlich nur, in welcher Form, Höhe und zu welchem Zeitpunkt man dies tun sollte.

Die Zahl der Aktionäre und Besitzer von Aktienfonds ist zuletzt stabil geblieben. Im Jahresdurchschnitt 2016 lag sie mit knapp 9 Millionen auf dem-
selben Stand wie im Jahr zuvor. Das sind 14 Prozent der Bevölkerung im
Alter über 14 Jahre. Die Entwicklung hat damit den Kursturbulenzen der
ersten Jahreshälfte 2016 getrotzt. Das Deutsche Aktieninstitut fordert trotzdem, dass die Politik aufgerufen sei, *„durch geeignete Rahmenbedingungen sicherzustellen, dass mehr Menschen die Aktie nutzen - vor allem in der Altersvorsorge".*[91] Denn die Zahl von 3,6 Mio. reinen Aktienbesitzern wie im Jahr 1998
ist nie mehr erreicht worden. Selbst wenn man Aktionäre, Aktienfonds-Be-
sitzer sowie Inhaber gemischter Portfolios aus Aktien und Fonds zusam-
menfasst, konnte selbst der Stand von 9,5 Mio. aus dem Jahr 2012 trotz des
Niedrigzinsniveaus nicht ganz gehalten werden. Seit Zusammenbruch des
„Neuen Marktes", als der DAX um fast 70 % abstürzte (Zeitraum Februar
2000 bis März 2003), haben die deutschen Anleger die Börse in Scharen verlassen und über eine Million ist nicht mehr zurückgekehrt.

Offenbar gibt es kaum irgendwo eine so große Angst vor Kursverlusten wie
in Deutschland, denn in nur wenigen Industriestaaten ist die Aktienquote,
d.h. Anteil der Aktionäre an der Bevölkerung, so niedrig wie bei uns. Wohl
in kaum einem Land dürfte aber auch die Unkenntnis über Maßnahmen so

---

[91] https://www.dai.de/de/das-bieten-wir/studien-und-statistiken/studien.html?d=473

groß wie bei uns sein, wie man auf längere Sicht das – unbestreitbar vorhandene – Kursrisiko, das ja auch eine Kurschance ist, *limitieren* kann. So wird schon kolportiert, dass der Stand des Börsenwissens vergleichbar sei mit dem Sexualwissen in der Mitte des vorigen Jahrhunderts.

Wer Aktien erwirbt, wird Teilhaber (Miteigentümer) an einem Unternehmen. Der Wert der Aktie hängt damit direkt von der wirtschaftlichen Prosperität der Aktiengesellschaft ab. Dies ist der große Unterschied zu Anleihen, die dem Erwerber nur einen Gläubigerstatus einräumen, also ein bloßes Forderungsrecht. Der Aktionär ist dagegen am Unternehmen unmittelbar beteiligt, wenn auch nur zu einem Bruchteil. Zu den Rechten des Aktionärs gehört, dass er in der jährlichen Hauptversammlung mitbestimmen kann. Hält er mindestens 25 % plus eine Aktie, so übt er bereits einen maßgeblichen Einfluss auf die AG aus, er verfügt über die sog. Sperrminorität. Mit der Stellung als Mitunternehmer ist allerdings auch verbunden, dass der Aktionär im Insolvenzfall in der Regel leer ausgeht, da sämtliche Gläubiger vor ihm aus der Konkursmasse befriedigt werden. Außerdem fällt in Verlustjahren die Dividende aus. Auch ist keine Rückzahlung des investierten Betrages vorgesehen. Wer trotzdem aussteigen will, kann seine Aktien an der Börse verkaufen. Damit ist prinzipiell die jederzeitige Liquidierung der Aktie möglich.

Der Aktionär hat immer zwei Chancen: Da ist zum einen die Aussicht auf Beteiligung am Unternehmenserfolg, d.h. am Gewinn, die in Form eines Gewinnanteils, der Dividende, an die Aktionäre ausgeschüttet wird. Zum anderen sind es mögliche Kursgewinne, die von der volkswirtschaftlichen Lage und Stimmung an der Börse bestimmt werden. Die Kursentwicklung erfolgt nicht völlig losgelöst von der wirtschaftlichen Situation des Unternehmens, jedoch spielen bei der Kursbildung auch andere Faktoren eine Rolle. Diese sind volkswirtschaftlicher Natur, wie die Auswirkungen der Geldpolitik der Zentralbank und der Konjunkturpolitik der Regierung. Das Börsengeschehen regiert aber auch auf andere Ereignisse, vor allem politischer Art, die nur indirekt etwas mit der jeweiligen Aktiengesellschaft zu tun haben, aber trotzdem – zumindest in kurzfristiger Sicht – von hoher Bedeutung für den Kursverlauf sind. Alle Versuche, die Kursentwicklung vorauszubestimmen oder gar im Voraus zu berechnen, sind bisher absolut gescheitert. Selbst Börsenexperten gelingt dies nicht, sie sind nicht einmal in der Lage, auch nur für ein einziges Jahr den Kurstrend vorherzusagen.

Die Dividende kann auch ausfallen, wie jüngst sogar bei Großbanken wie der Deutschen Bank und Commerzbank. Eine Beteiligung der Aktionäre am Verlust des Unternehmens ist allerdings ausgeschlossen. Dagegen stellen die Kursverluste der gehandelten Papiere an der Börse das tägliche Risiko der Aktionäre dar, entweder lediglich auf dem Papier als virtuelle Einbußen („*paper loss*") oder bei einem tatsächlich durchgeführten Verkauf unterhalb des Einstandskurses als realisierte Kursverluste.

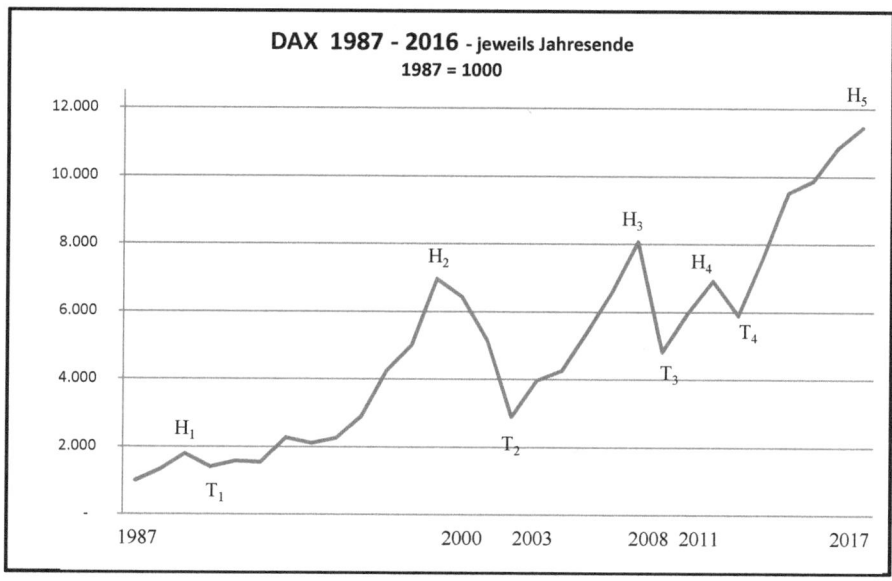

Das Schaubild zeigt den Verlauf des DAX-Performance-Index[92] von seiner Einführung Ende 1987 bis Februar 2017. Die Entwicklung verlief in dieser Zeit in 5 Phasen, die durch jeweils durch einen Hochpunkt (H1…) als Anfang und durch einen Tiefpunkt (T1…) als Ende markiert sind. Die (geometrische) Rendite betrug in diesem Zeitraum **8,9 %** pro Jahr. Eine Analyse

---

[92] Man geht dabei davon aus, dass die Dividenden und Bezugsrechte wieder in den Index reinvestiert werden. Im Unterschied zum reinen Preiss-Index, der diese Erträge nicht berücksichtigt. So wird der Dax-Performanceindex international weit mehr beachtet als der Dax-Kursindex, da er die Wertentwicklung besser wiedergibt.

der einzelnen Hoch- und Tiefpunkte zeigt, dass neben wirtschaftlichen auch rein politische Einflussfaktoren eine Rolle gespielt haben.

Rendite

Der Ertrag einer Aktie setzt sich aus den beiden Elementen Dividende und Kursgewinn bzw. Kursverlust zusammen. Dieses Ergebnis in Euro wird dann zum eingesetzten Kapital ins Verhältnis gesetzt wird, um die Rendite (Verzinsung) pro Jahr zu ermitteln. Vergleichen Sie dazu das folgende Beispiel.

🌺 **Beispiel:** BMW AG-Aktie Kauf 30.06.2015 81,10 € Verkauf 30.06.2015 99,70 € Dividende pro Aktie; Jahr 2016 2,50 €	Ergebnis: Kursgewinn 18,60 € Dividenden 6,12 € Gesamtertrag 24,72 € Anlagezeitraum 2 Jahre, Ertrag pro Jahr damit 24,72 · 0,5 = 12,36 €. Rendite ist Jahresertrag geteilt durch das eingesetzte Kapital, damit 12,36 : 81,1 = 15,3 % p.a.

Zu berücksichtigen sind noch die steuerlichen Auswirkungen eines Aktieninvestments (Vgl. Kapitel II.5.5). Die Dividendenrendite für 2017 wird errechnet, indem die letzte ausgewiesene Dividende von 3,62 € durch den aktuellen Kurs dividiert wird, was 3,63 % ergibt.

Es gibt mehr oder weniger dividendenträchtige Aktien. Im Jahr 2016 schütteten allein die 30 DAX-Unternehmen 45 Mrd. Euro an Dividenden aus. So gibt es die Anlagemethode, nur solche Aktien auszuwählen, die hohe Dividenden ausschütten. Diese **Dividendenstrategie** ist gerade in Zeiten niedriger Zinsen attraktiv. Eine hohe Dividendenrendite gab es in der Vergangenheit bei der DAX-Aktie Münchener Rück(versicherung), die zuletzt 8,25

Euro pro Aktie ausgeschüttet. Bezogen auf den aktuellen Kurs von 177 Euro ergibt dies eine Dividendenrendite von 4,66 %, also aktuell weit mehr als mit Bankeinlagen zu erzielen ist. Allerdings nützte eine gute Dividendenrendite nicht viel, wenn sie zugleich mit Kurseinbußen verbunden wäre.

Die Aktien der folgenden Firmen (vgl. Tabelle) erzielten teilweise Renditen (Dividende plus Kursgewinne) von 20 % und mehr – und dies pro Jahr. Trotzdem heißt es aufzupassen, die Dividende allein schützt nicht vor (Kurs)Verlusten!

Von den DAX-Firmen ragen mit einer Dividende über 3 % hervor:	• Münchener Rück • Siemens • Adidas • BASF • EON • BMW
Weitere „Dividendenperlen" findet man unter Firmen, die nicht im DAX notieren (im MDAX, SDAX, TecDAX):	• Fielmann AG • Fuchs Petrolub Vz • Axel Springer AG

Eine gute Methode von hohen Dividenden zu profitieren ist, sich in Dividenden-Indexfonds einzukaufen. Eine solche Fondslösung hat den Vorteil, dass sich Anleger nicht selbst um die Zusammenstellung einer sinnvollen Mischung kümmern müssen. In breit aufgestellten Dividendenfonds stecken Aktien aus verschiedenen Ländern und Branchen. Global agierende Dividenden-Indexfonds sind am empfehlenswertesten, so wie etwa die von der Deutschen Bank emittierten db x-trackers Stoxx Gl. Select Dividend 100 oder iShares Stoxx Gl. Select Dividend 100. Jedoch sind nicht alle Dividendenfonds so breit gestreut wie die Genannten; wenn sie sich lediglich auf ein Land beschränken, sollte man vorsichtig sein, so wie etwa die rein deutschen Fonds auf die beiden deutschen Dividendenindizes DivDax und DaxPlus Maximum Dividend.

Risiko

Die Kehrseite der Ertragschance ist das *Risiko*, der wesentlich komplizier-
teren und auch umstritteneren zweiten Komponente eines Aktieninvestments. Umstritten deshalb, weil es verschiedene Interpretationen dieses Begriffs gibt. Der Börsianer versteht darunter lediglich die Abweichung der
Kurse um einen Trend. Der Trend wird mit dem *Mittelwert* gleichgesetzt,
um den die Kurse schwanken. Diese *Schwankungsintensität* wird auch als
Volatilität bezeichnet. Das Kursrisiko ließe sich aber auch ganz anders bestimmen, der Mann auf der Straße versteht darunter eher, dass er eine Aktie
mit Verlust verkaufen muss, also der Verkaufs- unter dem Kaufkurs liegt.
Dies wird als das *downside-risk* oder *pure-ri*sk bezeichnet.

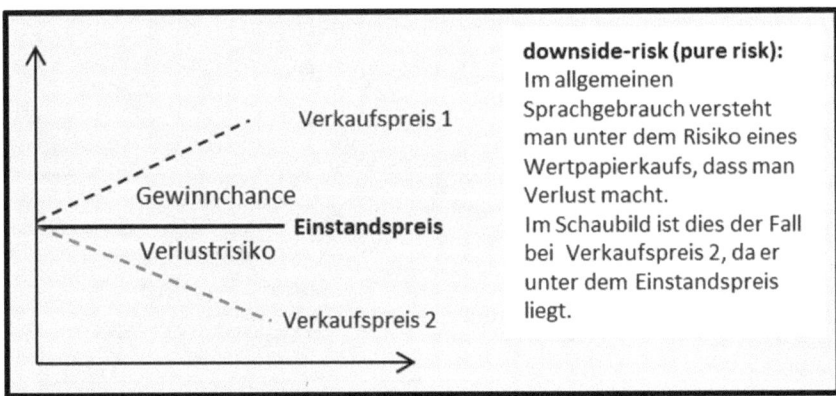

Daneben gibt es noch das *short-fall*-Risiko, womit das Verfehlen einer erwarteten Mindestverzinsung bezeichnet wird.

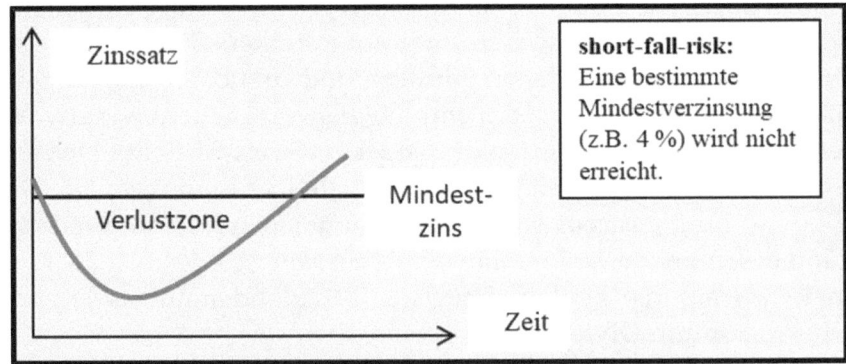

Die folgende Abbildung zeigt den Verlauf des Deutschen Aktien Index (DAX) in den 29 Jahren seit seiner Einführung im Jahr 1987. Die mittlere (arithmetische) Rendite beträgt **11,7 %**, wobei die jährlichen Einzelrenditen um einen Trend schwankten, der als Gerade eingezeichnet ist.[93]

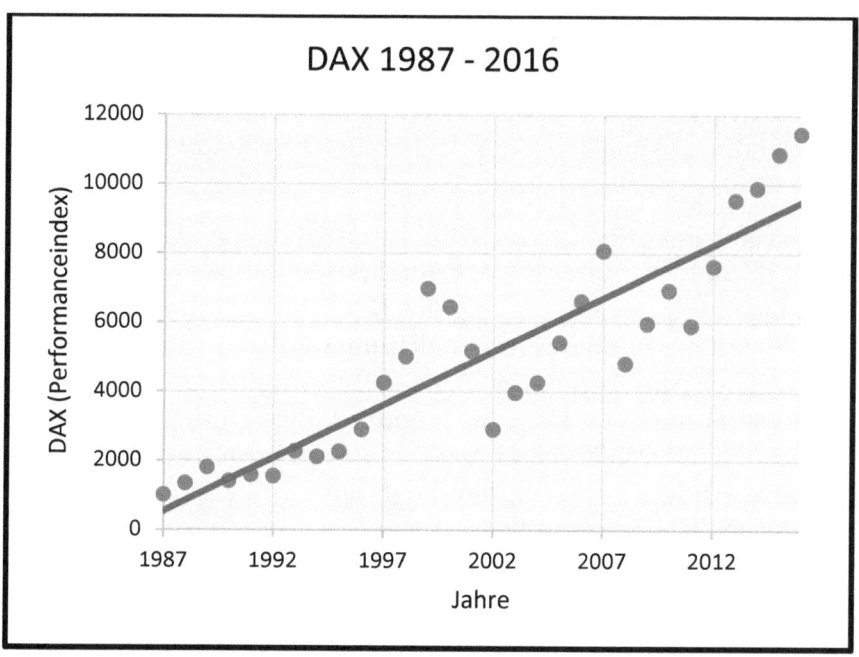

Die Abweichungen von diesem Trend werden statistisch mit der **Standardabweichung** erfasst (die Börsianer bevorzugen den weniger mathematisch klingenden Begriff der **Volatilität**). Dieses Maß steht – und das ist ganz wichtig – ausschließlich für Schwankungen um einen Trend. Diese durchschnittliche jährliche Abweichung betrug während des genannten Zeitraums von 30 Jahren rund 26 %. Dieses speziell Börsen-Risikomaß zeigt, dass im Durchschnitt die Abweichung vom Rendite-Mittelwert zwischen 11,7 % + 26 % und 11,7 – 26 % liegen, also zwischen 37,7 % und – 14,3 %. Man kann mathematisch nachweisen, dass sich die jährlichen Renditen in rund *zwei Drittel* aller Jahre innerhalb dieser Schwankungsbreite bewegten

---

[93] Die bereits erwähnte geometrische, d.h. mathematisch exaktere Rendite, liegt jedoch bei nur knapp 10 %.

– angesichts der doch gewaltigen Spannweite aber nicht unbedingt ein Trost für den Anleger.[94] Nimmt man die Spannweite zwischen dem minimalsten und maximalsten Wert, dann kommt es noch dicker, denn sie betrug beim DAX 91 % (von + 47 bis – 44 %). Wer also Pech hatte und genau diese beiden Jahre (Kauf- bzw. Verkauf) gewählt hatte, musste praktisch einem Totalverlust verzeichnen! Überhaupt – wenn der Anleger oberhalb der Trendgerade gekauft und unterhalb verkauft hat, machte er immer Verluste, Volatilität hin oder her. Volatilitäten, die mehr als das Doppelte der mittleren Rendite ausmachen, bergen also ein nicht zu unterschätzendes Risiko.

Was ist aber mit dem restlichen Drittel der Risikozone, die also in der einfachen Standardabweichung (zwei Drittel der Fälle) gar nicht erfasst sind? Immerhin lagen seit der Einführung des DAX die Renditen in 9 Jahren außerhalb der einfachen Standardabweichung. Dafür halten die Statistiker noch ein weiteres Maß bereit, um Börsianern ihre Risikoscheu zu nehmen. Sie berechnen nämlich die *zweifache* Standardabweichung, und die gibt an, in welchem Bereich sich rund 95 % aller Jahresrenditen bewegen. Der entsprechende Wert der DAX-Renditen liegt dann im Bereich von – 40 % und + 64 %. Und welche Überraschung, zwei Jahresrenditen lagen tatsächlich sogar noch außerhalb dieser Schwankungsbreite! Es waren die beiden Supercrash-Jahre von 2002 und 2008! Zur Ehrenrettung des Jahres 2002 mit seiner Krise des „Neuen Marktes" muss man aber sagen, dass die damalige Jahresrendite mit – 40 % direkt am Rand der 95 %-Grenze bzw. der doppelten 2 Standardabweichung lag.

Gesamtmarktrisiko

Ordnet man alle möglichen DAX 10-Jahres-Renditen für die Jahre 1959/69 bis 2006/2017 mit seinen insgesamt 47 Dekaden (10-Jahreszeiträume), so ergibt sich folgendes Bild (vgl. nachfolgende Tabelle):

---

[94] Tatsächlich liegen 69 % aller Jahresrenditen 1987 bis 2016 innerhalb der einfachen Standardabweichung.

Am häufigsten lag die Rendite zwischen 5 und 10 %, insgesamt in 17 Dekaden. Fast gleich häufig kamen Renditen vor im darunterliegenden Intervall (0 bis 5 %), und zwar in 11 Dekaden), sowie im darüberliegenden Intervall (10 bis 15 %) in insgesamt 10 Dekaden. Renditen unter – 5 % traten überhaupt nie auf, ebenso wenig solche über + 20 % (vgl. Schaubild).

Rendite-Intervall	Anzahl
unter - 5 %	0
unter 0 %	7
unter 5 %	11
unter 10 %	17
unter 15 %	10
unter 20 %	2
über 20 %	0

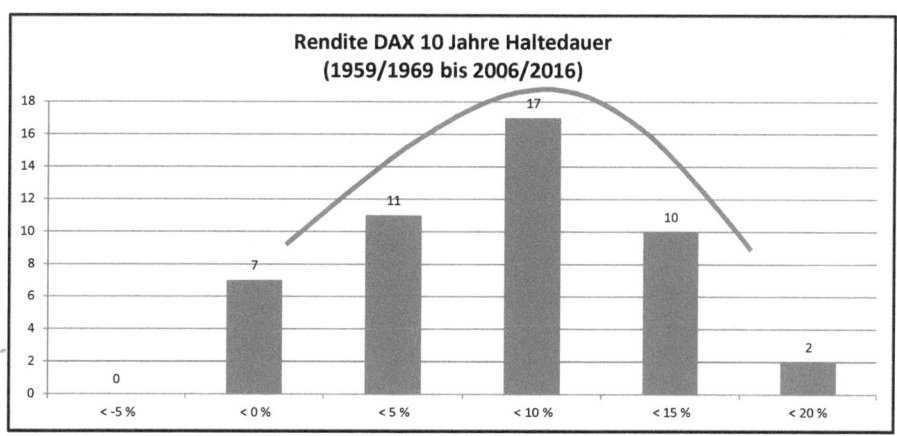

Mit ein wenig Phantasie lässt sich über die einzelnen Balken bzw. 10 Jahres-Zeiträume eine *glockenförmige* Kurve legen, die den Hochpunkt zwischen den 5 bis 10 % Renditen aufweist. Hätte also ein Anleger sein Portfolio entsprechend dem jeweiligen DAX zusammengestellt, so wäre er nur in 7 von 47 oder in knapp 15 % aller Dekaden im Minus gelandet. Anders ausgedrückt, in **6 von 7 Fällen (Dekaden)** wäre sein Ergebnis positiv gewesen.

Im Übrigen betrug die durchschnittliche Rendite aller 47 Dekaden („Dekaden Rendite") von 1959 (Beginn der 1. Dekade) bis 2006 (Beginn der letzten Dekade, Ende 2016) **6,4 %.**

📖 **Wissenswertes:**

Wie werde ich Millionär?

Wäre ein Anleger 1959 in das Aktiengeschäft eingestiegen und fiktiv dem DAX-Portfolio entsprechend umgerechnet **30.000 Euro** investiert, so läge sein Endkapital heute bei rund **1 Million Euro**.

Zeitraum	von ... bis	Verlustmonate	Gesamtverlust
1960-09	1961-01	5	-10,0%
1961-06	1961-08	3	-18,0%
1961-12	1962-10	11	-36,1%
1966-03	1966-07	5	-27,3%
1973-04	1973-09	6	-26,4%
1976-02	1976-08	7	-7,3%
1978-10	1979-06	9	-15,2%
1984-05	1984-08	4	-19,3%
1986-05	1986-07	3	-15,2%
1987-09	1988-01	6	-45,8%
1990-08	1990-09	2	-33,2%
1992-06	1992-09	4	-20,1%
1998-07	1998-09	3	-25,5%
2000-03	2000-06	4	-10,1%
2001-05	2001-09	5	-35,0%
2002-04	2002-07	4	-35,6%
2002-12	2003-03	4	-30,0%
2008-01	2008-03	3	-19,7%
2008-06	2009-02	8	**-57,7%**
2011-07	2011-09	3	-27,0%
2014-06	2014-07	2	-5,40%
2015-03	2015-06	3	-8,50%
2015-07	2015-09	2	-14,60%
2015-11	2016-02	3	-16,80%
Dunkle Felder : Verluste mehr als 20 %			

Die nach der Methode des Deutschen-Aktienin-stituts (DAI) berechnete DAX-Performance zeigt die Verlustmonate und der jeweils aufgelaufene Verlust zwischen den Jahren1960 und 2017: [95] Wie man sieht, muss man an der Börse mit zeitwei-ligen Verlusten umgehen können. Wie die Tabelle zeigt, kommt es manch-mal ganz schön dick. Im-mer wieder gab es Pha-sen mit größeren Verlus-ten, wie Ende 1961 mit ei-ner 11-monatigen Durst-strecke. Ein weiterer schwerer Kurseinbruch wurde Ende 1987 ver-zeichnet mit fast einer Halbierung der Kurse in nur 6 Monaten. Die 1990er Jahre sind fast als die „goldenen" zu be-

---

[95] Das DAI rechnet offenbar mit arithmetischen Renditen.

zeichnen, nach der deutschen Wiedervereinigung sahen auch die Börsianer optimistisch in die Zukunft. Die Krise am „Neuen Markt" führt dann aber ab Mitte 2001 bis Ende des folgenden Jahres zu ganz schmerzhaften Verlusten. Die weltweite Finanzkrise wirkte sich verheerend auf die Börsenkurse aus, die Verluste betrugen in der Summe fast 80 %, der DAX sank von 7.100 auf unter 4.000 Punkte. Anschließend benötigte er 2 ½ Jahre, um im Januar 2011 den ehemaligen Stand wieder zu erreichen.

Jetzt gilt es noch, die Rendite und das Risiko in einen Gesamtzusammenhang zu bringen. Einen Hinweis können wir dem Rendite-Dreieck entnehmen, das vom Deutschen Aktieninstitut (DAI) veröffentlicht wird. Wir haben in der obigen Berechnung mehr oder weniger willkürlich 10-jährige Laufzeiten von DAX-Portfolios unterstellt. Da sah es ganz gut aus, denn Minusrenditen traten sehr selten auf. Wie sieht es aber damit aus, wenn die Anlagezeiten verringert oder verlängert werden? Es dürfte wohl vermutet werden, dass eine Verkürzung der Anlagezeit, wenn also dem Investor wenig Zeit verbleibt, um die meist unvermeidlichen Verlustzeiten auszuhalten, das Risiko steigen lässt. Umgekehrt, bei längerer Anlagezeit, dürfte das Schwankungsrisiko zurückgehen, da nun viel Zeit bleibt, um Verlust- durch Gewinnphasen wieder auszugleichen.

Anlagehorizont Jahre	Anzahl Zeiträume	Verlustphasen absolut	Verlustphasen %	Max. Gewinn in %	Max. Verlust in %
1	50	13	26	84	44
2	49	14	29	44	33
3	48	15	31	44	25
4	47	6	13	37	13
5	46	9	20	30	9
10	41	2	5	17	2
15	36	0	0	15	0
20	31	0	0	15	0
25	26	0	0	14	0
30	21	0	0	11	0

Untersucht man die DAX-Portfolios mit einjähriger Haltedauer, so gab es in 13 von 50 Jahren einen Verlust, der in der Spitze 44 % ausmachte. Aus der Tabelle geht weiter hervor, dass je länger die Anlagedauer ist, desto geringer die Verlustphasen werden. Schon ab einer Haltefrist von 4 Jahren sinken die Verlustphasen deutlich, und auch die maximalen Verluste gehen auf 13 % zurück. Ab 10-jährigen Anlagefristen reduzieren sich die Verlustphasen weiter auf 2 Dekaden, auch der maximale Verlust geht auf nur noch 2 % zurück. Aus dieser Untersuchung, die den Zeitraum von 1967 bis 2016 umfasst, geht weiter hervor, dass es ab einer Haltedauer des DAX-Portfolios von **12 Jahren** überhaupt keine Verlustphasen mehr gab.

Die Tabelle zeigt weiter, dass die maximalen Gewinn- und Verlustausschläge mit der Länge der Haltedauer zurückgehen. Die Schwankungsbreite bei 1-jährigen Depots war enorm hoch, umfasste sie doch den Bereich von +84 % bis zu -44 %. Verlängerte man die Haltedauer des DAX-Depots, so reduzierte sich die Schwankungsbreite beträchtlich, bei 10 Jahren umfasste sie nur noch den Bereich von +18 % bis -2 %. Mit der erfreulichen Verminderung des Verlustrisikos bei Erhöhung der Anlagedauer ging – dies die weniger gute Botschaft der obigen Statistik – leider aber auch die maximal erzielte Performance[96] zurück. Immerhin ließ sich der maximal erzielbare Gewinn im Bereich von 14 bis 17 % stabilisieren. Aus der Perspektive des Maximalgewinns war es nicht notwendig, das Depot länger als ca. 10 bis 15 Jahren zu halten

Dies ist allerdings nur die erste Botschaft, die diese Tabelle vermittelt. Es interessieren letztlich nicht so sehr die maximalen Gewinne und Verluste, sondern ihre **Durchschnitte**. Zu vermuten ist, dass der zu suchende Mittelwert irgendwo zwischen dem Maximalgewinn und Maximalverlust lag. Die grobste Annäherung wäre, die bloße Mitte zwischen den Maximalpunkten zu berechnen. Da die Verteilung der einzelnenn Gewinn- und Verlustsituationen jedoch sehr unterschiedlich sein kann, muss eine genauere Berechnung erfolgen. Aus der folgenden Tabelle gehen die Mittelwerte hervor, also die durchschnittliche Rendite. Da es sich beim DAX um einen sog. „Performanceindex" handelt, sind die Dividendenausschüttungen in den

---

[96] Performance ist Teil des „Börsenchinesisch", der Begriff meint einfach Rendite oder Kursgewinn. Je nach Betrachtung ist dies nur der Kursgewinn, oder auch die Gesamtperformance Kursänderung plus Dividende, eventuell noch mit oder ohne Gebühren und Steuern.

Kursen enthalten. Nähme man nur die extremen Werte für Verlust und Gewinn, so würde sich der Mittelwert einstellen bei:

Haltedauer DAX-Portfolio	maximaler Gewinn	maximaler Verlust	geschätzte Mitte	Mathematisch exakt
1 Jahr	84 %	-44 %	20 %	11,3 %
5 Jahre	37 %	-13 %	12 %	8,2 %
10 Jahre	17 %	-2 %	7,5 %	8,3 %
15 Jahre	15 %	0 %	7,5 %	8,5 %

Wie erwähnt, wird am Kapitalmarkt üblicherweise das Risiko als Abweichung vom Mittelwert definiert (**Standardabweichung**) berechnet.[97] Diese Standardabweichung ist so definiert, dass bei Vorliegen eines exakt glockenförmigen Verlaufs (sog. **Normalverteilung**) rund *zwei Drittel* aller Kurse um *eine Standardabweichung* von ihrem Mittelwert abweichen. Nimmt man das 1-Jahres-DAX-Portfolio seit 1966, so betrug der Renditemittelwert 11,3 %. Die ermittelte Standardabweichung von 24,6 % besagt, dass ca. 2/3 aller gemessenen Rendite zwischen 11,3 % +24,6 % und 11,3 % –24,6 % liegen.

Prüft man dies anhand der DAI-Daten nach, so bewegen sich tatsächlich die Renditen in diesem Wahrscheinlichkeitsbereich.[98] Dies ist keine schlechte Annäherung an die Normalverteilung, bedenkt man an die außergewöhnlichen Kursstürze der Jahre 2002 und 2008.

---

[97] Sie wird mathematisch ermittelt, indem man die zuerst die quadrierten Abweichungen vom Mittelwert (Varianzen) der einzelnen Messwerte berechnet werden und aus diesem Summenwert wird wieder die Quadratwurzel gezogen.

[98] Genauer: Portfolio 1 Jahr Standardabweichung 69 %, bei 5 Jahren 73 %, bei 10 Jahren 63 % und bei 15 Jahren 66 %.

☞ **Was Sie beachten sollten:**

Dies bedeutet also, dass es in den letzten 50 Jahren nicht einen **12-jährigen Anlagezeitraum** gab, in dem ein DAX-Depot Verlust machte.

Aus Risikosicht waren also

12 Jahre die optimale Anlagedauer.

Die Grafik zeigt die Abhängigkeit von Rendite und Risiko von der Haltefrist im gesamten Zeitraum 1966 bis 2015. Auf kurze Frist lassen sich hohe Renditen erzielen, wobei jedoch auch das Risiko entsprechend hoch ist. Eine längere Haltedauer reduziert wohl die Rendite, aber viel stärker geht das Risiko zurück. Wird die Haltedauer von 1 auf 15 Jahren erhöht, so geht wohl die Rendite um ein Viertel zurück (von 11,3 auf 8,5 %), das Risiko reduziert sich jedoch um fünf Sechstel (von 24,6 auf 3,5 %).

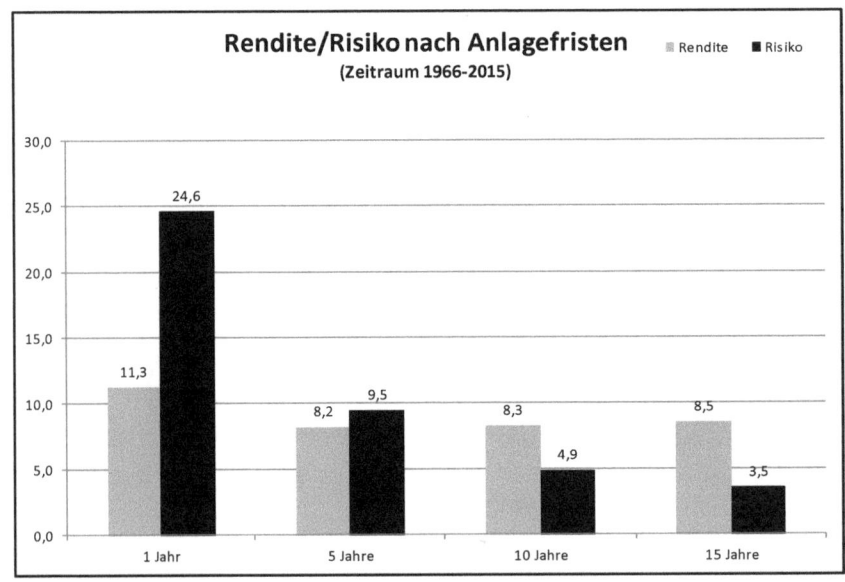

Vergleicht man nun den Kauf von einzelnen mit mehreren Aktien (im Grenzfall der gesamte Markt), so kann man sich unschwer vorstellen, dass dies mit einer beträchtlichen Verminderung des Risikos einhergeht.

Im Schaubild sind Rendite und Risiko von Einzelaktien dem DAX gegen-übergestellt worden. Die Renditen hätte bei 10 verschiedenen Aktien den Durchschnittsertrag des DAX-Portfolios von 26 % übertroffen. Aber die durchschnittliche Rendite aller DAX-Aktien lag nur bei 20 %![99] Zu erwarten war, dass einzelne Aktien den DAX-Durchschnitt übertreffen. Spitzenreiter im untersuchten Zeitraum waren mit über 50 % Performance Thyssen-Krupp (56 %), gefolgt von adidas (55 %) und Infineon (51 %). Zwei weitere Aktiengesellschaften brachten es immerhin noch auf mehr als 40 %, so die Deutsche Post mit 49 % und Siemens mit 43 %. Der DAX-Durchschnitt von 26 % lässt erwarten, dass es aber auch Aktien gab, die darunterlagen. Im-merhin noch im positiven Bereich lagen weitere 11 Aktien, während es in drei Fällen Kursverluste gab, und zwar bei Commerzbank (-2 %), Pro sieben (-16 %) und dem Schlusslicht EON (-19 %). Die Schwankungsbreite war also immens und reichte von -19 % bis +56 %.

Der Leser könnte vielleicht vermuten, dass in der folgenden Tabelle bei der Berechnung des Risikos ein Fehler aufgetreten sein muss. Dass ein Teil der Einzelrenditen über der DAX-Rendite lag (in 10 Fällen) und die restlichen darunter, ist ohne weiteres nachvollziehbar. Aber es ist nur schwer vorstell-bar, dass in 28 von 30 Fällen die Volatilitäten der Einzelaktien über der Durchschnitts- bzw. DAX-Volatilität lag.

1-Jahr Haltedauer (23.02.2016 - 23.02.2017)	Rendite	Risiko (Volatilität)
DAX	26 %	18 %
Höhere Rendite als DAX	10 Aktien	
Höhere Volatilität als DAX		28 Aktien

---

[99] Dies ist die arithmetische Durchschnittsrendite; noch genauer wäre sie zu ermitteln, indem die ein-zelnen Renditen mit ihrem Anteil am DAX gewichtet würden, was jedoch die getroffene grund-sätzliche Aussage nicht beeinflusst.

Wenn die obige Berechnung trotzdem richtig sein sollte, dann kann die durchschnittlichen Volatilität nicht durch die Division der Summe der Einzelvolatilitäten der 30 DAX-Aktien errechnet werden. Es fällt bei Betrachtung der einzelnen Volatilitäten auf, dass es insbesondere die „Sorgenkinder" der Deutschen Börse waren, die extrem hohe Volatilitäten hatten, wie Deutsche Bank (Spitzenreiter mit 46 %), Commerzbank und RWE (39 %), Thyssenkrupp (38 %), EON (36 %) Lufthansa (34 %). Es muss also einen „Mechanismus" geben, der die DAX-Volatilität auf die oben angegeben 18 % herunterregelt. Dies zu verstehen ist einer der zentralen Schlüssel, um die Vorgänge an der Börse zu begreifen, um Wertpapierfonds zu verstehen – kurz zu allem, was mit dem Begriff *Moderne Kapitalmarkttheorie"* umschrieben wird.

📖 **Wissenswertes:**

Wer sich mit dem Gedanken trägt, Einzelaktien zu kaufen, sollte zumindest zwei Kennzahlen kennen:

- Den Wert, der Auskunft darüber gibt, wie „preisgünstig" eine Aktie zu haben ist – das Kurs-Gewinn-Verhältnis (**KGV**).[100]
- Die Messzahl, die angibt wie das Einzelrisiko im Verhältnis zum Gesamtaktienmarkt ist, das sog. **Beta.**

KGV: Diese Kennzahl lässt sich so interpretieren als die Anzahl der Jahre, die man benötigt, um den Kauf einer Aktie mit dem Jahresgewinn (nicht die Dividende!) finanzieren zu können. Dabei wird unterstellt, dass es sich um konstante Gewinne, die vollständig ausgeschüttet werden. Erzielt die A-AG umgerechnet auf eine Aktie einen Jahresgewinn von 10 Euro bei einem aktuellen Börsenkurs von 150, so ist das $KGV_A = 150{:}10 = 15$. Erzielt die B-AG ebenfalls 10 Euro / Aktie, ihr Kurs ist dagegen 200, so ist das $KGV_B = 200{:}10 = 20$. Daraus ließe sich folgern, dass die A-Aktie unterbewertet ist, was einer Kaufempfehlung gleichkommt.

Leider ist die Praxis nicht so simpel, denn zum einen handelt es sich beim Gewinn um eine stark durch Bilanztechnik „frisierte" Größe, zum anderen kommt es auf den zukünftigen Jahresgewinn an, denn nur die Zukunft wird

---

[100] Wird oft auch PER abgekürzt, was für Price-Earning-Ration steht.

an der Börse gehandelt. Allerdings lässt sich der Zukunftsgewinn durch die unterjährige Berichterstattung der Aktiengesellschaften in etwa auf das Jahr hochrechnen. Der Börsianer muss sich deswegen mit dem zukünftigen KGV beschäftigen, das von Börsenanalysten geschätzt wird. Grundsätzlich werden Gesellschaften, die in Zukunftsbranchen investieren, höher eingestuft, was sich in ihrem Börsenkurs und damit auch in einem höheren KGV widerspiegelt.[101]

Wichtiger für den Einstieg an der Börse, sei es in Form von Einzelaktien aber auch von Aktien-Zertifikaten, ist das **DAX-KGV**. Hierbei werden sämtliche Jahresgewinne der DAX-Gesellschaften zum Index ins Verhältnis gesetzt. Daraus lassen sich Hinweise auf das rechte „*timing*" gewinnen. So zeigte sich das hohe Gesamtrisiko am Markt in den Krisenjahren 2000/2001 u.a. dadurch, dass das DAX-KGV bei rund 30 angesiedelt war, was im Verhältnis zum 30-jährigen Durchschnitt von rund 19 darauf hindeutete, dass der Gesamtmarkt „übergekauft" war. Andererseits ließ sich aus diesem Gesamtmarkt-KGV kein Warnhinweis auf die Finanzkrise von 2007 ableiten, denn damals stand das KGV bei nur 10! Aktuell liegt das DAX-KGV (August 2017) trotz des seit Monaten anhaltenden Höhenfluges nur bei ca. 13, woraus Börsenanalysten ableiten, dass man bei den 30 „bluechips" des DAX noch längst nicht von einer Überbewertung sprechen könne.

Beta: Dies ist eine weitere Kennzahl, die Hinweise auf das Börsenrisiko zu geben vermag. So zeigt das Beta des Börsenindizes SDAX („Small DAX) für kleinere und mittlere Aktiengesellschaften den Wert 1,08. Dies bedeutet, dass bei einem Anstieg des DAX der SDAX um 8 % stärker reagiert. Daraus lässt sich ableiten, dass der Markt sensitiver ist, was sich mit der geringeren Marktbreite der im Smal-DAX enthaltenen Aktiengesellschaften erklären lässt. Allgemein misst das Beta die Sensitivität eines Papiers bezüglich Kursänderungen des gesamten Marktes. Diese Kennzahl ist ein (vermeint-

---

[101] Da Unternehmen, die aktuell keinen Gewinn erzielen, trotzdem mit einen Kurs notieren, wird noch eine andere Kennzahl herangezogen, das Kurs-Cash-Flow-Verhältnis (**KCV**). Dies ist das Verhältnis des Kurses zu den erwartenden Mittelzuflüssen, wobei die Abschreibungen des Unternehmens zum jeweiligen Gewinn addiert werden. Abschreibungen mindern den Gewinn, es fließt jedoch kein Geld aus dem Unternehmen ab. Dies ist insofern auch gerechtfertigt, da Bilanzpolitik vor allem über die Abschreibungen betrieben wird.

lich) objektiver Risikomaßstab. Ein negatives Beta beschreibt eine gegenläufige Kursentwicklung einer Aktie zur Marktentwicklung. Reagiert eine Aktie im gleichen Maß wie der Markt (verkörpert durch den Index), so ist Beta gleich 1. Daraus lässt sich die „Empfehlung" ableiten, wer das schnelle Geld an der Börse machen will, möglichst Aktien mit einem Beta größer 1 zu kaufen, denn die Kursänderung der Aktie ist im Durchschnitt höher als die des Marktes ist.

Dazu Beispiele aus der Schweiz (Beta auf ein Jahr bzw. 250 Börsentage berechnet):

| UBS 1,6 | Roche 1,09 | ABB 0,84 | Nestle 0,75 |

4.4.4 Optimale Depotmischung

Dass am Kapitalmarkt der eherne Grundsatz gilt,

höhere Renditen ➜ höhere Risiken

ist für die meisten Anleger kein Geheimnis mehr. Richtig ist auch, jedem Finanzangebot, dass vorgibt, dieses Grundprinzip aus den Angeln zu heben, mit äußerster Vorsicht zu begegnen.

📖 **Wissenswertes:**

Eine wesentliche Ausnahme von diesem Fundamentalprinzip gibt es jedoch!

Der US-amerikanische Wirtschaftswissenschaftler Harry Markowitz hat diese Ausnahme theoretisch begründet hat, was ihm u.a. den Nobelpreis Wirtschaft eingebracht hat. Seine Erkenntnis: Durch geschickte **Mischung** verschiedener Wertpapiere – oder ganz allgemein: verschiedener Vermögensarten – kann man sowohl die *Rendite erhöhen* als auch *gleichzeitig das Risiko senken.*

Dass man durch eine geschickte Depotzusammenstellung höhere Renditen erzielen, ist noch einigermaßen verständlich.

✋ **Beispiel:**

Die beiden Aktien A und B haben eine Rendite von 5 und 15 % und ihre Standardabweichung beträgt 15 bzw. 30 % (vgl. nachfolgende Tabelle). Nehmen wir an, das Depot eines Aktionärs besteht nur aus A-Aktien. Im Verhältnis zur B-Aktie ist sie weniger rentabel, ihre Volatilität (Streuung) als Maß für das Risiko ist dafür auch niedriger. Nun nimmt man an, der Aktionär nehme in sein Wertpapierdepot auch B-Aktien auf, und zwar so, dass es je zur Hälfte aus beiden Aktien besteht. Die gesamte Rendite erhöht sich dann auf 10 %, dem Mittelwert aus beiden Einzelrenditen.

Einzel-Renditen:	Rendite (%)	Standardabw. (%)
Aktie A	5,0	15,0
Aktie B	15,0	30,0
Portfolio-Rendite	bei je 50 % Aktie A und B:	
Aktie A	2,5	7,5
Aktie B	7,5	15,0
Portfolio	**10,0**	22,5 ?

Mit Hinzunahme der B-Aktie erwirbt er aber auch ein zusätzliches Risiko, da sie nicht nur eine höhere Rendite, sondern auch ein höheres Risiko hat. Auf den ersten Blick könnte man annehmen, dass dann auch das Risiko aus dem Mittelwert der Streuungen beider Aktien besteht, und damit bei 22,5 % liegt. Die Begründer der Portfoliotheorie konnten nachweisen, dass das Risiko des Gesamtportfolios in den allermeisten Fällen aber geringer ist! Der Grund für diese überraschende Erkenntnis liegt darin, dass sich die Kursverläufe der beiden Aktien nicht vollkommen entsprechen, sondern eine gewisse gegenseitige Abhängigkeit, eine sog. *Kovarianz* oder *Gleichlauf*, aufweisen. Ganz ideal wäre es, wenn sich die Kursschwankungen gegenseitig vollkommen aufheben würden – die Korrelation wäre dann -1,0.[102] In diesem Fall würde eine Steigerung des A-Kurses um 1 % von einem Rückgang des B-Kurses um ebenfalls 1% kompensiert werden. Wenn beide Aktien auf dem gleichen Markt gehandelt werden, z.B. beide im DAX enthalten sind, dann ist dies allerdings wenig wahrscheinlich.

---

[102] Definitionsgemäß bewegt sich die Korrelation zwischen 1,0 (totaler Gleichlauf) und -1,0 (totale Gegenläufigkeit).

Der Grund dafür, dass Aktien immer zwei Risiken aufweisen:

1. das Marktrisiko (systematische Risiko)

2. das Unternehmensrisiko (unsystematisches Risiko)

Dies bedeutet, dass alle Wertpapiere ein **gemeinsames Kursrisiko** aufweisen, das beeinflusst wird von Veränderungen allgemeiner Marktfaktoren wie der konjunkturellen Lage, der Geldpolitik, aber auch von politischen Einflussfaktoren. Dies ist das Marktrisiko oder systematische Risiko, das nichts mit der Situation der einzelnen Unternehmung zu tun hat. Darin kommt zum Ausdruck, dass an der Börse neben unternehmensbezogenen auch allgemeine Faktoren wirksam werden. Neben den geldpolitischen Entscheidungen der Zentralbanken sind es politische Ereignisse wie Wahlen und Kriege, aber auch Naturkatastrophen und terroristische Bedrohungen, die sich auf die Börsenkurse auswirken.

Vergleichen Sie dazu folgenden Börsenbericht vom 12.09.2017:[103]

Nachdem am Vortag der DAX sich um 1,39 % oder 171 Punkte verbesserte, hieß es, dass der Wirbelsturm „Irma" an der Börse vorbeigezogen sei (!). *„Die Entspannung rund um den Wirbelsturm … sowie Nordkorea stützten. Der Hurrikan verlor nicht nur an Kraft, sondern nahm auch geographisch einen günstigen Verlauf."* Des Weiteren wird dann auch noch eine eigentliche ökonomische Begründung geliefert, dass nämlich die Entwicklung des DAX „*von einem nachgebenden Euro*" gestützt worden sei.

Also ein gutes Beispiel dafür, wie sehr das Börsengeschehen von Naturkatastrophen und politischen Ereignissen dominiert wird. Man gewinnt in den letzten Jahren immer mehr den Eindruck, dass firmenspezifische Risiken eine immer kleinere Rolle spielen, außer es handelt sich um besonders negative Unternehmensnachrichten wie Beschäftigungsabbau, Produktionsverlagerungen ins Ausland und natürlich drohende Insolvenzen. Wie sich Negativschlagzeilen in jüngster Zeit ausgewirkt haben, wurde bereits weiter oben an Hand der „Sorgenkinder" der Börse gezeigt, wie Deutsche

---

[103] Badische Zeitung, S.14

Bank (Milliarden-Regressforderungen vor allem in den USA), Commerz-bank (Langzeitauswirkungen der Finanzkrise und Verstaatlichung), RWE (Atomausstieg), Thyssenkrupp (verlustreiches Amerikageschäft), EON (Atomausstieg) sowie Lufthansa (permanente Streiks).

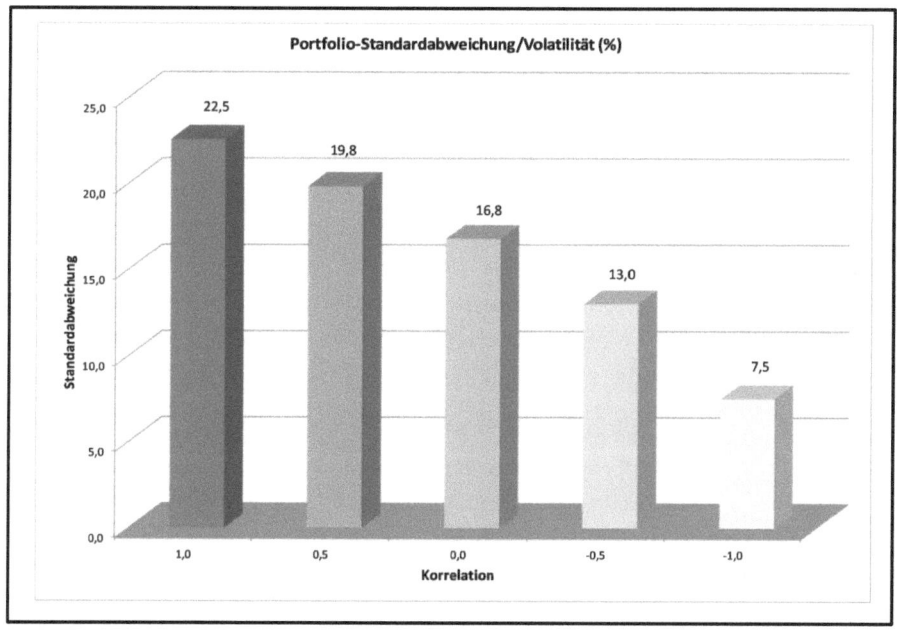

Nun lässt sich zeigen, dass im obigen Beispiel des Depots aus A- und B-Aktien durch geschickte Portfoliozusammensetzung nicht nur die Rendite erhöht, sondern *gleichzeitig auch das Risiko gesenkt* werden kann. Aus der obigen Grafik geht hervor, wie die Streuung auf verschiedene Korrelationen reagiert. Bei strikt gegenläufiger Korrelation (bei einem Wert von -1,0) ließe sich das zusätzlich übernommene Risiko durch die Beimischung der B-Aktie komplett eliminieren, d.h. herunter auf die Volatilität der A-Aktie! In jedem Fall wird bei Vorliegen einer gewissen Korrelation das Depotrisiko (Depot-Volatilität) unter den Durchschnittswert sinken, der im obigen bei 22,5 % lag. Nimmt man eine Korrelation von -0,5 an, also eine leicht gegen-läufige Bewegung der A- und B-Aktie, so ergibt sich ein Portfolio-Risiko von nur noch 13 %, die damit fast um die Hälfte niedriger ist als der Durchschnittswert von 22,5 % (vgl. Schaubild).[104]

Gesucht ist nun die Anlagestrategie, die dem optimalen Portfolio entspricht. Da die Korrelation zwischen den gewählten Aktien vom Markt vorgegeben ist (wenn auch im Zeitablauf schwankend), kann dieses Optimum nur in einer veränderten Zusammensetzung des Portfolios gesucht werden.

🖐 **Beispiel:**

> Das Depot (Portfolio) bestehe aus A-Aktien (z.B. Daimler, Autobranche) und B-Aktien (z.B. Buderus (Heizungsbranche). Zwischen der Kursentwicklung dieser beiden Firmen besteht ein niedriger Gleichlauf. Angenommen, der Korrelationskoeffizient liege bei - 0,25. Bei welchem Mischungsverhältnis ließe sich die Rendite solange steigern, bis das Risiko wieder zunimmt?

Das Ergebnis ist dem nächsten Schaubild zu entnehmen. Ausgehend von einem ausschließlich aus A-Aktien bestehenden Depot entspricht dies dem Punkt A. Dies ist die Ausgangslage des Beispiels als Kombination einer Rendite in Höhe von 5 % und einem Streuungsrisiko von 15 %. Nimmt man nun sukzessive B-Aktien ins Depot, so wandert man auf einer Kurve (Hyperbel) über P1´ zum Punkt O.

Der Punkt O ist also das optimale Mischungsverhältnis zwischen den beiden Aktien. Die Portfoliorendite beträgt 7,58 % bei einem Risiko von 11,86 %. Geht man über diesen Punkt hinaus in Richtung P3, so steigt wohl die Portfoliorendite weiter an, gleichzeitig aber auch das Portfolio-Risiko.

---

[104] Zur Berechnung der Depot-Volatilität ist neben der Standardabweichung als weitere Kennzahl die Kovarianz zu berechnen. Sie ist das Maß für den Gleichlauf der Aktien im Depot. Sie ergibt sich durch Multiplikation der Kursabweichungen der Einzelaktien von ihrem Mittelwert. Das Mittel dieser Abweichungen wird dann durch die Multiplikation der einzelnen Standardabweichungen dividiert: Die beiden Aktien A (Daimler) und B (Buderus) sind gut geeignet dafür, da es sich branchenfremde Werte handelt, die dementsprechend keine hohe Kovarianz aufweisen. Der Korrelationskoeffizient berechnet sich aus der Covarianz der beiden Aktien dividiert durch ihre multiplizierten Standardabweichungen.

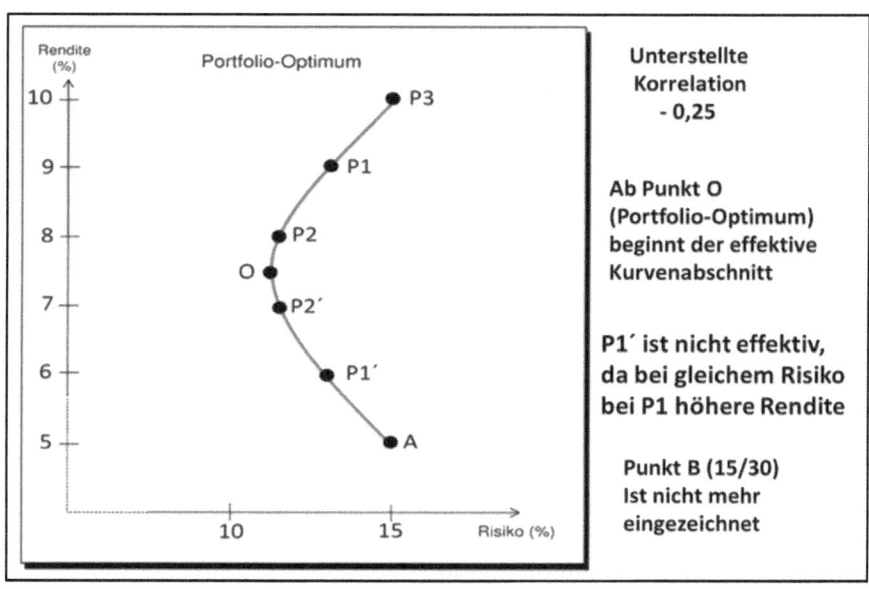

Das Schaubild vermittelt aber noch eine weitere grundlegende Erkenntnis, die für die „Moderne Kapitalmarkttheorie" wie auch ihre praktische Anwendung in Form von Wertpapierfonds steht: Der optimale Mischungsbereich liegt *oberhalb* des Punkts O, alle Portfolios zwischen O und P3, in Prinzip weitergehend bis der in der Grafik nicht eingezeichnete Punkt B erreicht ist. Der Punkt B entspräche einem Portfolio, das nur aus B-Aktien bestände. Nur dieser Kurvenabschnitt ist **effektiv**, wie es die Kapitalmarkttheorie bezeichnet. Denn alle Punkte, die auf dem unteren Ast der Portfoliokurve liegen, sind deshalb nicht effektiv, weil beim gleichen Risiko eine höhere Rendite erzielbar ist. Nimmt man beispielsweise die Punkte P1´ und P2´, so gibt es die alternativen Punkte P1 und P2, die jeweils eine höhere Rendite bei gleichem Risiko ergeben.

Dieses Ergebnis kann man auf die Spitze treiben, indem ein Portfolio (Wertpapierdepot) zusammengestellt wird, das dem Marktindex entspricht, also etwa dem DAX als Maßstab für den deutschen Aktienmarkt.[105] Dann fallen die Einzelrisiken der 30 Aktien weg, nur noch das *systematische Risiko*, also das Marktrisiko, bleibt bestehen. Wer sich damit begnügt und nicht auf eine

---

[105] Streng genommen müsste man sämtliche gehandelten Aktien nehmen, was utopisch ist.

glückliche, sprich mehr oder weniger zufällige, Auswahl von Einzelaktien setzt, muss sich mit der Performance des DAX zufriedengeben, die sich, wie weiter oben gezeigt, durchaus sehen lassen kann. Wie ebenfalls gezeigt wurde, kann eine einzelne Aktie eine höhere Rendite erzielen, es muss dann aber ein höheres Risiko in Kauf genommen werden.

Ein wenig Wasser in diesen „Portfolio-Wein" ist allerdings zu gießen. Die Vernetzung und Globalisierung der heutigen Börsen hat ein solches Ausmaß angenommen, dass man einen immer *stärkeren Gleichlauf* der Aktienkurse beobachten kann. Dies gilt zumindest für die Börsen der wirtschaftsstärksten Länder.[106] Vergleicht man den DAX mit dem US-Börsenindex Dow Jones, so ist die Ähnlichkeit der Kursverläufe frappierend.

Welche Schlussfolgerung kann aus den bisherigen Darlegungen gezogen werden? Sie kann nur lauten, dass für ein Aktieninvestment, insbesondere wenn es um eine langfristige Strategie für den Aufbau von Vorsorgevermögen geht, nur ein Depot in Frage kommt, welches die Einzelrisiken im Sinne des systematischen Risikos eliminiert. Praktisch gibt es drei Wege:

1. **Eigenanlage** in Form eines selbst zusammengestellten gut gemischten Wertpapierdepots (DAX-Strategie
2. **Fremdanlage** in Form von Anteilen an Fonds/Wertpapierportfolios mit bestimmten vorgefertigten Mischverhältnissen (Aktien, Anleihen, Rohstoffe oder Mischfonds) im Sinne einer

   2a. *Aktiven Zertifikatstrategie*, der Erwerb von Anteilen an *aktiv* verwalteten Investmentfonds (*Investmentzertifikate*)

   2b. *Passiven Zertifikatstrategie*, der Erwerb von Anteilen an *passiv* verwalteten Fonds (*Indexzertifikate*, sog. Exchange Traded Funds, ETF)

Die Eigenanlage ist die kostengünstigste, aber auch aufwendigste Lösung. Es fallen die Spesen bei Kauf und Verkauf an, die meist zwischen 0,5 und 1 % liegen. Besonders kostengünstig sind filiallose Banken mit ihrer Online-

---

[106] Eine vertiefende Darlegung der Modernen Portfoliotheorie ist im Rahmen dieser Abhandlung nicht möglich. Vgl. dazu Perridon, Steiner, Rathgeber, Finanzwirtschaft der Unternehmung, 2012, S. 64 ff.

Depotverwaltung. Dazu kommen noch jährliche Gebühren für die Depotverwaltung.

Bei der Fremdanlage legt der Anleger sein Schicksal in die Hände professioneller Kapitalanlage- bzw. Investmentgesellschaften, die sich ihre Arbeit natürlich entlohnen lassen. In der Regel fällt eine einmalige Ausgabeprovision von 5 % an (bei Online-Banken und –Broker weniger), zusätzlich noch eine jährliche Verwaltungsgebühr von ca. 1,5 %. Entschließt man sich zur zweiten Alternative, der passiven Fondslösung, so fallen wesentlich weniger Kosten an, nämlich nur Transaktionskosten (unter 1 %) und relativ geringe Verwaltungsgebühren.

Man könnte nun glauben, dass die Eigenverwaltung eine sehr aufwendige Angelegenheit sei, die außerdem viel Know-how erfordert. Will man das von der Theorie und in dieser Abhandlung empfohlene Marktportfolio realisieren, etwa in Form des DAX, so ist keineswegs erforderlich, sich alle 30 Einzelwerte ins Depot zu legen. Untersuchungen haben gezeigt, dass es keine allzu große Rolle spielt, ob bei der Auswahl gezielt vorgegangen oder die Depotmischung eher dem Zufall überlassen wird. Es reicht schon aus, wenn man 30 Karteikarten mit je einem DAX-Wert beschriftet, sie gut durchmischt und nach dem Zufallsprinzip 10 davonzieht. Es hat sich gezeigt – sehr zum Ärger der professionellen Anlageberatung –, dass schon *acht bis zehn* blind ausgewählte Aktien ausreichen, um das Marktportfolio eines bestimmten Index relativ gut nachzubilden (sog. **naive Depotmischung**). Will man sich allerdings nicht mit deutschen Werten begnügen, dann empfiehlt es sich, in weltweit gehandelte Aktien zu investieren. Dies dürfte jedoch die meisten Anleger überfordern.

Vermögensaufbau mit Aktien

Entgegen der Meinung vieler Menschen und zukünftiger Rentner eignet sich die Aktie für den Aufbau von langfristigem Vorsorgevermögen. Richard Stehle hat im Auftrag des DAI untersucht, welches Endvermögen sich im Untersuchungszeitraum 1967 bis 2016, also über 50 Jahre hinweg, ergab, wenn monatlich 50 Euro für eine spätere Zusatzrente angespart worden wäre, und zwar über eine Anspardauer von 30 Jahren. Eingezahlt hätte der fiktive Rentner damit 30 Jahre lang 50 Euro oder insgesamt 18.000 Euro (vgl. Schaubild)

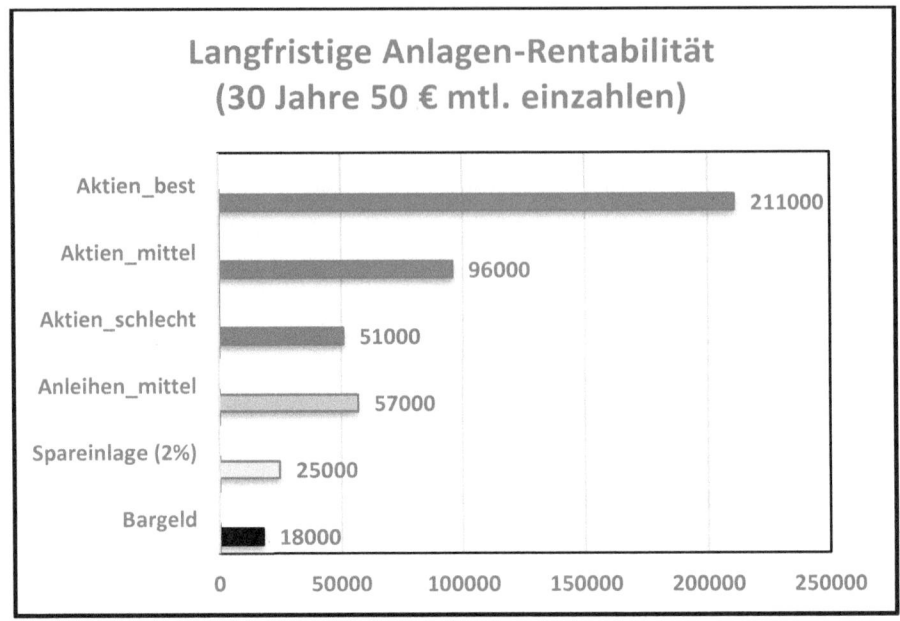

Langfristige Anlagen-Rentabilität (30 Jahre 50 € mtl. einzahlen)

Aktien_best	211000
Aktien_mittel	96000
Aktien_schlecht	51000
Anleihen_mittel	57000
Spareinlage (2%)	25000
Bargeld	18000

▶ Wären die monatlichen Sparraten von 50 Euro in den „Sparstrumpf" gewandert, so blieb es natürlich bei den hinterlegten 360 Monatsraten oder insgesamt 18.000 Euro (*Barhaltungs-Variante*)

▶ Wären die insgesamt angesparten 18.000 Euro zu 2 % angelegt worden, so hätte sich ein Betrag von 25.000 Euro ergeben (*Bankeinlagen-Variante*)

▶ Wären die monatlichen Sparraten zum Durchschnittszins am Kapitalmarkt in Form von Anleihen investiert worden, so hätte der Endwert 57.000 Euro betragen (*Anleihe-Variante*)

▶ Hätte man das Geld jeweils am Monatsende in Aktien angelegt, so kommt es auf den gewählten Zeitraum an

a) Die höchste Rendite war in den 30 Jahren zwischen 1970 und 2000 zu erzielen, Endbetrag 211.000 Euro, was einer „Superrendite" von 13,6 % entsprochen hätte (*Superaktien-Variante*)

b) Bei einer durchschnittlich zu erzielenden Rendite von 9,6 % ergab sich der Endwert 96.000 Euro (*Durchschnittsaktien-Variante*)

c) Hätte man allerdings den schlechtesten 30-jährigen Zeitraum genommen gewählt, so hätte der Endwert nur 51.000 Euro betragen. (*Minimalaktien-Variante*)

Wenn auch bei dieser Berechnung von Inflationsraten, Gebühren und Steuern abgesehen wurde, so dürfte doch die langfristige Überlegenheit eines Aktieninvestments zweifelsfrei daraus hervorgehen, zumindest wenn man nicht das Pech hat, den allerschlechtesten Zeitraum gewählt zu haben, was nur einmal in den 30 Jahren zwischen 1979 und 2007 passierte, also in einem der untersuchten 20 Phasen (erster 30-Jahres Zeitraum 1967-1996, letzter 1987 - 2016).

In der gleichen Studie im Auftrag des Deutschen Aktien Instituts (DAI) wurde auch untersucht, wie sich dies auf die spätere Rente auswirkte, d.h. wenn der Endbetrag in Form einer monatlicher Privatrente ausgezahlt und der verbliebene Kapitalstock über 20 Jahre weiter verzinst würde.

Verzinsungsniveau	Höhe der Zusatzrente
2,0 % (angenommene Bankeinlage-Verzinsung)	125 €
6,2 % (historisch schlechteste Aktien-Rendite)	360 €
7,0 % (historisch mittlere Anleihe-Rendite)	430 €
9,6 % (historische mittlere Aktien-Rendite)	870 €

Dass die Aktie als langfristige Alternative beim Aufbau von Vermögen in Zukunft eine wichtigere Rolle spielen sollte, ist die aus dieser Statistik abgeleitet Forderung des DAI. Dem kann sicher zugestimmt werden, wenngleich dies einhergehen muss mit der bildungspolitischen Forderung verstärkter Förderung wirtschaftlichen Wissens genauso wie mit der Überlegung, ob das Beteiligungssparen insgesamt steuerlich nicht bessergestellt werden sollte. Und bei der, zumindest in historischer Sicht, unbestreitbaren

Überlegenheit der Aktie darf der Aufbau von Altersvermögen eines ganzheitlichen Portfolio-Managements nie auf nur eine Anlageart beschränkt werden.

3.7.4 Investmentzertifikate

Die Idee, mit der Bildung von Portfolios das Risiko eines Wertpapierinvestments zu reduzieren, wurde in den 1970-er Jahren geboren. Es wurden spezielle Kapitalanlage- bzw. Investmentgesellschaften (meist Tochterinstitute von Banken) gegründet, die das Geld ihrer Anleger vollkommen separat als *Sondervermögen* verwalteten. Der Anleger wurde damit Teilhaber an einem Fondsvermögen, an dem er sich durch Kauf eines Zertifikates beteiligte. Diese Fondsgesellschaften bieten heute dem Anleger eine beinahe unüberschaubare Anzahl von Wertpapiermischungen an. Sie veröffentlichen täglich ihren Rücknahmekurs, der in der Regel bis zu 5 % unter dem Ausgabekurs liegt. Es ist nicht unwichtig zu wissen, dass damit von vornherein nur 95 % des eingezahlten Kapitals angelegt werden und der Rest als Verkaufsprovision beim vermittelnden Finanzinstitut verbleibt. Der Käufer eines Investmentzertifikates wird also quasi mit einem Handicap an den Start geschickt, was erhebliche negative Auswirkungen auf die Rendite hat.

Das Risiko solcher Fonds hängt vom Mischungsverhältnis Aktien zu Anleihen ab. Es

- ist relativ hoch, wenn nur Aktien (Aktienfonds), Aktienanteil 100 %

- ist relativ gering, wenn nur Anleihen (Rentenfonds), Aktienanteil 0 %

- liegt dazwischen, wenn Aktien und Anleihen (Mischfonds) im Bestand enthalten sind.

Beim Kauf eines Mischfonds ist zu beachten, wie das Verhältnis der Anteile Aktien zu Anleihen in den Statuten des Fonds festgelegt ist – entweder absolut fix oder in Form eines maximalen Anteils an Aktien. Daraus leitet sich auch die Grundstrategie des Fonds ab, da sie bestimmt, auf welchen Kapitalmärkten gehandelt werden darf. Wer also einen Technologie-Fonds erwirbt, kann nicht damit rechnen, dass Kaufhaus-Aktien beigemischt werden – und laufen Technologie-Aktien auch noch so schlecht.

Die Fondsidee geht natürlich auf das Prinzip der Risikostreuung zurück und hat auch etwas mit der sogenannten **Kapitalmarktlinie** zu tun. Nach Erkenntnissen der Modernen Kapitalmarkttheorie hat der rationale Anleger nur die Wahl zwischen einem sicheren und einem risikobehafteten Teil. Der sichere Teilbetrag entspricht der Rendite für eine risikolose Anlage, je Anlagehorizont Tages-, kurzfristiges Festgeld oder Spareinlage. Der andere, risikobehaftete Teilbetrag, ist in das *Marktportfolio* zu investieren. Die Risikotoleranz des Anlegers wird durch das Mischungsverhältnis dieser beiden Teile bestimmt.

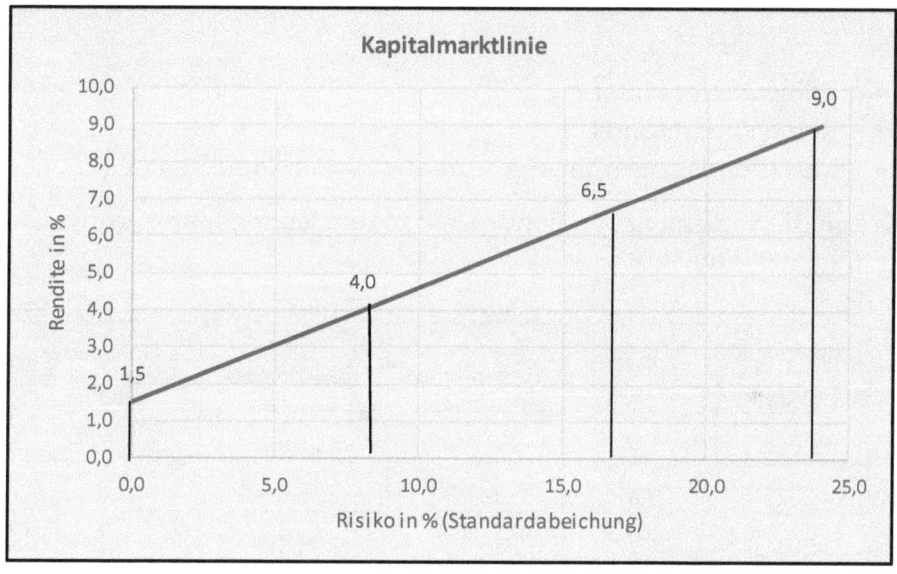

Legt man die Verhältnisse der letzten zehn Jahre zugrunde, so ergibt sich ein risikoloser Zinssatz von ca. 1,5 %, eine Rendite des Marktportfolios (DAX) von 9,0 % und eine Streuung von 23,3 %. Daraus lassen sich verschiedene Szenarien bzw. Grundtypen entwickeln:[107]

---

[107] Vgl. Spremann Klaus, Vermögensverwaltung, 1999, S. 214 ff.

A: *Festzinsdepot*
(0 % Aktien)

B: *Sicherheitsdepot*
(z.B. 1/3 Aktien, Rest risikolose Anlage)

C: *Wachstumsdepot* (z.B. 2/3 Aktien, Rest risikolose Anlage)

D: *Aktiendepot* (100 % Aktien, entsprechend DAX o.ä.).

Fondsauswahl

Der Anleger hat im Wesentlichen die Wahl zwischen drei Arten von sog. Publikums-Fonds:[108]

- Reine Aktienfonds
- Reine Rentenfonds
- Mischfonds, zusammengesetzt aus Aktien- und Renten.

Wie sich die verschiedenen Fondsarten in den letzten Jahren entwickelten, zeigt folgende Tabelle:[109]

(in Mrd. €) pro Jahr	Aktien-fonds	Rentenfonds	Mischfonds	Geldmarkt-fonds
2016	-1,8	-1,4	11,6	-1,2
2015	21,1	6,4	38,8	1,6
2014	- 10,2	16,8	23,4	0,2
2013	- 6,9	8,8	18,3	-1,8

Es geht aus der Tabelle hervor, wie schwankend die Anleger in ihrem Verhalten sind und wie teilweise mit großer Zeitverzögerung auf das Börsengeschehen reagieren. Anders ist es kaum zu erklären, dass in den beiden Jahren 2012 und 2013 über 11 Mrd. Aktienzertifikate zurückgegeben wur-

---

[108] Daneben gibt es noch Spezialfonds, die nicht dem breiten Publikum angeboten werden.
[109] https://www.bvi.de/fileadmin/user_upload/Statistik/ BVI_Investmentstatistik1612_DE.pdf

den, obwohl der DAX in dieser Zeit 29 % bzw. 26 % Wertsteigerung verbuchen konnte. Schon die Seitwärtsbewegung der Kurse im Jahr 2014 genügte, um nochmals weitere Zertifikate im Volumen von 10 Mrd. zurückzugeben. Der Rückgang konnte dann aber wieder wettgemacht werden, denn das Allzeit-Hoch im April 2015 und die Renditesteigerung in diesem Jahr um 10 % brachte die Anleger wieder zurück, wie der Zugang um 21 Mrd. zeigt. Aber schon die geringere Kursperformance im darauffolgenden Jahr führte wieder zum Abzug von Zertifikaten.

> Angesicht der hohen Erwerbskosten solcher Fonds gibt dieses Anlegerverhalten Rätsel auf. Und wenn Anleger spekulieren wollen, dann wäre der direkte Einstieg in Aktien der weitaus kostengünstigere Weg gewesen.

Wer Investmentzertifikate in sein Depot aufnehmen und damit die ganze Verwaltungs- und Überwachungsarbeit in fremde Hände legen möchte, sollte jedoch zwei Punkte beachten:

Hohe Kosten aktiver Fonds

Kaufgebühren fallen als Ausgabenaufschlag auf den Verkaufspreis an, sie liegen meist bei 5 % (Aktienfonds) und 2,5 % (Rentenfonds). Es sind Beratungsgebühren, die allerdings ganz oder zum größten Teil wegfallen, wenn Sie die Anteile von Fondsvermittlern im Internet erwerben. Dazu kommen bei den Filialbanken (Volksbanken, Sparkasse etc.) Transaktionskosten für Kauf und Verkauf, sowie weitere laufende Kosten, die bis zu 2 % jährlich ausmachen können. Sie werden direkt aus dem Fondsvermögen bezahlt. Weiter fallen oft noch Depotgebühren an, die von Bank zu Bank unterschiedlich sind, selbst wenn die Banken von den Fondsgesellschaften bereits eine sogenannte Bestandsprovision erhalten haben. Bei den von der Stiftung Warentest/Finanztest untersuchten Banken gab es erhebliche Unterschiede. Für das gleiche Depot- und Ordervolumen reichte die Spanne von ca. 500 bis 1.000 Euro. Die Gebührenbelastung kann jedoch stark vermindert werden, wenn der Kunde auf eine Online-Auftragserteilung umstellt. Das billigste Institut verlangt dann nur noch um die 100 Euro, das teuerste aber immer noch fast das Siebenfache.[110] Die Initiative der Verbraucherschützer, EU-weit ein Verbot der Bestandsprovisionen, die in den laufenden Kosten enthalten sind (bis 1 %), ist allerdings gescheitert. Aber auch so bröckelt der hohe Ausgabenaufschlag bei lokalen Banken – eine unmittelbare Auswirkung der Konkurrenz durch Online-Fondsvermittler. Dafür scheinen viele Fondsgesellschaften dazu überzugehen, stattdessen die Bestandsprovision zu erhöhen und an die Banken auszuzahlen. Überhaupt stellt sich die Frage, ob die Verkaufsprovisionen rechtens sind, denn sie orientieren sich am Absatz der Zertifikate, also am Interesse Dritter (Fondsgesellschaft) und nicht am Interesse der Anleger.

Zu einem Ärgernis für die Anleger hat sich die jüngste Methode der *erfolgsabhängigen Zusatzgebühr* entpuppt. Die Investmentgesellschaften verteidigen dies damit, dass damit das Fondsmanagement angespornt würde und damit dem Anleger zugutekäme. Das Manager Magazin Online schreibt dazu, dass man „*einen systematischen Renditevorsprung für Fonds mit Erfolgsgebühr*" nicht feststellen könne.[111] Das Magazin ist weiter der Auffassung, dass sich eine solche Erfolgsgebühr nur rechtfertigen ließe, wenn auch eine Beteiligung im Verlustfall vorgesehen wäre, was (natürlich) nicht der Fall ist. Viele Anleger fänden dieses einseitige Vorgehen nicht in Ordnung. Besonders fies sei, dass Verluste aus der Vergangenheit nicht berücksichtigt werden, da zu Beginn eines neuen Geschäftsjahrs die alten Ergebnisse aus der Berechnung gelöscht werden – eine ziemlich raffinierte Methode.

Erfolgsabhängige Gebühren sollten für Anleger ein Grund sein, solche Fonds gar nicht erst zu kaufen. Im Zweifel kosten sie nur Rendite.

Begrenzter Erfolg aktive Fonds

Die Fondsindustrie mit einem verwalteten Vermögen von rund 900 Mrd. hat verständlicherweise kein allzu großes Interesse, genauere Zahlen zur Erfolgswirksamkeit zu veröffentlichen. Legt man als Vergleichsmaßstab

---

[110] Vgl. https://www.test.de/Depot-Viel-sparen-mit-dem-besten-Wertpapierdepot v. 21.05.2013.

[111] www.manager-magazin.de/finanzen/geldanlage/a-678277.html.

den entsprechenden Index zugrunde legt, schneiden nur wenige Fonds besser ab. Bei rein inländischen Aktienfonds müsste man den DAX als Vergleichsmaßstab heranziehen. Unter den rund 3.000 Aktienfonds, die im 5-Jahres-Zeitraum vom November 2008 bis November 2013 untersucht wurden,[112] haben weniger als 1 % der Fonds den DAX übertroffen. Dabei wurden aber die Verwaltungs- und Erfolgsgebühren noch gar nicht berücksichtigt, die den jährlichen Erfolg um weitere 1,5 bis 2 % schmälern.

Dass der BVI (Bundesverband für Kapitalverwaltungsgesellschaften und Fonds) als Lobbyvertreter der Fondsbranche keine Vergleiche publiziert, aus denen der Erfolg der Fonds bezogen auf den maßgeblichen Börsenindex veröffentlicht, ist verständlich. Aber auch die Stiftung Warentest/Finanztest hält sich in den letzten Jahren auffallend zurück. Offensichtlich hat die Stiftung ein Teil ihres Geschäftsmodells auf der Bewertung von Fonds aufgesetzt, deren Ergebnisse kostenpflichtig (für Abonnenten allerdings frei) abgerufen werden müssen. Sie hat dazu ein eigenes Punktesystem kreiert, mit dem sie mittlerweile rund 6.000 Fonds bewertet. Es wird auch das Abschneiden in früheren Verlust- und Gewinnzeiten berücksichtigt, woraus ein spezielles Chancen- und Risikoszenario abgeleitet wird. Dieses System bietet sicher eine gute Orientierung. Über die Wissenschaftlichkeit dieses Bewertungssystems kann man geteilter Meinung sein, es ist auch für den Anleger nicht ohne weiteres nachvollziehbar.

Wie bereits erwähnt, ist das Mischungsverhältnis Aktien zu Festverzinslichen auf Grund der Fondsbedingungen nicht beliebig änderbar. Erlauben sie eine große Bandbreite, so spricht man von *Flexible Multi-Asset-Fonds*, die je nach Marktlage den Aktienanteil hoch- oder runtersetzen können. Allerdings scheinen sie noch nicht bewiesen zu haben, dass sie tatsächlich erfolgreicher sind.

3.7.5 Indexzertifikate

Wer nicht direkt in Aktien investieren, aber auf kostenintensive Aktien-, Renten- oder Mischfonds verzichten möchte, hat eine weitere Alternative. Das ist der Weg, auf das *„outperformen"* des Marktes von vornherein zu

---

[112] www.manager-magazin.de/finanzen/geldanlage/a-678277.html.

verzichten, d.h. sich mit der Marktrendite zu begnügen. Genau dies ist das Ziel der Indexstrategie. Indexzertifikate bilden den jeweils ausgewählten Markt ab. So kopiert ein Indexzertifikat auf den deutschen Leitindex DAX die Wertentwicklung des DAX fast zu 100 %. Die Zertifikate schwanken in gleichem Maße wie der Index, auf den sie sich beziehen.

Werden solche Zertifikate auf einen Index an der Börse gehandelt, werden sie als Exchange Traded Funds (ETF) bezeichnet. Sie bilden nationale Indizes nach wie den DAX, MDAX, SDAX, Nemax 50 oder internationale Indizes wie den Euro Stoxx 50, Dow Jones, Nasdaq 100, Nikkei 225. Die ETF, die sich auf Indices wie den MSCI World oder MSCI Europe beziehen, sind für den langfristig orientierten Anleger besonders geeignet sind, da sie die wichtigsten welt- bzw. europaweit agierenden Firmen in ihre Indices aufgenommen haben.

✋ Beispiel

Angenommen der DAX-Index stehe bei 12.000 Punkten, die Stückelung beträgt 1:100. Für ein DAX-Zertifikat zahlt man 120 Euro (ohne Erwerbskosten).

Steigt der Index auf 13.200 Punkte, also um 10 %, so steigt auch das Zertifikat im gleichen Verhältnis, d.h. also um ebenfalls um 10 % von 120 auf 132 Euro.

Das DAX-Zertifikat bewegt sich weitgehend parallel zum Index. Bei Kauf und Verkauf berechnen die Banken eine Transaktionsgebühr, ähnlich wie bei einer Aktienorder. Es gibt allerdings große Unterschiede: Im Online-Banking fällt oft nur eine pauschale Ordergebühr an (z.B. 5 Euro) oder Kosten im Bereich 0,3 % des Ordervolumens. Banken mit Filialen (im Wesentlichen Sparkassen und Volksbanken) verlangen dagegen deutlich mehr, bis zu 1 %. Dazu kommt der sog. Spread als Differenz zwischen Verkaufs- und Kaufkurs von ca. 0,1 bis 0,2 %. Die Verwaltungsgebühr ist ebenfalls sehr niedrig, sie liegt meist bei etwa 0,3 %. ETF-Sparpläne sind meist gebührenfrei.

Es handelt sich also um eine sehr *kostengünstige* Variante, da die herausgebende Bank keine permanenten Umschichtungen vorzunehmen braucht. Die Fondsgesellschaft kauft nur einmalig die im Index befindlichen Papiere in der entsprechenden Gewichtung und dann nur noch, wenn sich die Zusammensetzung des DAX-Portfolios verändert. Für den Anleger, der sich nicht permanent um sein Portfolio kümmern möchte, ist es empfehlenswert, sich möglichst breit aufzustellen. Wer einen ETF auf den MSCI Europe oder MSCI World erwarb, konnte in den letzten 5 Jahren Renditen von über 10 % jährlich erzielen. Es blieb allerdings nicht aus, dass zwischenzeitliche Verlustperioden auszuhalten waren.

Außerdem gibt es **Rohstoffindizes (ETC** – Exchange Traded Commodities), die an die Wertentwicklung mehrerer Rohstoffpreise gekoppelt sind.

Wie enorm sich die – auf den ersten Blick nicht großen Gebührenunterschiede – langfristig auswirken und deshalb oft vom Anleger nicht genügend beachtet werden, zeigt die Tabelle. Der Kostenunterschied zwischen den beiden Fondsarten ist mit 73 % beträchtlich! Mit einem Indexzertifikat wird bei einer Anlagezeit von 30 Jahren ein um mehr als zwei Drittel höheres Endkapital erzielt.

Neben den laufenden weitaus höheren Verwaltungsgebühren, meist um die 2 % gegenüber 0,15 bis 0,5 % bei ETF, ist es vor allem der erhebliche Startnachteil des Aktienfonds, der sich durch

Beispiel für Bigness- Bias		
Vergleich Aktienfonds mit ETF		
Anlagebetrag	100.000	€
Laufzeit	30	Jahre
Brutto_Rendite	6,00	%
Aktienfonds:		
Verwaltungsgebühr (p.a.)	2,00	%
Ausgabeaufschlag	5,00	%
ETF		
Kaufgebühr	0,20	%
Verkaufsgebühr	0,20	%
Depot-/Verwaltg.gebühren p.a.	0,25	%
Aktienfonds:		
Nettoanlagebetrag	95.000	€
Jährliche Nettorendite	4,00	%
Endwert Aktienfonds:	**308.123**	**€**
ETF		
Nettoanlagebetrag	99.800	€
Jahresrendite abzügl. Verwaltg.Gebühr	5,75	%
Endwert Zertifikate	534.001	€
Verkaufsgebühr	1.068	€
Nettoerlös	**532.933**	**€**
ETF günstiger um	224.810	€
Differenz prozentual	**73,0%**	**%**

die Einstandsgebühr von 5 % ergibt. Dadurch werden von vornherein kalkulatorisch nur 95.000 Euro angelegt. Durch dieses zweifache Handicap liegt die Rentabilität des Aktienfonds weit hinter einem ETF zurück.

📖 **Wissenswertes:**

Auf Grund dieser erheblichen Gebührendifferenz zugunsten der ETF ist es verständlich, dass sie nicht unbedingt zu den Lieblingsprodukten der Banken zählen. Für die Geldinstitute rentiert es sich wesentlich besser, Investmentzertifikate anzubieten und am Ausgabenaufschlag zu verdienen – sie sind eines der *rentabelsten* Finanzprodukte. Im Bereich der Gebühren tobt allerdings ein heftiger Kampf zwischen den Direktbanken auf Grund ihren geringen Transaktionsgebühren und oft kostenloser Depotführung und den etablierten Filialbanken. Es ist lohnend, sich über die Gebühren beim Kauf, insbesondere auch bei Fonds-Sparplänen, zu informieren. Zu achten ist, gerade bei Sparplänen auf Grund ihres niedrigen Ordervolumens, auf die Mindestgebühr.[113]

Ein gewisses Risiko geht der Erwerber solcher Indexzertifikate allerdings ein. Es besteht darin, dass der Emittent dieser Papiere zahlungsunfähig werden kann (Insolvenzrisiko, ist nun selbst bei der Deutschen Bank als ETF-Emittent gegeben!). Denn rechtlich gesehen handelt es sich um **Inhaberschuldverschreibungen**, bei denen der Inhaber im Konkursfall nur die Stellung eines ganz normalen Gläubigers hat. Er steht aber im Vergleich zum Aktienbesitzer immer noch besser da, da dieser als Miteigentümer an allerletzter Stelle befriedigt wird. Nur der Sparer stellt sich besser, da er über den Einlagensicherungsfonds zusätzlich abgesichert ist.

> Wenn die Indexzertifikate allerdings an der **Börse** notiert werden, dann stellen sie **Sondervermögen** dar, das bei Ausfall des Emittenten geschützt ist.

📖 **Wissenswertes:**

Was die Haftungssituation angeht, muss noch ein Punkt berücksichtigt werden. Nicht alle ETFs haben auch tatsächlich alle Indexpapiere in ihrem Bestand. Dies sind Indexfonds, die im Gegensatz zu den physischen

---

[113] Aber auch die Sparkassen bieten über ihren Sparkassenbroker Online-Depots an. ETF-Sparpläne werden von fast allen Banken und ihren Onlinebroker der Deutschen Bank, ebenso ING-Diba und 1822 direkt. Vgl. im Einzelnen http://express.biallo.de/finanzen.

als **synthetische** bezeichnet werden. So ist beispielsweise der iShares Stoxx Europe 600 ein physischer Fonds, die Fondsgesellschaft bildet ihren Bestand tatsächlich den 600 europäischen Aktiengesellschaften nach. Der Trend geht wieder mehr in Richtung physischer ETF. Für den Anleger ist die eigentliche Idee, dass der Fonds auch tatsächlich die Wertpapiere in seinem Bestand erworben hat, beruhigender und überzeugender.

Denn kritisch ist zu hinterfragen, ob es zur Klarheit beim Anleger führt, wenn aus im Prinzip einfach strukturierten Produkten immer kompliziertere Konstrukte werden. Das gilt im Übrigen für den gesamten ETF-Markt, der immer mehr ins Blickfeld der Öffentlichkeit gerückt ist. Die gesteigerte Attraktivität führte in den letzten Jahren zu einer gewissen Unübersichtlichkeit (allein an der Frankfurter Börsen werden 1.100 ETF notiert) und immer exotischere Spielarten, zum Teil sogar eher für Zocker geeignet, versuchen mittlerweile das Interesse der Anleger zu wecken.

3.7.6 ETF-Depotstrategie

Wer verschiedene ETF und ETC mischt, kommt dem Ideal eines ganzheitlichen und langfristigen Vermögenmanagements sehr nahe. Dies bedeutet, ein Depot aus einem Mix aus Aktienfonds, Rentenfonds und eventuell auch Rohstoff-Fonds zusammenzustellen. Dies geschieht aber nicht in Form von Einzelwerten, sondern ausschließlich mit Index-Zertifikaten. Die Risikoneigung drückt sich über den Anteil an Aktien-ETF aus, und hier besonders am Anteil von ETF auf den DAX oder den Europa MSCI. Die Hereinnahme von Rohstoff-ETC (z.B. Gold, Rohöl etc.) erhöht den Diversifikationsgrad.

Prozentualer Depot-Anteil	Depot 1	Depot 2	Depot 3	Depot 4
Aktien-ETF Welt	30	25	20	15
Aktien-ETF Europa	10	15	20	25
Aktien-ETF Deutschland	10	15	20	25
Renten-ETF	50	40	30	20
Rohstoff-ETC	0	5	10	15
	100	100	100	100

Natürlich bleibt es dem Anleger unbenommen, von Zeit zu Zeit die Mischverhältnisse zu ändern, also etwa auf Rohstoffe ganz zu verzichten und dafür den Aktien- oder Anleiheteil zu verstärken.

Mit großem Werbeaufwand versuchen die Banken, dem Anleger ihre sog. „Dachfonds" schmackhaft zu machen. Diese investieren wiederum in Aktien- oder Rentenfonds, diese zusätzliche Streuung soll das Risiko weiter minimieren. Allerdings entstehen auch doppelte Verwaltungskosten. Ob sich dieser Zusatzaufwand für den Anleger lohnt, ist fragwürdig. Sicher dagegen ist, dass viele Dachfonds relativ schlecht abschneiden.

Angeboten werden noch viele weitere spezielle Fondsarten. Ob sie sich lohnen, ist zweifelhaft. Für Anleger, die mit dem an der Börse verbundenen Risiko nicht klarkommen, aber trotzdem irgendwie an den Gewinnen teilhaben wollen, hat man sich eine neue Variante einfallen lassen. So wie auch einzelne Banken Kombiprodukte auflegen, also eine Mischung aus Spar-/Festzinseinlagen mit Wertpapieren, so wird ihnen auch bei den Fonds eine neue Variante schmackhaft gemacht. Es sind sog. **Garantiefonds**, die ebenfalls aus einer Mischung von Festzinspapieren und Aktien bestehen. Die Idee ist, dass mit den Erträgen aus den Festverzinslichen Wertpapieren die Kursverluste bei Aktien ausgeglichen werden. Auf diese Weise soll der Erhalt des eingezahlten Betrages garantiert werden. Wer allerdings vor Ablauf der Garantieperiode die Anteile zurückgibt, hat keinen Anspruch auf die Garantie. Kritiker dieser Fonds bemängeln zum einen die damit verbundenen hohen Kosten, zum anderen, dass viele gar keine 100%ige Garantie bieten. So gibt es nur bei 20 von insgesamt 31 untersuchten Garantiefonds eine echte Kapitalerhaltungsgarantie, wie Finanztest ermittelte. Es ergaben sich sogar Kursverluste bis zu 27 % in drei Jahren.[114] Im Prinzip kann jeder Anleger selbst solche Fonds zusammenstellen, da sie oft dem Mischungsprinzip 90:10 % folgen. Es wird also nur ein kleiner Anteil in Aktien investiert, der größte Teil geht in Rentenpapiere.

(Zur Besteuerung von ETF vergleiche die Ausführungen in Kapitel II.5.5.)

---

[114] https://www.test.de/Garantiefonds-Ein-eigener-Anlagemix-ist-besser-4608402-0

3.7.7 Derivate

Derivative Finanzprodukte sollen nicht ausführlich behandelt werden, da sie keinen oder nur geringen Beitrag zur langfristigen Vermögensbildung bilden. Anfänger ohne Erfahrungen im klassischen Wertpapiergeschäft kann nur abgeraten werden, sich auf solche Geschäfte einzulassen. Als Warnung sollte dienen, dass Schätzungen besagen, dass (zumindest in den USA) 70 bis 80 % aller Geschäfte zugunsten der Gegenseite des Derivate-Käufers ausgehen, also professioneller Finanzgesellschaften.

Bei Derivaten gibt es ein deutlich höheres Verlustrisiko als beim klassischen Wertpapiergeschäft. Die möglichen Gewinnchancen unterliegen einer meist engen zeitlichen Befristung, d.h. sie werden nur bis zu ihrem Verfalldatum gehandelt. Derivative Produkte stellen ein Art Wettrennen gegen die Zeit dar. Ist sie abgelaufen, so ist das eingesetzte Geld unwiederbringlich verloren. Vor allem diejenigen Derivate sind gefährlich, die mit *Hebeln* arbeiten, also bei denen das eingesetzte Eigenkapital noch mit Fremdkapital (Kredite) angereichert wird. Dann kann das Risiko durch den Hebeleffekt teilweise sogar so weit gehen, dass man nicht nur den kompletten Einsatz verliert, sondern sogar noch weiteres Geld *nachschießen* muss.

☞ **Was Sie beachten sollten**:

Dem langfristig orientierten Anleger muss im Allgemeinen abgeraten werden, sich auf solche – in erster Linie spekulativen – Finanzgeschäfte einzulassen, es sei denn, er wählt als Nervenkitzel die Börse anstelle des Spielcasinos. Dafür gibt es jedoch zwei Voraussetzungen zu beachten:

Kenntnisse: Das Derivat verstehen, d.h. sein Chancen-/Risikoprofil beurteilen können, was nicht einfach ist.
Tragfähigkeit: Über ausreichend finanzielle Mittel verfügen, um einen Verlust verschmerzen zu können und den langfristigen Vermögensaufbau nicht nachhaltig zu gefährden.

Dann kann man sich natürlich mit einem kleinen Teil seines Kapitals in diesem „Zockerbereich" engagieren!

Möglich ist es, bestimmte Derivate nicht ausschließlich als Instrument zur

Spekulation, sondern zur *Absicherung* von Wertpapierbeständen einzusetzen. So lassen sich Optionen auch dazu verwenden, ein Aktiendepot gegen befürchtete Kursverluste abzusichern statt es aufzulösen. In ähnlicher Weise kann man sich schon heute den Gegenwert zukünftiger Zahlungseingänge (z.B. Devisen aus dem Export) durch ein Devisentermingeschäft sichern, was als *„Hedging"* wird bezeichnet wird.[115]

Der Wert (Kurs) eines Derivats ist abgeleitet vom Preis eines anderen Finanzproduktes, zum Beispiel einer Aktie. Dies ist der Basiswert, und daraus wird der Kurs des Derivats abgeleitet (lat. derivare, ableiten). Für das Verständnis ist es am einfachsten, wenn man sich ein solches Geschäft als eine *Wette* vorstellt, und zwar darauf, ob der Preis des Basiswertes in Zukunft steigt (man geht eine Call-Position ein) oder fällt (Put-Option) oder auch, dass er sich in bestimmten Fällen seitlich bewegt. Je nachdem wie die Wette ausfällt, gewinnt oder verliert man entweder das ganze eingesetzte Kapital oder zumindest einen Teil davon. Der Kauf eines Derivats wird gerne mit dem Erwerb eines *„Wettscheins"* verglichen, der allerdings nicht von einer staatlich genehmigten Lotterie, sondern von einem privaten Finanzunternehmen ausgegeben wird. Werden Derivate an einer speziellen Börse gehandelt, wie der **Eurex** in Stuttgart, so unterliegen sie bestimmten Handelsvorschriften. Es gibt aber auch außerbörsliche Derivate, die gleichsam am Bankschalter abgeschlossen werden (OTC-Produkte *„Over the Counter"*).

Der Clou der Sache ist, dass der Erwerb dieser Zertifikate weitaus billiger ist als der Kauf des zugrundeliegenden Basiswertes, also beispielsweise einer Aktie. Da der Wert des Zertifikats jedoch den Kursverlauf der Aktie widerspiegelt, ergibt sich eine enorme Hebelwirkung i.S. einer prozentualen Wertänderung.

Optionsscheine waren lange Zeit das klassische derivative Finanzinstrument, dessen Konstruktion viele Nachfolgeprodukte beeinflusst hat. Man erwirbt dabei das Recht, einen Basiswert innerhalb einer bestimmten Laufzeit in einer bestimmten Menge zu einem im Voraus vereinbarten Basispreis zu kaufen (=Kauf-/Calloption, man geht „long") oder zu verkaufen (=Verkaufs-/Putoption, man geht „short"). Bei einer Kaufoption kann man

---

[115] Diese Geschäfte dienen zum Schutz, man errichtet einen „Zaun" gegen negative zukünftige Veränderungen.

also den Optionsschein gegen Aktien oder einen anderen Basiswert eintauschen, entweder während oder am Ende der vereinbarten Laufzeit. Allerdings wird dieses Recht in der Regel nicht ausgeübt, sondern es erfolgt typischerweise nur ein Wertausgleich in Geld.

Da auch in der Welt außerhalb der Kapitalmärkte oft von Optionen und Optionsrechten gesprochen wird, soll hier ein kleiner Abstecher in den Bereich der „Kapitalmarktwetten" erfolgen.

Die Feststellung des Wertes bzw. Kurses eines Optionsscheins ist eine komplizierte Angelegenheit und hängt von mehreren Faktoren ab. Sie ist so schwierig, dass die Berechnungsmethode zu Ehren der beiden US-amerikanischen „Erfinder" als die **Black-Scholes**-Formel bezeichnet wird. Fast das halbe griechische Alphabet wird dabei bemüht, um die einzelnen Einflussfaktoren wie Basiswert, Basispreis, Volatilität, (Rest-)Laufzeit und Bezugsverhältnis ins Verhältnis zu setzen und den Kurs (Wert) des Optionsscheines zu ermitteln.

✋ **Beispiel** für eine Aktien-Option:

Die X-Aktie notiert zu 100 Euro. Sie kaufen anstelle einer Aktie aber lieber einen *Call-Optionsschein* auf diese Aktie (Basiswert), den Sie für wesentlich weniger Geld, z.B. für lediglich 20 Euro, bekommen.

Das (papierlose) Zertifikat sei mit dem Recht ausgestattet, diese Aktie innerhalb eines Jahres zum Kurs von 120 Euro (Basispreis) zu kaufen.

Die Aktie steige nach 3 Monaten auf 150. Der Optionsschein wird mit einem Aufgeld von 10 Euro gehandelt. Wieviel Prozent Gewinn macht der Anleger, wenn er jetzt verkauft?

Lösung:
Der Optionsschein ist nun mindestens 30 Euro wert (der sog. *Innere Wert, 150 – 120*), er ist „*im Geld*". Da auf Grund der langen Restlaufzeit das Papier zusätzlich mit einem *Aufschlag* von 10 Euro gehandelt. Darin drückt sich die Hoffnung auf weiteren Kursanstieg aus.

Die Option ist damit 40 Euro wert. Abzüglich des eingesetzten Kaufpreises für den Optionsschein beträgt der Gewinn 20 Euro oder 100 % auf das eingesetzte Kapital (von Bankspesen abgesehen).

Die Aktie selbst hätte dagegen nur einen Gewinn von 50 % verbuchen können. Damit aber nicht genug: Da der Gewinn innerhalb eines Vierteljahres gemacht wurde, beträgt die Rendite p.a., also auf das Jahr gerechnet, das Vierfache, nämlich 400 % bzw. ein Hebel von 4. Der Optionsschein hat also eine große Hebelwirkung; der Hebel wird auch benutzt, um die Preisempfindlichkeit des Optionsscheins auszudrücken. Wenn also der Aktienkurs um 1 % steigt, so steigt der Optionspreis um das ca. 4-fache.[116]

Allerdings: Wäre die Aktie zum genannten Zeitpunkt beispielsweise auf 100 Euro gefallen, hätten Sie fast Totalverlust erlitten, da niemand bereit ist, eine Aktie per Option zu kaufen, die teurer ist als ihr aktueller Börsenkurs. Auf Grund der Restlaufzeit von 9 Monaten bestände allerdings noch Hoffnung, dass sich die Aktie wieder erholt und mit ihr der Preis des Optionsscheins. Diese Hoffnung drückt sich in einem Aufschlag aus, der Zeitprämie. Sie fällt spätestens am Ende der Optionsfrist in sich zusammen, wenn die Hoffnung trügerisch war. Eventuell aber auch schon vorher, wenn der Markt nicht mehr an eine Erholung des Aktienkurses glaubt – was maßgeblich von der Volatilität der Aktie bestimmt wird.

Zu erwähnen wäre noch, dass man auch auf fallende Kurse setzen kann. Wenn Sie etwa nach Bekanntwerden der US-Wahlen annahmen, dass der neue Präsident der europäischen Wirtschaft und den Börsen das Fürchten lehren würde, dann hätten sie eine *Put-Option* kaufen können. Das ist eine Wette, etwa auf den DAX, in der Hoffnung, dass der Index fallen wird. Dabei ist zu beachten, dass ein Ausübungspreis vorgegeben ist, z.B. 12.200 Punkte. Wäre der DAX dann tatsächlich auf 12.100 Punkte gefallen – es trat jedoch das Gegenteil ein, offenbar fanden die Börsianer Gefallen an Herrn Trump –, dann hätten Sie einen Gewinn von 12.200 (Verkaufs-/Ausübungskurs) abzüglich 12.100 (aktueller Börsen-Kaufkurs), damit also 100 Punkte gemacht. Da ein Punkt mit 5 Euro bewertet wird, hätten Sie insgesamt 100 mal 5 Euro und damit 500 Euro Gewinn gemacht. Die Option war aber leider nicht zum Nulltarif zu haben, Sie mussten beispielsweise 300 Euro dem

---

[116] Der aktuelle Hebel ergibt sich durch Division des aktuellen Aktienkurses durch den aktuellen Kurs des Optionsscheins, also 150:40 = 3,75. Im Text oben ist quasi der historische Hebel berechnet worden, d.h. vom Ausgabekurs des Optionsscheins bis heute.

Optionspartner bezahlen, so dass in der Endabrechnung 200 Euro übriggeblieben wären.[117] Auch ohne Black-Scholes dürfte klar sein, dass solche Kurswetten nur dann Sinn machen, wenn die bisherigen Kursschwankungen und damit die Volatilität des Basiswertes (DAX) es überhaupt denkbar erscheinen lassen, dass die Option „ins Geld" kommt, d.h. die Gewinngrenze (Break-Even) erreicht. Aber: Auch ihr Kontrahent an der Börse weiß dies und er wird seine Preisvorstellungen danach richten!

„Optionsscheine, die kleinen Wunder, gehen mal rauf und gehen mal runter"
(oft zitierter Börsenspruch)

Außerdem – solche Spekulationsgeschäfte setzen die **Termingeschäftsfähigkeit** voraus. Sie werden dazu von der Bank examiniert und müssen dabei beweisen, dass Sie von solchen Derivaten bzw. Termingeschäften genügend verstehen, um das Risiko einschätzen zu können.

Da solche Derivate auf Grund ihrer Kurzfristigkeit und des hohen Risikos grundsätzlich nicht für einen langfristigen Vermögensaufbau in Frage kommen, soll von weiteren Details abgesehen werden. Nur noch kurz zu einem Instrument, dessen Kauf in Zeiten niedriger Zinsen sehr verlockend erscheint und vielerorts empfohlen wird. Es ist die sogenannte „**Aktienanleihe**", die Anlegern eine geradezu fantastische Verzinsung in Aussicht stellt. So gab es für Aktienanleihen auf Daimler 11 %, auf Allianz 13 %. Nachdem auch schon Zinssätze bis zu 28 % in Aussicht gestellt wurden, muss für jeden informierten Anleger klar sein, dass es sich dabei um eine riskante Sache handelt. Der Anleger solcher Papiere geht ein Kombinationsgeschäft ein, das aus dem Kauf einer Anleihe und einem Optionsgeschäft besteht. Dieses Konstrukt ist im Prinzip ein festverzinsliches Papier (Anleihe), nur hat sich der Emittent das Recht (Option) einräumen lassen, bei Fälligkeit statt der Anleihe eine bestimmte Anzahl niedriger notierter Aktien zu liefern. Prinzipiell könnten die Aktien zum Zeitpunkt der Rückzahlung sogar wertlos sein, der Anleger („Stillhalter") muss sie trotzdem abnehmen, wenn der Emittent von seiner **Verkaufsoption** (Put-Option) Gebrauch macht. Eine solche Anleihe kommt nur in Frage, wenn man mit einem **Seitwärtstrend** an der Börse rechnet, die Kurse sich also kaum von der

---

[117] Auf Details wie etwa der „knock-out Barriere", der Ausübungszeitpunkt und v.a.m. soll hier nicht weiter eingegangen werden.

Stelle bewegen. Rechnet der Anleger dagegen mit steigenden Kursen, dann kann er gleich die Aktie kaufen. Denn, und dies ist eine weitere „Feinheit" dieser Konstruktion, der Emittent beteiligt den Anleihekäufer am Aktien-Kursgewinn in der Regel nur bis zu einer bestimmten Grenze, die Aktienanleihe ist nämlich **gedeckelt,** man hat ihr ein „**Cap**" (Gewinnlimit) aufgesetzt!

☞ **Was Sie beachten sollten**:

Vielleicht ließe sich die **Aktienanleihe** auf die Kurzformel bringen: Wenn schon Aktien, dann gleich richtig. Ausnahme: Die Kurse bewegen sich nach Ihrer Einschätzung seitwärts, denn können sie den Zinsgewinn einstreichen. Fallen jedoch die Aktienkurse, so werden Ihnen Aktien angedient, die nicht mehr dem vollen Gegenwert des eingezahlten Kapitals entsprechen.

3.7.8 Edelmetalle, Rohstoffe

Die Entwicklung in den letzten Jahren zeigt die Risiken einer Goldanlage eindrucksvoll. Lag der Kurs pro Unze Feingold Ende 2006 noch bei 637 Dollar, so stieg er, nicht zuletzt als Folge der anschließenden Finanzkrise, bis auf sein Allzeit-Hoch im September 2011 von 1.900 Dollar. Dann aber begab sich der Kurs auf  eine lang andauernde Talfahrt, die bis zu unter 1.100 Dollar Ende des Jahres 2015 führte. Und seit diesem Zeitpunkt dümpelt der Kurs mehr oder weniger im Bereich 1.100 bis 1.300 Dollar.

In der jüngeren Geschichte gab es bereits einmal einen gewaltigen Absturz des Goldpreises. Es war eine Folge der Ölpreiskrise Anfang der 1980er Jahre, als der Goldpreis zuerst auf 850 Dollar hochgetrieben wurde, um dann fast über Nacht um zwei Drittel auf unter 300 Dollar abzustürzen.

Die mächtigsten „market player" sind die Goldminenfirmen auf der Angebotsseite und die Zentralbanken auf der Nachfrageseite. Ähnlich wie bei der Rohölförderung ist die Goldproduktion keine feste Größe, da ein hoher Goldpreis bisher unrentable Goldminen profitabel werden lässt und somit zu einer Erhöhung des Angebots und fallenden Preisen führt.

Wohin sich der Goldpreis entwickeln wird, kann niemand vorhersagen, es lässt sich darüber nur spekulieren. Prognosen für den oligopolartigen Goldmarkt sind mit großer Vorsicht zu genießen, das hat die Vergangenheit schon häufig genug bewiesen. Das Handeln der großen Anbieter ist nur schwer einzuschätzen. Hinzuweisen ist auch auf die Gefahr einer Manipulation des Goldpreises, da er nicht an einer staatlich überwachten Börse ermittelt, sondern im sog. *Fixing* von einigen wenigen Banken ohne staatliche Mitwirkung festgelegt wird.

Die häufig ausgesprochene Empfehlung einer Depotbeimischung von höchstens 10 % dürfte vertretbar sein. Der Gold-Anleger sollte immer daran denken, dass Gold keine Zinsen bringt, im Gegenteil seine Aufbewahrung Kosten und Risiken birgt. Vor einer Aufbewahrung unter der Matratze oder ähnlich unsicheren Orten ist gänzlich abzuraten – der beste Platz ist ein Banksafe, und der kostet.

Ein Ausweg ist, auf den Erwerb physischen Goldes zu verzichten. Eine sehr bequeme Anlage sind auch hier wieder Gold-ETC (Exchange Traded Commodities). Mit echtem Gold hinterlegt sind die Gold-ETC

- Xetra-Gold
- Euwax-Gold
- Gold Bullion Securities.

Man erwirbt, wie beim Wertpapier-ETF, eine Schuldverschreibung, also kein Miteigentumsanteil (Zertifikat). Eine Euwax-Gold-Inhaberschuldverschreibung können Sie an der Börse Stuttgart aktuell für ca. 35 Euro oder einem Tausendstel eines 1 kg-Goldbarrens erwerben.[118] Ähnliches gilt für Xetra-Gold, dessen Emittentin die Deutsche Börse ist.

---

[118] Diese Schuldverschreibungen beziehen sich auf die (Aus)Lieferung von Goldbarren, Emittentin ist die Börse Stuttgart Securities GmbH.

Weniger geeignet für den Normalanleger ist der Erwerb von Goldminenaktien oder Goldmünzen. Zu beachten ist immer auch die steuerliche Seite. Nur Goldbarren und Goldmünzen mit vergleichbar hohem Feingoldgehalt wie etwa der kanadische Maple Leaf, der südafrikanische Krügerrand oder die australische Känguru-Goldmünze sind von der Mehrwertsteuer befreit. Sehr interessant ist speziell aus steuerlicher Sicht, dass Kursgewinne beim Verkauf von Goldbarren *nicht der Abgeltungssteuer* unterliegen, unter der Voraussetzung, dass die Haltedauer von mindestens *einem Jahr* eingehalten wird. Umstritten ist im Augenblick die bisherige Praxis der Steuerbehörden, alle Wertpapiere und Fonds, die mit Gold hinterlegt sind, unabhängig von der Besitzdauer der Abgeltungssteuer zu unterwerfen. Für den goldhinterlegten Xetra-ETC wurde jetzt vor dem Bundesfinanzhof erstritten, dass dieser Fonds wie reines Gold zu behandeln ist und Kursgewinne nach Ablauf der einjährigen Spekulationsfrist *steuerfrei* bleiben.

Reine Goldmedaillen oder Goldschmuckstücke mit geringerem Feingoldgehalt sind für Vermögenszwecke ungeeignet, da es sich eher um Liebhaberstücke handelt und die Preisfindung problematisch ist.

3.7.9 Sonstige Sachwerte

„Geldanlagen, die Spaß machen" – unter dieser Überschrift meldete FOCUS[119], dass immer mehr Sparer ihr Geld in alte Autos, wertvolle Uhren, Ferienimmobilien und Kunstobjekte stecken würden. Solche Sammelobjekte seien Hobby, oft aber auch *„heimliche Renditebringer"*. Dagegen würde das aktuelle Rekordniveau deutscher Aktien täuschen, seit dem Jahr 2000 betrage die Rendite nur *„dünne"* zwölf Prozent. Warum zwölf Prozent „dünn" sein sollen, erschließt sich dem Leser nicht, eher aber, dass die angegebene Aktienrendite falsch ist. In Wirklichkeit betrug in diesen sehr bewegten Zeiten mit ihren zwei starken Kurseinbrüchen 2002 und 2008 und zwei weiteren erheblichen Kursverlusten in den Jahren 2001 und 2011 die Rendite sogar nur 2,3 % (geometrische Rendite) – und die war tatsächlich „dünn"![120] Bei

---

[119] Nr.48/2013

[120] Die arithmetische Rendite hingegen beträgt 5,9 %, die erhebliche Abweichung ist auf die extremen Kursschwankungen zurückzuführen

FOCUS heißt es weiter, dass man mit Oldtimern und wertvollen Uhren in zehn Jahren einen Gewinn von 170 % hätte erzielen können. Selbst wenn eine solche Rendite in Einzelfällen tatsächlich erzielbar war, so darf nicht verschwiegen werden, dass für diese Art von Anlagen nur wenige Personen mit speziellem Fachkenntnissen und Markterfahrungen in Frage kommen.

Nimmt man den Oldtimer-Markt („*Garagen-Gold*"), so dürften bereits die Anfangsinvestitionen für die meisten Anleger zu hoch sein. Wer sich beispielsweise im Jahr 2003 einen zehn Jahre alten Porsche 911 Typ 933 zulegte, musste rund 35.000 Euro einbringen und dabei alle Risiken eingehen, die mit dem Kauf eines einzelnen Gebrauchtautomobils verbunden sind. Als Beweis für die hohe Rentabilität von solchen Luxusautos wird von der Zeitschrift der Wert nach zehn Jahren mit 43.500 Euro angegeben. Rechnet man nach, so kommt man nur auf eine Rendite von 2,3 %. Bei den anderen drei von FOCUS genannten Beispielen (Mercedes 280 SL - Baujahr 1968, Opel Commodore A - Baujahr 1970 und Citroen 2 CV6 – Baujahr 1970) waren die aktuellen Preise und damit die Renditen allerdings attraktiver: Beim Mercedes-Modell betrug die Rendite 5,1 %, bei Opel 6,1 % und bei der Citroen-Ente 9,1 %. Neben einer adäquaten Einstellmöglichkeit für diese wertvollen Fahrzeuge sind allerdings spezielle Kfz-technischen Kenntnisse gefragt, über die wohl nur ein kleiner Personenkreis verfügen dürfte.

Auch ausgesuchte Armbanduhren haben sich als Sammlerobjekte etabliert, wie FOCUS weiter ausführt. Dazu gehören vor allem die klangvollen Schweizer Marken wie Heuer, Zenith, Richemont und die Swatch Group, wobei natürlich auch die Rolex nicht fehlen darf. Der in diesem Magazin zitierte Sammler und Experte Micheal Brückner meinte, dass Uhren zwar keine laufenden Erträge brächten, in jedem Fall aber eine „*emotionale Rendite*"! Das Fazit von FOCUS lautete, wer einige Grundregeln beachte und Geduld mitbringe, „*kann auf Gewinne hoffen*".

Dass dieses Magazin auch Feriendomizile als Geldanlage empfiehlt, überrascht kaum noch. Diese galten bisher eher als Anlageobjekte für Schwarzgeld. Nun sollen ausländische Ferienimmobilien auf einmal „*Sicherheit, Freude und Rendite*" bringen. Für bestimmte Länder mag dies zutreffen (Mallorca, Florida). Generell kommt dies aber eher für Anleger in Frage, die hohe Wertverluste wegstecken können. Außerdem haben sich mittlerweile die Anschaffungspreise von Objekten in begehrten Ländern und Lagen längst auf einem so hohen Niveau eingependelt, dass die Erzielung einer angemessenen Rendite nur schwer vorstellbar ist. Wenn ausgerechnet Kroatien, ein Land mit einer sehr hohen Korruptionsrate, von FOCUS zum Geheimtipp für Ferienimmobilien avanciert, so wird deutlich, um welche riskanten Anlageempfehlungen es sich hierbei handelt.

Weniger riskant sei angeblich der Erwerb inländischer Ferienobjekte, was daran liege, dass in den letzten fünf Jahren die Nachfrage deutlich angestiegen sei – so das Umfrageergebnis unter rund 2.800 Eigentümern. 53 % gaben an, ihr Feriendomizil in den letzten zehn Jahren erworben zu haben. Die Zufriedenheitsquote liege bei 98 %. Dieses Ergebnis ist fast zu schön um wahr zu sein! Solche Umfragen sind mit Vorsicht zu genießen, wenn sie von Ferienvermietern selbst erstellt werden, wie in diesem Fall vom Online-Ferienvermieter Home-Away in Kooperation mit dem Immobilienunternehmen Engel & Völkers.

Von einem eigenen Ferienhaus träumen laut einer Emnid-Umfrage 71 Prozent der Deutschen – doch wer seinen Traum verwirklichen will, muss sich das gut überlegen. Das passende Haus ist möglicherweise schnell gefunden – etwa in Spanien mit Tausenden leerstehender Wohnungen und Häuser. Doch dieser Traum kann schnell zum Alptraum werden. Zu unterschiedlich sind die rechtlichen Gegebenheiten, das Eigentums-, Kauf- und Erbrecht weicht im Ausland teilweise erheblich von den Vorschriften in Deutschland ab, selbst innerhalb der EU sind sie nicht einheitlich. Vor allem besteht nicht in allen Ländern eine notarielle Beurkundungspflicht und auch Grundbücher in unserem Sinn sind nicht überall zu finden.

3.8 Fundamentalstrategie "Mitunternehmer"

Diese Anlagestrategie ist nur etwas für Anleger, bei denen gute betriebswirtschaftliche Kenntnisse auf ein hohes Vermögen treffen. Denn hier wird der Anleger zum *Mitunternehmer* (Gesellschafter), der im Falle eines Scheiterns seinen ganzen Kapitaleinsatz, d.h. seinen Gesellschafteranteil,

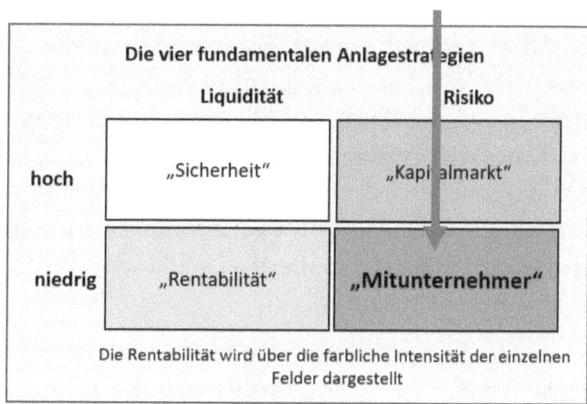

verliert. Die prinzipiell möglich attraktive Rentabilität geht einher mit hohem unternehmerischem Risiko. Ein solches Investment muss auf jeden Fall langfristig ausgerichtet sein, denn eine vorzeitige Rückgabe bzw. Veräußerung der Anteile ist nur schwer oder gar nicht möglich. Wenn sich doch eine Art „Zweitmarkt" bildet, dann ist eine Veräußerung meist mit hohen Einbußen verbunden. Unter diesem Abschnitt werden nur Produkte besprochen, die nicht an einer amtlichen Börse notieren, damit auch keiner behördlichen Aufsicht unterliegen.

📖 **Wissenswertes**

Auch die weiter oben besprochenen Derivate weisen ein hohes Risiko mit der Gefahr des Totalverlustes auf, jedoch werden sie im Normalfall an speziellen Börsen gehandelt und der Anleger bzw. Spekulant kann wenigstens sicher sein, dass er nicht Opfer von undurchsichtigen Konstruktionen und Manövern wird.

3.8.1 Geschlossene Fonds

Für bestimmte Investitionszwecke werden Fonds aufgelegt, um bei Anlegern Gelder einzusammeln, sei es zur Erschließung eines Gewerbegebiets, zum Bau eines Frachtschiffes, zur Errichtung von Solarparks, Bürokomplexen, von Supermärkten oder von Alten- und Seniorenheimen. Mit den Geldern, die in solche Fonds fließen, werden auch Maßnahmen im Bereich erneuerbarer Energien finanziert wie Windkraft-, Photovoltaikanlagen oder Geothermiekraftwerke. Sie werden meist als Kommanditgesellschaft mit beschränkter Haftung (GmbH & Co. KG) konzipiert. Dies bedeutet, dass die ursprüngliche Trennung der Gesellschafter einer KG in persönliche Vollhaftende (Komplementäre) und nur mit der Einlage Haftende (Kommanditisten) aufgehoben wird. Die Stelle des Komplementärs nimmt eine GmbH ein, deren Gesellschafter ebenfalls nur mit einem Geschäftsanteil haften, der möglichst niedrig bemessen wird. Schon dieser Haftungsausschluss sollte zur Vorsicht mahnen.

Den Kommanditisten werden dabei innerhalb eines bestimmten Platzierungszeitraums Kommandit-Anteile der KG zum Kauf angeboten. Ist die geplante Eigenkapitalquote erreicht, wird der Fonds geschlossen. Sämtliche Funktionen wie die Errichtung der Bauten, ihre Finanzierung und Verwaltung übernimmt komplett das Fondsmanagement. Hervorzuheben ist, dass der Anleger durch den Erwerb eines KG-Anteils zum *Mitunternehmer* wird, mit allen Rechten und Pflichten, die das HGB vorsieht! Das eingesammelte Geld wird darüber hinaus noch mit Fremdkapital „gehebelt", wodurch das unternehmerische Risiko weiter ansteigt. Das freiwillige Ende dieser langfristigen Fonds liegt meist in weiter Ferne. Allerdings, und dies nicht selten, kommt es zu einer vorzeitigen, unfreiwilligen Auflösung, wenn der Gesellschaftszweck verfehlt wurde oder – wie häufig – Insolvenz beantragt werden musste.

Was die Fondsbetreiber im vorgeschriebenen Prospekt veröffentlichen, wird von der Bundesanstalt für Finanzanlagen (BAFIN) wohl geprüft, aber nur *formal*, d.h. ob alle vorgeschriebenen Angaben enthalten sind. Eine materielle inhaltliche Prüfung erfolgt nicht, insbesondere nicht, ob die Aussicht besteht, dass der prognostizierte wirtschaftliche Erfolg erreicht werden kann.

Die Anleger erhalten eine jährliche Ertragsausschüttung, mit der auch das eingesetzte Kapital wieder zurückfließen soll. Am Laufzeitende sind viele Objekte meist nicht mehr viel wert, da sie bis dahin abgeschrieben sind. Die Hoffnung der Anleger besteht deswegen darin, dass die Ausschüttungen während der vorgesehenen Laufzeit genügend hoch sind, um mindestens ihr eingesetztes Kapital, möglichst aber mit einer zusätzlichen Ertragsbeteiligung, zurückzuerhalten. Außerdem ist beabsichtigt, dass eine weitere Rückzahlung des eingesetzten Kapitals durch Verkauf des vorhandenen Fondsvermögens am Ende der vorgesehenen Laufzeit erfolgt.

Das Risiko einer solchen Fondsbeteiligung ist die direkte Kopplung des wirtschaftlichen Erfolges an das finanzierte Objekt. Die Emissionskosten sind meist sehr hoch, teilweise bis zu 20 % der Gesamtkosten, was die Verbraucherschützer seit langem kritisch sehen. Denn damit erfolgt der Renditestart von vornherein mit einer erheblichen Belastung, da es sich meist um „weiche" Kosten in Form von Honoraren und sonstigen Personalkosten handelt, denen keine Sachwerte gegenüberstehen. Zusätzlich muss auch noch das Ausgabe-Agio erwirtschaftet werden, dass meist zusätzliche 5 % der Beteiligungssumme ausmacht. Oft besteht der Fonds aus nur wenigen Objekten, im Extremfall sogar nur aus einem Schiff, Gebäude oder Flugzeug. Wenn der in Aussicht gestellte Erfolg ausbleibt oder es zur Insolvenz kommt, gehen die Anteilseigener leer aus. Bei den Geschäftsführern der GmbH ist auch nicht viel zu holen, da sie nur mit ihrer Einlage haften, die so gering wie möglich gehalten wird.[121] Für die Anleger droht damit der Totalverlust – und der ist in der Vergangenheit oft genug eingetreten. Das hohe Risiko resultiert also – ganz im Gegenteil zu Wertpapier-Publikumsfonds – aus dem sehr niedrigen Diversifikationsgrad.

Dazu kommt das Problem, dass es für solche Anteile keine Börse mit der Möglichkeit jederzeitigen Verkaufs gibt. Will man vorzeitig an sein Geld heran, so kann es schwierig werden, wenn nicht sogar unmöglich. Denn eine vorzeitige Kündigung ist vertraglich ausgeschlossen! Gegen erhebliche Abschläge kann es unter Umständen gelingen, die Anteilscheine an den Mann zu bringen – und dies auch nur, wenn es sich um einen gut laufenden Fonds handelt. Wer Pech hat, verliert zuvor schon das eingezahlte Kapital, denn der Fondskäufer wird vertraglich oft – ganz Gegensatz zur eigentlich handelsrechtlich vorgesehenen Stellung eines Kommanditisten – am Ver-

---

[121] Dabei gilt es zu beachten, ob es sich nicht um eine haftungsbeschränkte Unternehmergesellschaft handelt. Im Gegensatz zur GmbH mit ihrem vorgeschriebenen Mindest-Stammkapital von 25.000 Euro lässt sich diese „Mini-GmbH" theoretisch mit 1 Euro Stammkapital gründen, ein gesetzliches Mindeststammkapital besteht nicht.

lust der Fondsgesellschaft beteiligt. Die in solchen Fällen vereinbarte Nachschusspflicht kann seinen Verlust noch weiter erhöhen, da er ist verpflichtet, über die Einlage hinaus weiteres Geld nachzuschießen.

Es ist schon erstaunlich, wie viele Menschen – selbst mit wirtschaftlichem Sachverstand – solchen gewagten Konstruktionen auf den Leim gehen. Viele ließen sich in den Anfangsjahren dieser Fondskonstruktionen durch die Aussicht auf *Steuervorteile* zu einem Einstieg verlocken. Der Steuergesetzgeber hat allerdings darauf reagiert und den sog. Verlustzuschreibungen weitgehend einen Riegel vorgeschoben. Unter der Überschrift „*trotz Pleiten sehr beliebt*" hat im Jahr 2012 die Stiftung Warentest in ihrem Finanzjournal 58 Immobilienfonds getestet. Gerade mal acht dieser geschlossenen Fonds haben wenigstens die Note befriedigend erhalten, vierzig fielen von vornherein durch und die Note gut oder sehr gut wurde gar nicht vergeben![122] Auch im jüngsten Report (Ende 2015) zog Finanztest eine „*schlimme Bilanz*".[123] Von den 100 getesteten geschlossenen Immobilienfonds arbeiteten nicht weniger als 57 mit Verlust! Dem Ratschlag des Reports kann man sicher folgen, entweder gar nie in solche Fonds zu investieren oder höchstens einen Bruchteil seines des Vermögens.

Hinzuweisen ist an dieser Stelle auf die Ombudsstelle Geschlossene Fonds e. V., Berlin, die bei Streitigkeiten als Erstes angelaufen werden sollte. Solche Beschwerdeinstitutionen gibt es für viele Finanzbereiche, deren Zweck es ist, bereits im Vorfeld zwischen den Parteien zu vermitteln und es gar nicht zu einer gerichtlichen Auseinandersetzung kommen zu lassen. Allerdings ist ihr Urteilsspruch nicht bindend.

3.8.2 Genussscheine

Auf der Suche nach besser verzinslichen Anlagen werden Anlegern immer wieder Genussscheine empfohlen. Genussscheine sind *aktienähnliche* Papiere, sie sind jedoch gesetzlich nicht geregelt. Sie sind deshalb der Phantasie, möglicherweise auch der Willkür, der emittierenden Gesellschaft ausgeliefert. Da diese „Genüsse" individuell sehr unterschiedlich ausgestaltet,

---

[122] *Vgl. Finanztest* 12/2012, S. 22 ff.
[123] Stiftung Warentest/Finanztest, 10/2015, S. 43 ff.

sollte der Kauf solcher Scheine nur nach genauem Studium der Ausgabebedingungen erfolgen. Genussscheine stehen meist den Aktien nahe und stellen damit Eigenkapital für die herausgebende Gesellschaft dar. In selteneren Fällen rücken sie in die Nähe einer Anleihe und stellen damit Fremdkapital dar. In keinem Fall ist mit diesen Scheinen ein Stimmrecht verbunden, was aus Sicht der Aktiengesellschaft vorteilhaft sein kann, da sie damit stimmrechtslosen Vorzugsaktien gleichen, ohne allerdings gesetzlich geregelt zu sein.

Genussscheine werden in der Regel **nachrangig** ausgestaltet, dies bedeutet bei Insolvenz, dass sie erst nach allen anderen Fremdkapitalgläubigern bedient werden und damit praktisch Aktionären gleichgestellt werden. Ihre Konstruktion gleicht auf der anderen Seite aber auch der *Anleihe,* denn diese „Genüsse" werden in der Regel am Laufzeitende zum Nennwert zurückgezahlt und sind mit einem jährlichen Zinsanspruche verbunden, deren Höhe jedoch nicht garantiert ist.

Durch die Gefahr der *Verlustbeteiligung* muss Interessenten dieser Genussschein eine relativ hohe Verzinsung in Aussicht gestellt werden. So bewegt sich die Effektivverzinsung der aktivsten Herausgeberin von Genussscheinen, der Medienkonzern Bertelsmann, zwischen 3,5 und 5 %, je nach Tranche. Interessant ist, dass diese Papiere ursprünglich nur für dessen Mitarbeiter vorgesehen waren, bevor sie dem Publikum angedient und zum Finanzierungsinstrument umfunktioniert wurden. Ein weiterer bekannter Emittent von Genussscheine ist die Medizintechnikfirma Dräger-AG, die Rendite bewegt sich jedoch nur um 2 % und ist damit uninteressant. Genussscheine der Investmentgesellschaft Magnum AG bieten dagegen eine aktuelle Rendite von 11 % und der Chemie- und Logistikfirma PCC von über 8 %.[124] Zu beachten ist schließlich noch, dass teilweise hohe Mindestanlagesummen gefordert werden, bei PCC immerhin 1.000 Euro, bei der Bayerischen Landesbank sogar 50.000 Euro.

Teilweise behalten sich die Firmen das Recht vor, dass sie die in guten Jahren ausgeschütteten Zinsen im Verlustfall *wieder zurückfordern* können!

---

[124] Vgl. die Übersicht unter http://www.wiwo.de/finanzen/geldanlage/satte-renditen-ausgewaehlte-genussscheine-und-ihre-merkmale/9911766.html?p=6&a=false#chart

Wichtig ist, dass diese Papiere an der Börse gehandelt werden und damit dem Anforderungsmerkmal Liquidität genügen. Trotzdem gilt, dass Genussscheine nicht ungefährlich sind und deshalb zumindest für den unerfahrenen Anleger weniger in Betracht kommen. Erwähnt sei noch ein besonders negativer Fall, die Eröffnung des Insolvenzverfahrens beim Windparkbetreibers Prokon. Rund 75.000 Anleger bangen seither um ihre Einlagen von nicht weniger als 1,4 Mrd. Euro. Sie hatten sich in Form von Genussscheinen an dieser Firma beteiligt, die als Eigenkapital zu sehen sind. Die Firma konnte zwischenzeitlich wohl weitergeführt werden, aber der Insolvenzplan sieht vor, dass Genussschein-Inhaber auf 40 % ihrer Einlage verzichten.

3.8.3 Private Equity/Crowdfunding

Unter dem Begriff Private Equity werden Beteiligungen an Unternehmen zusammengefasst, die weder formell verbrieft noch an der Börse gehandelt werden. Man kann auch von außerbörslicher Eigenkapitalbeschaffung sprechen. Wird das Kapital jungen innovativen Unternehmen zur Verfügung gestellt, was naturgemäß die Übernahme eines hohen Risikos bedeutet, so spricht man von Risiko- oder Wagniskapital (*venture capital*). Die für die Dynamik einer Marktwirtschaft begrüßenswerten Investitionen in junge Firmen (Start-Ups) bleiben damit weitgehend den institutionellen Anlegern (Banken, Versicherungen etc.) vorbehalten.

Für den Privatanleger kommt dagegen eher in Frage, sich an überschaubaren **Crowdfunding**-Aktionen zu beteiligen, wenn er vom gesellschaftlichen Zweck solcher Vorhaben – Beispiel Engagement in Energie-/Umweltprojekte – überzeugt ist und sein Kapitaleinsatz eher unter dem Blickwinkel eines Finanzsponsors begreift. Wer Interesse hat, kann sich bei einem der vielen Crowdfunding-Plattformen umschauen, wobei geprüft werden muss, wie objektiv ihre Informationen sind. Keinesfalls prüfen diese „Schwarmplattformen", ob die dort vorgestellten Anlageobjekte zum jeweiligen Anleger passen, sie sehen sich als sind reine Vermittler ohne jede Haftung. Offenbar geben diese Plattformen auch nicht preis, nach welchen Kriterien sie ihre Projekte auswählen, die sie präsentieren.[125] Es gibt eine

---

[125] Vgl. Finanztest Nr. 9/2017 S. 50 ff.

gesetzliche Höchstgrenze für solche Aktionen, ein Emittent darf nicht mehr als 2,5 Mio. Euro auf diesem Weg einsammeln. Auch die Beteiligung als Anleger ist beschränkt, es sind 1.000 Euro als Höchstgrenze, unter Umständen bis zu 10.000 Euro.[126] Und auch hier gilt: die Gefahr eines Totalverlustes besteht in jedem Fall.[127]

Schon das Handelsgesetzbuch (HGB) sah vor, dass man sich an einer Gesellschaft auch als „**Stiller Gesellschafter**" beteiligen kann. Er tritt nach außen gar in Erscheinung, eine Eintragung im Handelsregister und eine sonstige Veröffentlichung ist nicht erforderlich. Seine Einlage geht vollständig in das Vermögen der Gesellschaft über. Die Stellung bei Gewinn und Verlust ist so geregelt, dass der Stille in jedem Fall am Gewinn zu beteiligen ist, dagegen kann vertraglich eine Verlustbeteiligung ausgeschlossen werden. Dies ist der Unterschied zu einem vollhaftenden Gesellschafter, dessen Einlage als Eigenkapital immer auch für Verluste haften muss. Im Fall einer Insolvenz muss er mit seiner eingelegten Summe geradestehen, lediglich für den Fall, dass seine Beteiligung am Verlust seine Einlage übersteigt, erhält er die Stellung eines Gläubigers. Die Beliebtheit dieser Konstruktion hat auch etwas mit den verschiedenen steuerlichen Gestaltungsmöglichkeiten zu tun, insbesondere ob es beim Gewinnanteil um Einkünfte aus Kapitalvermögen (niedrige Abgeltungssteuer) oder um solche aus Gewerbebetrieb handelt. Darüber hinaus sind die steuerlichen Konsequenzen zu beachten, die mit der Behandlung des Verlustes über die stille Einlage hinaus verbunden sind (negatives Eigenkapital). In der Praxis hat sich auch die Variante *„Atypische stille Gesellschaft"* herausgebildet, so wenn vereinbart wurde, dass der Stille Gesellschafter neben dem Gewinn auch an den Reserven bzw. Rücklagen zu beteiligen ist.

Diese Rechtskonstruktion verdient deshalb Beachtung, weil die Stille Gesellschaft häufig in einer ganz anderen Form verwendet wird, besser gesagt zweckentfremdet wurde. Dies ist der Fall, wenn nämlich massenweise Gelder auf dem Kapitalmarkt eingesammelt werden, den Mitunternehmern aber alternativ zur Beteiligung als Kommanditisten lediglich die Position

---

[126] Dann hat der Anleger offenzulegen, dass er freies Vermögen von 100.000 € hat oder dass es höchstens 2 zwei Monatsgehälter einsetzt.
[127] Vgl. in Einzelnen www.test.de/crodfunding

von Stillen Gesellschaftern eingeräumt wird. Vor allem auf dem Grauen Kapitalmarkt wird gerne mit solchen Konstruktionen operiert, zu denken ist insbesondere an die Finanzholding **Göttinger Gruppe** mit ihrer Hauptgesellschaft **Securenta.** Ihr Anlagemodell war gerade die einer *„atypisch stillen Beteiligung"*, eine äußerst komplizierte Konstruktion, ihr Hauptvehikel zum Aufbau von Altersvorsorgevermögen.[128] bei der sich die Anleger bis zu 40 Jahren zur Einzahlung verpflichteten. Zum 31.12.2000 wurde der Vertrieb der Securenta eingestellt und 2005 erließ die Bundesanstalt für Finanzdienstleistungsaufsicht (Bafin) ein Zahlungsverbot wegen unerlaubter Bankgeschäfte der Göttinger Gruppe. Die Aufsichtsbehörde vermutete ein Schneeballsystem, gegen die Vorstandsmitglieder wurde ein Ermittlungsverfahren wegen Kapitalanlagebetrug, Untreue und Betrug eingeleitet. Das Insolvenzverfahren wurde 2007 eröffnet. Acht Jahre nach Eingang der ersten Schadensersatzklagen geprellter Anleger gegen Vorstandsmitglieder und – besonders bemerkenswert – auch gegen Wirtschaftsprüfer der Göttinger Gruppe, hat sich ihre Anzahl auf 10 25 addiert. Nur eine einzige dieser Klagen ist bislang erledigt! Bei diesem Verfahren handelt es sich um einen der größten Insolvenzfälle in der deutschen Finanzgeschichte mit einer Schadenssumme von über einer Milliarde Euro. Und ob die insgesamt 200.000 Anleger jemals ihr Geld, oder wenigstens einen Teil davon, wiedersehen werden, ist mehr als ungewiss.

---

[128] Hinzuweisen wäre auch, dass es sich bei den „Finanzberatern" dieser Firma in vielen Fällen um angelernte Personen handelte, die aus allen möglichen Branchen, auch handwerklichen Berufen, stammten.

II.4 Staatliche Sparförderung

4.1 Staatliche Förderprogramme

Die folgende Tabelle enthält die „klassischen" staatlichen Sparförderprogramme. Wer alle drei Programme Arbeitnehmer-Sparen, Wohnungsbau-Sparen sowie die Beteiligungs-Sparen parallel nutzt, kann inklusiv der Prämien max. 1.549 Euro (alleinstehend) bzw. den doppelten Betrag von 3.099 Euro (verheiratet) jährlich anlegen.

Ausschöpfung aller staatlichen Zulagen (in Euro)		
a) Arbeitnehmer-Sparzulage	Höchst-	Sparzulage
(zu versteuerndes Einkommen 17.900/35.800 €)	betrag	9%
Alleinstehend	470,00	42,30
Verheiratet, zwei Arbeitnehmer	940,00	84,60
b) Wohnngsbau-Prämie	Höchst-	Prämie
(zu versteuerndes Einkommen 17.900/35.800 €)	betrag	9%
Alleinstehend	470,00	41,36
Verheiratet, zwei Arbeitnehmer	940,00	82,72
c) Beteiligungs-Sparzulage	Höchst-	Sparzulage
(zu versteuerndes Einkommen 20.000/40.000 €)	betrag	20%
Alleinstehend	400,00	80,00
Verheiratet, zwei Arbeitnehmer	800,00	160,00
Gesamtbetrag Alleinstehend		**1503,66**
gesamtbetrag Verheiratet, zwei Arbeitnehmer		**3007,32**

Welcher Betrag ergibt sich, wenn die eingezahlten Höchstbeträge und anfallenden Prämien bzw. Zulagen sechs Jahre lang nicht angetastet werden (sog. *Sperrfrist*) und die vorgeschriebene zusätzliche *Liegefrist* von einem Jahr eingehalten wird? Nimmt man dabei an, dass alle sechs Jahr neue Verträge abgeschlossen werden und unterstellt einen langfristigen Realzins von 3 %, dann ergibt sich nach insgesamt 43 Jahren (7 mal 6 Jahre und ein Jahr als letzte „Liegefrist") ein nicht unbeträchtlicher Vermögens-Endwert für Verheiratete von rund **254.000 Euro** (Ledige die Hälfte). Was dies bedeutet wird erst klar, wenn man diesen Betrag verrentet, also in monatliche Renten überführt. Unterstellt man eine Bezugsdauer von über 15 Jahren und den gleichen Realzinssatz für diesen Zeitraum, so ergäbe sich eine Monatsrente von ca. **1.720 Euro – und damit weit mehr als die gesetzliche Durchschnittsrente!**

Vielleicht sollte man nicht in den Fehler vieler aktuellen Hochrechnungen verfallen und ausschließlich vom aktuellen Zinsniveau ausgehen und den hier angenommenen Realzins von 3 % als zu hoch einzustufen. Selbst bei 2 % ergäbe sich noch eine Rente von gut 1.300 Euro. Da für das Beteiligungssparen in erster Linie der Erwerb von Aktienfonds und Belegschaftsaktien in Frage kommt, könnte man langfristig auch mit einer höheren Rendite rechnen.

Dabei muss der Sparer gar nicht die gesamten Beträge aufbringen, denn vielfach bestehen Ansprüche auf vermögenswirksamen Leistungen des Arbeitgebers auf Grund *tarifvertraglicher* Regelungen – was auch für den öffentlichen Dienst gilt. Es ist zu empfehlen, den Arbeitgeberzuschuss bis zur gesetzlich vorgegeben Höchstgrenze durch den Eigenbeitrag aufzustocken.

Angesichts dieses Ergebnisses dürfte die Frage nicht unberechtigt sein, wozu es überhaupt noch der im Jahre 2002 eingeführten komplizierten und umstrittenen Riester-Rente bedurfte. Eine der Gründe waren die vorgegebenen *relativ niedrigen Einkommensgrenzen* der bisherigen staatlichen Förderprogramme. Die Verdienstgrenzen sind allerdings nicht so niedrig wie es auf den ersten Blick erscheint. Denn zusätzlich können Kinderfreibeträge (3.624/7.248 Euro), Arbeitnehmerpauschbetrag (1.000 €) und der Sparerpauschbetrag (801 €/1602 €) abgesetzt werden, um das zu versteuernde Einkommen zu erhalten. Und außerdem – warum kam der Gesetzgeber nicht auf die Idee, die Einkommensgrenzen einfach hochzusetzen? Auch die Sperrfristen hätte man anpassen können – es ist ja kein Evangelium, dass den Sparern nach Ende der bisherigen Sperr- und Liegefristen (max. 7 Jahre) gestattet wird, die „vermögenswirksamen" Leistungen abzuheben und dem Konsum zuzuführen. Im Übrigen ist auch die neu eingeführten Riester-Sparförderung an bestimme Grenzen gebunden (in Form von maximal möglichen Zulagen bzw. Sonderausgabenabzug).

4.2 Riester-Rente

Nachdem von den liberal-konservativen Regierungen jahrzehntelang verkündet wurde, *„die Rente ist sicher"*, meinte ausgerechnet die erste rotgrüne Koalition auf Bundesebene, dies in Frage stellen zu müssen. Anlass war die Reform der gesetzlichen Rentenversicherung in den Jahren 2000/2001, die das Netto-Rentenniveau eines Eckrentners auf 67 % reduzierte. Seit damals ist das Wort von der Rentenlücke in aller Mund. Die Menschen wurden aufgefordert, sich selbst ein Vorsorgevermögen für das Alter aufzubauen, wofür mit dem griffigen Begriff der „Riester-Rente" geworben wurde, benannt nach Walter Riester, dem damaligen Bundesminister für Arbeit und Sozialordnung. Sie sollte als dritte Säule, neben der gesetzlichen und betrieblichen Rente, den Lebensstandard im Alter sichern. Der Hintergrund dafür waren Befürchtungen, dass auf Grund von Verschiebungen in der Altersstruktur immer weniger Junge immer mehr Alte zu versorgen haben, und somit das auf dem Umlageverfahren beruhende Modell („Generationenvertrag") der gesetzlichen Rentenversicherung gefährdet würde.

Man wählte aber nicht die eigentlich naheliegende Form der Nutzung der äußerst kostengünstig arbeitenden gesetzlichen Rentenversicherung, wie etwa durch die Steuerbegünstigung freiwilliger Einzahlungen, sondern sah die Lösung im Abschluss privater Verträge mit der Versicherungs- und Bankwirtschaft. Die Versicherungen griffen natürlich die neue Geschäftsmöglichkeit gerne auf, wofür sich vor allem ihre Rentenversicherung anbot. Dies passte gut in ihr Konzept lebenslänglicher Auszahlungsgarantien. Nach anfänglichem Zögern zog auch die Kreditwirtschaft nach. Die Banken und Sparkassen taten sich schwer mit der gesetzlichen Vorgabe der Auszahlungsgarantie, weil dies mit ihrem bisherigen Geschäftsmodell nicht zu vereinbaren war.

Diese sog. „staatlich geförderte private Zusatzrente" erhielt nicht nur einen sperrigen Namen, auch ihre ganze Konstruktion ist kompliziert und für viele Arbeitnehmer schwer verständlich.[129] Einer der Gründe ist, dass staatliche Zulagen und zusätzlich noch Steuererleichterungen gewährt werden. So reißt die Kritik an „Riester" nicht ab, von vielen Seiten ist der Vorwurf zu hören, die Kosten seien zu hoch und die Rendite zu niedrig. So schrieb oekotest von einer *Reise ins Labyrinth* und die Süddeutsche Zeitung meinte *„wer blickt da noch durch"*. Die WirtschaftsWoche sprach gar von einer *„Riester-Lüge"*. Im Grunde sei die Riester-Rente ein *„Bereicherungsprogramm für*

---

[129] Geregelt im Altersvermögensgesetz (AVmG) vom Jahr 2002 eingeführt und steuerlich geregelt durch den § 10a EStG. Die Bezeichnung „Riester-Rente" geht auf Walter Riester zurück, der die Förderung der freiwilligen Altersvorsorge durch eine Altersvorsorgezulage vorschlug.

die Finanzindustrie", eine scharfe, aber sicher nicht ganz falsche Kritik der Süddeutschen Zeitung (Februar 2016). Umstritten ist auf jeden Fall, ob das Ziel der Bundesregierung, mit dieser staatlichen Sparsubvention die Sparneigung der Einkommensschwachen zu verbessern, erreicht werden kann.

Beispiel: Wer 18.000 Euro brutto verdient, erhält die maximale Zulage nur, wenn er daraus mindestens 4 % in ein Riester-Produkt einzahlt, also 720 Euro. Die Grundzulage samt Zulage für ein Kind ergeben 454 Euro, so dass lediglich noch 266 Euro Eigenleistung (monatlich 22,17 Euro) selbst aufzubringen sind. Bei höherem Bruttoverdienst schlägt zusätzlich die steuerliche Berücksichtigung der Sparleistung als Sonderausgabe zu Buche. So macht bei 40.000 Euro Bruttoeinkommen die Steuerersparnis etwa 530 Euro aus, was die Rentabilität der Riester-Rente beträchtlich erhöht. Grundsätzlich gilt, je niedriger das Einkommen ist, desto höher fällt die Rendite aus. Höhere Einkommen profitieren dagegen stark von der steuerlichen Abzugsfähigkeit, was eigentlich einer staatlichen Sparförderung für die Einkommensschwachen zuwiderläuft.

Das Wichtigste zu Riester:

Zulagenberechtigt	Unmittelbar berechtigt sind Mitglieder der gesetzlichen Rentenversicherung sowie Beamte; mittelbar berechtigt Ehe- oder Lebenspartner von unmittelbar Zulageberechtigten (*also keine Selbständigen, keine Altersrentner*)
Anlageprodukte	Nur staatlich zertifizierte Altersvorsorgeprodukte, Antrag erforderlich
Kapitalerhalt	Garantie der Rückzahlung des eingezahlten Kapitals und der staatlichen Zulagen
Eigenleistung	mind. 60 €
Staatliche Zulage:	154 €

Extrazulage:	Eimaliger Einsteigerbonus 200 € für unter 25-Jährige
Kinderzulage:	185 € pro Kind vor 2008 geboren
	300 € pro Kind nach 2008 geboren
Steuervorteile:	max. 2.100 € (inkl. Sparzulage) als Sonderausgabe abzugsfähig
Auszahlung	Nur in Form einer Leibrente ab dem 60. Lebensjahr

Mit folgenden Anlageprodukten können Sie „riestern":

- ▶ Banksparplan: unkompliziert, flexibel, aber ziemlich renditeschwache Anlage, ein Umstieg in andere riestergeförderte Produkte ist möglich (z.B. in ein Riester-Bauspardarlehen); wenig Angebote seitens der Bankwirtschaft.
- ▶ Fonds-Sparplan: Höhere Erträge bei mehr Risiko möglich, empfehlenswert nur bei hoher Laufzeit
- ▶ Fondspolice-Investment: Anleger kann mitentscheiden, in welche Fonds investiert wird, aber unflexibel bei eventuellem Wechsel
- ▶ Rentenversicherung: niedrige Rendite, unflexibel
- ▶ Riester-Bausparen

☞ **Was Sie beachten sollten:**

Was der Staat gibt, das nimmt er auch – zumindest teilweise – wieder! Denn die Auszahlungen sind in der *Ruhestandsphase zu versteuern.* Es bleibt lediglich die Hoffnung, dass zu diesem Zeitpunkt das Einkommen und damit der Steuersatz niedriger sind. Anzumerken ist noch, dass die Zertifizierung der Riester-Angebote nichts mit der Qualität zu tun hat. Es wird nur bestätigt, dass die formalen gesetzlichen Voraussetzungen eingehalten worden sind. Ein kleines Bonbon gibt es aber noch: In der Auszahlungsphase sind *keine* Beiträge zur Krankenkasse aus der Riesterrente zu zahlen, im Gegensatz zur Alters- und Betriebsrente.

Ob ein Riester-Vertrag rentabel ist, hängt neben der Verzinsung davon ab, ob und wie lange man in den Genuss der entsprechenden Rente kommt. Im jüngsten Test von Finanztest zeigte sich, dass ein Kunde mit einem kostengünstigen Vertrag 82 Jahre alt werden muss, bis er ins Plus kommt. Bei einem ungünstigen Tarif dauert es sogar bis zum 85. Lebensjahr. Außerdem ist für denjenigen, der eine Sozialrente von nicht mehr als 700 Euro erwartet, die Riester-Rente ein schlechtes Geschäft. Denn er liegt damit im Bereich der Grundsicherung, d.h. seine niedrige Rente wird durch Sozialhilfe aufgebessert. Aber mit ihr wird die Riesterrente *verrechnet*! Der Rentner hat also umsonst „geriestert".

Als trauriges Fazit bleibt, dass sich die Riester-Rente für Arbeitnehmer, die wenig verdienen oder lange arbeitslos waren, kaum rentiert.

Und wie sieht es bei frühzeitigem Tod des Riester-Rentners aus? Zu unterscheiden ist, ob er in der Anspar- oder Auszahlungsphase eingetreten ist. Bei Tod vor Rentenbeginn geht das eingezahlte Kapital an die Erben. Aber sämtliche Zulagen und steuerlichen Vorteile müssen sie dem Staat zurückzahlen! Das lässt sich nur ausschließen, wenn der Ehepartner ebenfalls einen Riester-Vertrag hat, da in diesem Fall das vollständige Vertragsguthaben auf ihn übertragen werden darf. Dies gilt aber weder für Kinder noch andere nahe Verwandte. Stirbt der Sparer während der Auszahlungsphase, so kann das Restguthaben so lange vererbt werden, wie die Renten-Garantiezeit des Anbieters gilt. Die Renten-Garantiezeit ist die Mindestzeit, für die sich der Riester-Anbieter verpflichtet hat, Renten an den Sparer zu auszahlen. Nur wenn der Sparer zum Zeitpunkt des Todes älter als 85 Jahre war, ist die Riester-Rente nicht mehr rückzahlbar.

Wer „riestern" möchte, muss sich zuvor über seine Risikobereitschaft klarwerden. Wer kurz vor dem Ruhestand steht oder möglichst kein Risiko eingehen möchte, dem bleibt fast nur der Bank-Sparplan. Gute Angebote sind allerdings rar, wie Finanztest festgestellt hat. Im Allgemeinen bieten die Banken eine Kombination aus garantiertem Basiszins plus einer nicht garantierten Bonuszahlung an. Den Bonus gibt es entweder zwischendurch oder am Ende der Ansparphase, was natürlich einen erheblichen Unterschied ausmacht.

Ab dem 85. Lebensjahr ist für alle Riester-Rentner eine Rentenversicherung Pflicht. Deshalb wird zu Beginn der Auszahlphase bis zu 30 % des Kapitals in eine Rentenversicherung einbezahlt, aus dem dann eine lebenslängliche Rente fließt.

Eine weitere Anlageform bietet sich mit einem **Riester-Bausparvertrag**. Die Möglichkeit, ein Bauvorhaben mit Hilfe einer Riester-Rente zu verwirklichen, wurde erst 2009 in das Altersvermögensgesetz aufgenommen, sie erfreut sich großer Beliebtheit. Die Sparbeiträge wandern ebenso wie die gewährten Zulagen auf ein Bausparkonto und erhöhen damit die niedrige Gesamtrendite um einiges. Die Grundaussage bleibt allerdings gleich, ein solcher Vertrag ist momentan wegen der niedrigen Zinsen auf das Bausparguthaben nur rentabel, wenn das Bauspardarlehen in Anspruch genommen wird. Neuerdings wird von einem „**Super-Riester**" gesprochen, das ist eine Neuerung aus dem Jahr 2014, die eine bemerkenswerte Verbesserung darstellt. Denn jetzt kann, unter der Voraussetzung, dass bereits 3.000 Euro auf dem Riester-Bausparvertrag angespart wurden, das Guthaben auch zur *Entschuldung* der Immobilie verwendet werden. Bisher mussten die Bausparer bis zum Beginn der Riester-Rente warten, um damit ihr Darlehen zu tilgen. Nun können sie ihr angespartes Guthaben zur Entschuldung oder für altersgerechte Umbaumaßnahmen einsetzen. Durch diese Kombination mit den Riester-Zulagen hat das Bausparen wieder an Attraktivität gewonnen, die niedrigen Guthabenzinsen fallen jetzt nicht mehr so stark ins Gewicht. Kompliziert wird es, wenn das Haus verkauft oder vermietet wird, weil dann das „Wohnförderkonto", welches sämtliche Förderleistungen erfasst, aufzulösen ist.

Auch diese Variante ändert nichts an der grundsätzlichen Unzufriedenheit der Deutschen mit dem "*Bürokratie-Monster*" Riester. Für viele sind die Regeln zu kompliziert und intransparent. Manche Kritik ist wohl überzogen, denn um staatliche Subventionen nicht zu missbrauchen, sind leider Vorschriften unumgänglich – ob unbedingt so viele, sei dahingestellt.

4.3 Basisrente (Rürup-Rente)

Als ob die drei oben dargestellten staatlichen Sparförderungsprogramme und die Riester-Rente noch nicht ausreichten, hat es der Gesetzgeber im Jahr 2005 für nötig befunden, auch noch die *Basis- oder „Rürup-Rente"* einzuführen. Wie bei Riester ist auch bei diesem neuen staatlichen Förderprogramm die grundsätzliche Frage zu stellen, ob es wirklich Sinn macht, dass der Staat zuerst in der Ansparphase Steuererleichterungen gewährt, um sie dann später in der Auszahlungsphase, je nach steuerlicher Situation des Rentenberechtigten, wieder zurückzunehmen.

Nach den Erfahrungen mit der bürokratischen Riester-Rente wurde die **Basisrente** einfacher konstruiert. Die Förderung besteht nur noch in steuerlichen Erleichterungen (Sonderausgaben). Damit ist ein kostengünstigeres Verfahren gewählt worden, ob es aber auch gerechter ist, muss bezweifelt werden. Denn die Abzugsfähigkeit in Form von Sonderausgaben bedeutet, dass mit steigendem Verdienst und damit zunehmender Steuerprogression die Steuerersparnis steigt. Die staatliche Subventionierung ist allerdings limitiert, wenn auch großzügig bemessen. Gemeinsames Merkmal ist bei der Rürup- wie der Riester-Rente, dass beide *kapitalfinanziert* sind. Nur wenn das angelegte Kapital am Kapitalmarkt genügend Rendite erzielt, profitiert der Anleger.

Zielgruppen der Rürup-Rente sind sozialversicherungsbefreite Selbstständige, da sie weder eine betriebliche Altersversorgung noch ein Riester-Rente aufbauen können. Auch Personen, die berufsständisch organisiert sind wie Apotheker, Ärzte, Rechtsanwälte, Steuerberater und Architekten können sie nutzen.

Interessant ist diese neue Rente auch deswegen, weil die frühere steuerliche *Abzugsfähigkeit für Versicherungsbeiträge* als Sonderausgaben seit 2005 nicht mehr möglich ist.

Eine wesentliche Einschränkung ist, dass nur *eine* Anlageform zugelassen wurde, nämlich die Rentenversicherung – Rürup sei Dank. Aber ob die klassische oder fondsgebundene Form gewählt wird – die damit verbundenen Kosten sind hoch. Und wenn der Versicherungsnehmer nicht aufpasst, dann wartet am Ende der Ansparphase eine böse Überraschung auf ihn:

Nur wer im Vertrag eine *Beitragsgarantie* vereinbart, kann davon ausgehen, dass bei Auszahlung, die frühestens mit 62 Jahren möglich ist, zumindest das eingezahlte Kapital zur Verfügung steht. Ein weiterer Nachteil ist, dass vorhandenes Restvermögen im Todesfall an die Versicherung fällt, also eine Vererbung nicht vorgesehen ist. Mit renditemindernden Vereinbarungen, wie einer Hinterbliebenenrente oder einer Rentengarantiezeit (nicht bei allen Versicherern möglich), können solche Einschränkungen umgangen werden. Der Vertrag kann außerdem weder beliehen noch verkauft werden. Hinzu kommt, dass eine Einmalauszahlung zu Beginn der Rentenzeit nicht möglich ist. Bei der Riester-Rente besteht dagegen die Option, dass bis zu 30 % auf einmal ausgezahlt werden kann

Vgl. dazu die folgende Übersicht:

Art	Berechtigte	Art der Subvention
Klassische Sparförderung	Arbeitnehmer innerhalb bestimmter Verdienstgrenzen	Sparzulage bzw. Wohnungsbauprämie
Riester-Rente	Arbeitnehmer und mittelbar Berechtigte (Ehepartner etc.)	Staatliche Zulage, zusätzlich Steuervorteile
Rürup-Rente	Alle, interessant vor allem für Selbständige	Steuervorteile beschränkt in Form abzugsfähiger Sonderausgaben

Wie lautet nun das Fazit zu den beiden staatlich geförderten Altersrenten? Grundsätzlich kritisch ist ein Fördersystem zu sehen, das zuerst gibt und dann über die nachgelagerte Besteuerung, zumindest teilweise, wieder nimmt. Nicht wenige Kritiker betrachten die Rürup- wie die Riester-Rente als Verschwendung von Steuergeldern, da das gesetzliche Umlageverfahren um vieles günstiger und effizienter arbeite, außerdem auch sozialer. So ist der Rentenexperte Norbert Blüm (*„Ihre Rente ist sicher"*) einer der schärfsten Gegner dieser neuen Renten. Sie subventioniere die Versicherungswirtschaft, ohne dass dies zu einem Vorteil für die Gesellschaft insgesamt führe.

4.4 Betriebliche *Altersversorgung*

Die betriebliche Altersversorgung (bAV)ist aus dem Bemühen des Staates entstanden, dass mehr Bundesbürger über den Betrieb für ihren Ruhestand zusätzlich vorsorgen. Es hat sich jedoch herausgestellt, dass die bisherigen Möglichkeiten nicht frei von Mängeln waren. Insbesondere die nachgelagerte Besteuerung der Betriebsrente in der Auszahlungsphase wurde stark kritisiert. Noch stärkere Kritik wurde an der Freistellung der eingezahlten Beiträge von der gesetzlichen Rentenversicherungspflicht geübt. Denn die sozialversicherungsbefreiten Einzahlungen führen später zur *Minderung der Sozialrente* – eine geradezu paradoxe Regelung! Um das Maß vollzumachen, muss der spätere Betriebsrentner auch noch die Krankenkassenbeiträge abführen – und zwar momentan 17,5 %, d.h. er hat auch noch den Arbeitgeberanteil zu übernehmen! Nun hat die Bundesregierung ein Gesetz erlassen, das die Betriebsrenten zum Jahresbeginn 2018 stärken soll (Betriebsrentenstärkungsgesetz), das insbesondere für Geringverdiener Vorteile bringen soll. Man war aber nicht gewillt, die problematische Systematik der Betriebsrentenregelung zu verändern und die Komplexität der bAV wesentlich zu reduzieren.

Bei der bAV ist zu unterscheiden die rein arbeitgeberfinanzierte und die ganz oder teilweise arbeitnehmerfinanzierte Version. Im Einzelnen gibt es nicht weniger als sieben (!) verschiedene Möglichkeiten, die allein der Arbeitgeber auszuwählen darf:

- ▶ *Direktversicherung:* Die Beiträge fließen direkt vom Arbeitgeber an eine Lebens-(Renten)versicherung, die ist die populärste Form
- ▶ *Pensionskasse:* Zahlungen an ein selbständiges Versicherungsunternehmen, das von Versorgungswerken der Unternehmen und ihren Verbänden getragen wird
- ▶ *Pensionsfonds:* ähnlich wie Pensionskassen, die Anlage der Gelder unterliegt jedoch weniger Einschränkungen, so ist auch die Anlage der Gelder in Form einer hohen Aktienquote möglich

- *Direktzusage:* Der Arbeitgeber bildet innerbetrieblich Pensionsrück-stellungen für die späteren Betriebsrenten
- *Unterstützungskasse:* selbständige Einrichtung von einem oder meh-reren Unternehmen. Dabei besteht wie bei Pensionsfonds die Pflicht der Arbeitgeber, in einen Pensionsversicherungsverein (PSV) Bei-träge einzuzahlen, die im Falle einer Insolvenz die Auszahlungen übernimmt.
- *Riester-Rente:* Auch hier ist eine betriebliche Version möglich, wenn der Arbeitgeber ganz oder Teile der Beiträge übernimmt. Die Bei-träge sind aber nicht steuer- und sozialabgabenfrei.
- *Die Zielrente*: Neu ab 2018 das sog. Sozialpartnermodell, ähnlich kon-struiert wie die Direktversicherung, es gibt jedoch keine Auszah-lungsgarantie. Gerade diese Haftung hat viele Betriebe davon abge-halten, einer der Varianten der bAV beizutreten. Es sind jetzt die So-zialpartner (Tarifparteien), die lediglich eine Rente in Aussicht stel-len, also nicht garantieren (!).

Man kann wohl ohne Übertreibung behaupten, dass die Betriebsrente noch lange keine stabile Säule der Altersvorsorge ist. Bislang stammen lediglich vier Prozent der Alterseinkünfte aus der betrieblichen Rente! Die Unterneh-men halten sich mit Neuzusagen aktuell stark zurück, auch die Kommuni-kation in dieser Sache mit ihren Beschäftigten lässt offenbar zu wünschen übrig, wie immer wieder berichtet wird. So wissen viele Arbeitnehmer gar nicht, ob sie ihr Betrieb überhaupt eine betriebliche Altersversorgungsein-richtung hat. Auch das undurchsichtige Regelwerk mit seinen steuerlichen und sozialversicherungsrechtlichen Vorschriften trägt nicht unbedingt zur Popularität bei. Dazu kommt, dass kleinere Betriebe gar nicht die Spezialis-ten haben, um die komplizierten rechtlichen Vorschriften richtig umzuset-zen.

Im Übrigen sind die Einzahlungen begrenzt, maximaler Satz bis sie zu dem von der Sozialabgaben- und Steuerpflicht befreit werden kann, beträgt 4 % von der Beitragsbemessungsgrenze der gesetzlichen Rentenversicherung – aktuell ist damit eine Entgeltumwandlung bis zu 254 Euro monatlich mög-lich. Zusätzlich kommen weitere 150 Euro monatlich, wenn der Arbeitgeber eine der oben genannten drei ersten Möglichkeiten gewählt hat. Teilweise zeigt sich auch, dass die Arbeitgeber ihren eingesparten Anteil an der Sozialversicherung nicht ihren Arbeitnehmern zugutekommen lassen, sondern in die eigene Tasche stecken.[130] Zu betonen ist noch einmal, dass allein der *Arbeitgeber* entscheidet, in *welcher* Form er eine betriebliche Altersversorgung angeboten wird. Dagegen ist er nicht vollkommen frei, ob er *überhaupt* eine betriebliche Altersversorgung anbieten soll. Denn Mitarbeiter, die der gesetzlichen Rentenversicherung unterliegen, haben einen *Rechtsanspruch* auf Umwandlung von Gehaltsteilen in eine betriebliche Altersversorgung.

4.5 Besteuerung von Vermögenserträgen

Ein wichtiges Gebot beim Aufbau von Vermögen ist es, auch steuerliche Auswirkungen in Betracht zu ziehen. Denn alle Erträge, die aus Kapitalanlagen fließen, sind grundsätzlich der Einkommensteuer zu unterwerfen – der Staat verdient an jedem Euro mit, den Sie in Form von Zinsen, Dividenden und Kursgewinnen erhalten. Für die Erträge aus Kapitalvermögen, dazu zählen auch die Zinsen aus Spareinlagen, ist maßgeblich der § 20 des Einkommensteuerrechts – und stellt eine äußerst komplexe Steuermaterie dar, auch auf Grund der vielen und teilweise fundamentalen Änderungen der letzten Jahre.

Wird Vermögen aber nicht über den Kapital-, sondern den Immobilienmarkt aufgebaut, so sind die entsprechenden Erträge in einem gesonderten § 21 des Einkommensteuerrechts als Einkünfte aus Vermietung und Verpachtung geregelt. Dieser Paragraph ist wohl weniger umfangreich, aber nicht unbedingt einfacher. Auf jeden Fall werden Erträge aus Kapitalvermögen ganz unterschiedlich behandelt, je nachdem ob es sich um Wertpapiererträge oder Mieteinnahmen handelt, eine Logik, die nicht unbedingt nachvollziehbar ist. Dies soll das folgende Beispiel zeigen, das zwei Investitionen in Höhe von 400.000 Euro vergleicht. Bei Alternative A wird das Geld in ein Vermietungsobjekt investiert, bei B in Kapitalvermögen in Form von Aktien. In beiden Fällen soll die Hälfte des Anschaffungspreises mit

---

[130] Vgl. SWR-Dokumentation „Was tun für die Rente? Im Dschungel der Altersvorsorge" v. 29.01.2014.

einem Kredit zu 3 % finanziert werden. Die Bruttorendite vor Steuern sei mit 4 % (16.000 Euro) gleich hoch.

Richtet man den Blick zuerst auf das Ergebnis, so ist die Überraschung groß: Der Immobilienbesitzer hat an Steuern 800 Euro, der Wertpapierbesitzer dagegen 3.471 Euro – und damit mehr als das Vierfache! Wie ist dies möglich, wo doch beide den Reinertrag mit dem gleichen persönlichen Einkommen-Steuersatz von 40 % versteuern? In früheren Jahren waren Aktieninvestments stark begünstigt – Stichwort Förderung der Beteiligung am Produktivvermögen –, denn nur diejenigen Kursgewinne waren zu versteuern, wenn die Zeitspanne zwischen Kauf und Verkauf weniger als ein Jahr betrug und damit als Spekulation eingestuft wurde. Nun hat sich die Situation ins Gegenteil verkehrt. Offenbar hat die Politik den Glauben an ein Volk von Aktionären aufgegeben, favorisiert ist nun der Immobilien(spekulant). Denn fast alles, was irgendwie mit der Immobilie zu tun hat, kann steuerlich als Werbungskosten abgezogen werden – allerdings mit der ganz erheblichen und sehr problematischen Einschränkung, dass es sich um *Vermietungsobjekte* handeln muss! Ziemlich fragwürdig ist es, dass dagegen der *selbstgenutzten Immobilie* so gut wie alle steuerlichen Begünstigungen gestrichen wurden. Wer Eigentum bildet, wird sogar durch die Erhebung einer *Grunderwerbsteuer* (entgegen der Bezeichnung werden bei Eigentumswohnungen nicht nur der Anteil an den Grundkosten, sondern die *gesamten Baukosten* dieser Steuer unterworfen) teilweise bis zu 7,5 % „bestraft". Denn gerade mit Wohneigentum wird langfristiges Vermögen aufgebaut, das im Alter einen wesentlichen Rückhalt darstellt. So gibt es auch keine Abschreibungsmöglichkeit mehr im Gegensatz zum berühmten §7b früherer Jahre.

Ganz anders bei Vermietungen! Obwohl unbestreitbar fast alle Immobilien jährlich an Wert gewinnen, wenn sie nicht gerade im hintersten Winkel des Bayerischen Waldes angesiedelt sind, kann eine Abschreibung für Abnutzung in Höhe von 2 % auf den Gebäudeteil als *virtueller Aufwand* abgezogen werden. Das ist ein ordentlicher Batzen, im obigen Beispiel wird der Rohertrag allein dadurch fast um die Hälfte reduziert. Zusätzlich können die Kreditzinsen in voller Höhe sowie der laufende Erhaltungsaufwand und das Objekt betreffende Steuern abgesetzt werden. Damit verbleibt als Nettoertrag 2.000 Euro – gerade noch 12,5 % des Bruttoertrages. Beim unterstellten persönlichen Grenzsteuersatz von 40 % sind daraus 800 Euro ans

Finanzamt abzuführen. Wohlgemerkt, das Bankkonto hat per Saldo um 7.200 Euro zugenommen, da nur Erhaltungsaufwand/Grundsteuer, Schuldzinsen und Einkommensteuer die Mieteinnahmen als echte Ausgaben schmälern.

Laufende Besteuerung von Investitionen				
Investition A			Investition B	
Vermietobjekt			**Wertpapierdepot**	
Anschaffungskosten*)		400.000 €	Anschaffungskosten	400.000 €
Nebenkosten (10 % einmalig)		40.000 €	Kauf-/Verkaufsgebühren (laufend)	2.000 €
Fremdkapital		200.000 €	Fremdkapital	200.000 €
Bruttorendite (vor Steuern)		4%	Bruttorendite (vor Steuern)	4%
a) Erträge aus Vermietung		16.000 €	Erträge aus Zinsen/Dividenden	16.000 €
Wertsteigerung p.a.	1%	0	Realisierte Kursgewinne im Depot	18.000 €
b) Werbungskosten steuerlich:			b) Werbungskosten steuerlich:	
			Kauf-/Verkaufsgebühren (laufend)	*2.000 €*
Wertverlust	0%	0	Realisierte Kursverluste im Depot	22.000 €
Erhaltungsaufwand/Grundsteuer		*2.000 €*	*Depotgebühren u.ä.*	*2.000 €*
Schuldzinsen	3%	*6.000 €*	*Schuldzinsen*	*6.000 €*
Abschreibung auf Gebäude	2%	*6.000 €*	*Buchverluste im Bestand*	*6.000 €*
Einkünfte aus Vermietung u. Verpachtung		2.000 €	Einkünfte aus Zinsen/Dividenden	14.000 €
			Verrechnete Kursdifferenzen	0
Persönlicher Einkommensteuer-Satz		40%	Persönlicher Einkommensteuer-Satz	40%
			Sparerfreibetrag (Ehepaar)	1.602 €
			Abgeltungsteuer + Soli + KiSt	28%
Zu entrichtende Steuer		**800 €**	Zu entrichtende Steuer	**3.471 €**
Zahlungseingang per Saldo Bankkonto		7.200 €	Zahlugnseingang per Saldo Bankkonto	529 €
) davon Grundstückswert		*100.000 €*		

Ganz anders stellt sich die Situation im Falle eines Depotinhabers dar. Sein Rohgewinn von ebenfalls 4 % ergibt sich aus Zins- und Dividendenerträgen in Höhe von 16.000 Euro; zusätzlich hat sich aber noch in seinem Depot ein negativer Saldo aus Kursgewinnen und Kursverlusten in Höhe von 4.000 Euro eingestellt. Außerdem sind Transaktionskosten (Kauf- und Verkaufsgebühren) über 2.000 Euro angefallen. Dann aber ist es mit der Vergleichbarkeit auch schon aus. Für den Wertpapierbesitzer kommt es nun ganz Dicke, denn er darf:

- die Aktien-Kursverluste von 22.000 Euro ausschließlich mit den Aktien-Kursgewinnen von 18.000 Euro verrechnen, den verbleibenden Verlust von 4.000 Euro kann er – zumindest vorerst – in den Wind schreiben. Er darf sie allerdings auf spätere Jahre vortragen, aber auch dann können wieder nur die Kursverluste mit Kursgewinnen verrechnet werden. Der Hausbesitzer kann dagegen Veräußerungsgewinne steuerfrei vereinnahmen, soweit er die Immobilie mehr als 10 Jahre gehalten hat. Die frühere Spekulationsfrist für Wertpapiere wurde inzwischen abgeschafft. Jeder Kursgewinn gilt nun quasi als Spekulationsertrag.

- Nur die *direkten Nebenkosten* wie Kauf- und Verkaufsgebühren können als Werbungskosten abgezogen werden. Laufende Depot- und Verwaltungsgebühren zählen nicht mehr dazu!

- Schuldzinsen aus Wertpapierkrediten kann man nun ebenfalls nicht mehr abziehen, im Gegensatz zum Immobilienbesitzer. Der Zinsaufwand von 6.000 Euro (vgl. Beispiel) kann also steuerlich nicht mehr berücksichtigt werden.

- Auch *Buchverluste*, die aus einem Vergleich des höheren Anschaffungskurses mit dem aktuell niedrigeren Börsenkurs entstehen, sind steuerlich nicht relevant. Dies ist erst der Fall, wenn sie durch Veräußerung realisiert werden.

- Außerdem können Verluste aus Kapitaleinkünften *mit anderen Einkünften* nicht verrechnet werden, was einem Verstoß gegen die Systematik des Einkommensteuerrechts gleichkommt. Ganz im Gegensatz dazu der Immobilienbesitzer, er kann sie mit seinen sonstigen positiven Einkünften, z.B. aus Lohn, verrechnen!

- Der einzige Vorteil des Depotinhabers ist, dass ihm für Kapitalanlagen ein Sparer-Pauschbetrag, eine Art *Werbungskostenpauschale* zugestanden wird, der mit 801/1602 Euro (ledig/verheiratet) nicht unbedingt als üppig zu bezeichnen ist. Allerdings muss er seine Einkünfte aus Kapitalvermögen, im Beispiel 16.000 Euro aus Zinsen/Dividenden abzüglich des Sparerfreibetrags von 1.602 Euro (Ehepaar) nur mit dem sog. Abgeltungssatz von 25 % (zuzüglich des Soli-Zuschlags) versteuern. Wer zusätzlich noch Kirchensteuer zu zahlen hat, kommt auf einen Brutto-Steuersatz von knapp 28 %.

Bei den im Beispiel errechneten Nettoeinkünften von 14.398 Euro (16.000 €

Zins-/Dividendenerträge – 2.000 € Transaktionsgebühren - 1.602 € Sparer-freibetrag) ergibt sich somit eine Steuerschuld von 3.471 Euro.[131]

Allerdings können „gewiefte" Wertpapierbesitzer ihre Steuerschuld durch „Tricks" vermindern, so durch Übertragung von Teilen ihres Depots auf ihre Kinder – es kommt aber auf deren eigene Einkünfte an.

Noch ein Wort zu Zinserträgen, Kursgewinnen und Dividenden aus ETF. Sie unterliegen der Abgeltungssteuer von 25 % plus Solidaritätszuschlag und werden von der depotführenden Bank abgeführt. Auch hier gilt wie bei anderen Wertpapiererträgen: Ist der persönliche Steuersatz niedriger als der Abgeltungssatz, dann lohnt es sich, das Zuviel über die Steuererklärung zurückzuholen. Für ausländische Fonds gelten komplizierte Sonderrege-lungen, bis zum endgültigen Verkauf von Anteilen sollten sicherheitshalber sämtliche steuerrelevanten Belege aufbewahrt werden. So kann man über-prüfen, ob es nicht während der Anlagezeit zu Doppelbesteuerungen kam. Im Übrigen können Verluste aus Fondsanteilen mit Gewinnen aus allen an-deren Wertpapierarten verrechnet werden. Umgekehrt, wie bereits er-wähnt, gilt nicht dies nicht für Aktiengewinne, sie können *nicht* mit Fonds-verlusten aufgerechnet werden. Ab 2018 dürfte es noch komplizierter wer-den! Die Steuerfreiheit für Altanlagen (Fonds vor 2009 erworben) wird auf-gehoben, ein neuer Freibetrag für Kursgewinne von 100.000 Euro wird ein-geführt und die Fondsgesellschaften werden der Steuerpflicht unterworfen. Dafür wird die Abgeltungssteuer beim Anleger gesenkt, da nur Teile der Erträge zu versteuern sind, je nach Fondsart. Steuerherz – was willst du mehr?

---

[131] Wird in der vom Finanzamt durchgeführten Günstigerprüfung festgestellt, dass der persönliche Einkommensteuersatz unter dem Abgeltungssteuersatz liegt (bei einem Depot von 400.000 Euro allerdings wenig wahrscheinlich), so kommt dieser zum Ansatz.

II.5 Zur Psychologie des Anlegers

Schon vor Jahrzehnten meinte Ludwig Erhard, der „Vater des deutschen Wirtschaftswunders", dass Wirtschaft zu 50 Prozent Psychologie sei. Denn alles, was in der Wirtschaft passiere, würde von Menschen gesteuert und damit immer auch von psychischen Faktoren beeinflusst. Diese Erkenntnis machte jedoch wenig Schule, denn die Wissenschaft von der Wirtschaft, die Nationalökonomie, driftete nach der Ära Erhard immer stärker ins Lager der Mathematik ab. Man gab sich dem optimistischen Glauben hin, die Wirtschaft mit Hilfe mathematischer Modelle berechenbar zu machen. Da aber hinter der Wirtschaft Menschen stehen, geht es eher darum zu erforschen, wie sie „ticken", wie sie sich wirtschaftlich tatsächlich verhalten. Zuerst bahnte sich die Einsicht, dass sich die Menschen weit weniger rational – oft sogar irrational – verhalten als im Denkmodell des homo oeconomicus unterstellt. Das gilt für den gesamten Bereich der Mikroökonomie, also unser tägliches wirtschaftliches Handeln als Verbraucher und Anleger – grundsätzlich für jeden, der Entscheidungen für sich oder andere trifft.

Ein wichtiges Zeichen setzte die Verleihung des Nobelpreises im Jahr 2002 an Daniel Kahneman, einem der geistigen Urheber der **verhaltensökonomischen** Orientierung. Durch diese Auszeichnung gelangte diese Denkrichtung, die sich die Bezeichnung „**Behavioral Finance**" gab, verstärkt ins Bewusstsein der Allgemeinheit und führte auch zu Korrekturen auf dem Gebiet der privaten Finanzwirtschaft.

Aber auch auf makroökonomischer Ebene, die sich mit gesamtwirtschaftlichen Faktoren wie Produktion, Investition, Konsum, Angebot und Nachfrage beschäftigt, macht sich ein Umdenken breit. Denn auch hinter diesen Größen stehen Entscheidungen und Verhaltensweisen von Millionen von Nachfragern und Anbietern. Sichtbares Zeichen dafür war auch hier die Verleihung des Nobelpreises Wirtschaft an den US-Amerikaner Robert J. Shiller, der im Jahr 2013 für seine Erkenntnisse auf dem Gebiet verhaltensökonomischer Einflussfaktoren auf volkswirtschaftlicher Ebene ausgezeichnet wurde. Vor allem war es die böse Schlappe, die die Nationalökonomie einstecken musste, als sie – so wenig wie die ganzen Finanzexperten – den Crash des Jahres 2008 kommen sah.

Shiller nennt diese vorher kaum beachteten Einflussfaktoren *„animal spirits"*, im wörtlichen Sinn sind dies die Lebensgeister. Er meint damit aber die *nichtökonomischen* Motive und *irrationalen* (animalischen) Verhaltensweisen, die nach seiner Auffassung eine bislang viel zu geringe Rolle für die Erklärung des Funktionierens, oder besser gesagt des Nichtfunktionierens, der Wirtschaft spielen. So lautet auch der Untertitel des mit seinem Kollegen George A. Akerlof verfassten Buches *„Animal Spirits – how human psychology drives the economy, and why it matters for global capitalism"*. Auf eine Kurzformel gebracht heißt die Devise folglich *„Psychologie statt Mathematik"*.

In eine ähnliche Kerbe schlägt seit neuestem, und das ist nun wirklich überraschend, auch der bis 2006 – und damit bis kurz vor Ausbruch der US-Finanzkrise – amtierende Notenbankchef Alan Greenspan, dessen Worte früher die ganze Finanzwirtschaft erzittern ließen. Auch der „Maestro", wie er respektvoll von der Finanzwelt tituliert wurde, kommt nun in seinem umfangreichen Werk mit dem sibyllinischen Titel *„The Map and the Territorry"* zur Erkenntnis, dass man sich viel mehr als bisher mit den Triebkräften menschlichen Verhaltens auseinandersetzen müsse – vor allem wenn man erklären wolle, warum es immer wieder zu wirtschaftlichen Krisen komme. Auch er gibt zu, dass für ihn – wie für alle Fachkollegen – der Finanzcrash 2008 völlig überraschend kam. Seine nachträgliche Erkenntnis lautet, dass ökonomische Prognosen nur abgeben sollte, wer sich zuvor ausgiebig mit Psychologie beschäftigt habe. Wichtiger als alle Marktdaten sei das Studium menschlicher Verhaltensmuster und Triebkräfte *„wie Euphorie und Angst, Gier und Herdentrieb, Optimismus und Selbstwertgefühl."*[132]

📖 **Wissenswertes**

Zwei zentrale Begriffe der Behavioral Finance

Eine **Bias** ist eine Tendenz oder Neigung im Verhalten, die problematisch ist, sei es in der Eigenschaft als Verbraucher oder Anleger.

---

[132] Badische Zeitung v. 24.10.2013. Näheres zum "herding-effect" bei William Forbes, Behavioral Finance, 2009, S. 221 und 229.

Eine **Fallacy** ist eine gesteigerte Bias. Ein Irrtum, eine Täuschung oder ein Trugschluss – und wiegt damit noch schwerer als die bloße Bias.

Die Vertreter der Behavioral Finance haben damit schon vor 30 Jahren begonnen, nach solchen Neigungen, Irrtümern und Trugschlüssen zu forschen, zumindest für den Bereich des individuellen wirtschaftlichen Handelns. Im Wesentlichen geht es um psychologische Effekte, um „Anomalien", auf den Gebieten der

➢ **Wahrnehmung:** Die Realität verzerrt wahrnehmen

➢ **Unterlassung:** Notwendige Entscheidungen nicht treffen

➢ **Entscheidung**: Falsche Entscheidungen treffen.

5.1 Wahrnehmungsanomalien

5.1.1 Confirmation Bias – oder wie man seine Fehler schönredet

Nehmen Menschen die Welt tatsächlich so wahr wie sie ist – oder so, wie sie es gerne hätten? Natürlich schaut jeder aus seinem spezifischen Blickwinkel auf seine Umwelt, diese Erkenntnis ist nicht neu. Gefährlich ist es jedoch, wenn es darum geht, die eigene finanzielle Umwelt, speziell die eigene finanzielle Lage, richtig zu erkennen und zu beurteilen. Denn allzu oft nimmt man die – manchmal erschreckende – Realität gar nicht oder nur eingeschränkt wahr. Deswegen sprechen die Behavioristen von der **Confirmation Bias**, der Tendenz, frühere Entscheidungen, egal wie negativ sich die Dinge zwischenzeitlich entwickelt haben, zu bestätigen.

Der englische Begriff **Bias** wurde bereits in früheren Kapiteln verwendet. Die bereits erwähnte Bigness-Bias war die Tendenz, beim Kauf eines teuren Produkts nur auf die großen Beträge zu schauen und die kleinen Zusatz- und Nebenkosten zu vernachlässigen. In der Summe können sie jedoch zu einer erheblichen Verteuerung führen, was dem Käufer oft gar nicht bewusst ist. Eine **Fallacy** ist typisch für Menschen, die in bereits erkennbaren finanziellen Schwierigkeiten stecken, aber die Situation mit dem Argument, *„es wird schon wieder"*, schönreden. Auch bei Anlegern lassen sich solche Tendenzen immer wieder erkennen, wenn sie getroffene Entscheidungen – vor sich und anderen, vielleicht der Familie – rechtfertigen müssen. Sie suchen überall nach Hinweisen, die ihre Einschätzung bestätigen.

☞ **Was Sie beachten sollten:**

Wenn Sie sich mit Ihren Finanzen beschäftigen, dann gilt es immer wieder zu fragen, ob Ihre finanzielle Situation so ist wie sie ist, oder eher so wie sie sein sollte. Denken sie an die Warnung der Behavioristen, dass der Mensch nur allzu gerne das zur Kenntnis nimmt, was ihm in den Kram passt?

✍ **Beispiel:**

Ein Anleger, hat sich, nachdem er lange Zeit den Aufwärtstrend des Goldpreises verfolgt hat, entschlossen, einen Kilo-Goldbarren zu fast 50.000 € zu erwerben. Doch kaum hatte das Edelmetall in seinen Händen, ging der Goldkurs auf Talfahrt, und zwar ziemlich heftig.

In der Folge tendiert er dazu, sich die Situation schönzureden, er kann sich doch nicht so sehr getäuscht haben! Der Anleger wird deshalb alle jene Hinweise der Medien begierig aufsaugen, die seine Entscheidung als richtig bestätigen und einen baldigen Aufschwung vorhersagen.

Das gilt auch für den Aktienkäufer, der nur nach positiven Nachrichten Ausschau hält, die seine Handlungsweise bestätigen. Es ist also die Auswirkung einer *selektiven Wahrnehmung*, die unliebsame Nachrichten so lange wie möglich ausblendet. Jeder, der sein Geld an der Börse angelegt hat, wird diese Tendenz bestätigen können.

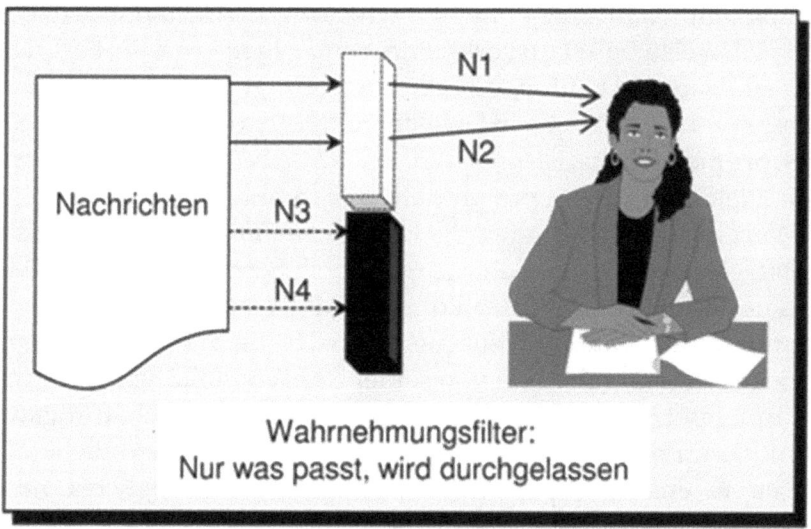

Wahrnehmungsfilter:
Nur was passt, wird durchgelassen

Wir sind heute in unserer Informationsgesellschaft weniger denn je in der Lage, alle zur Verfügung stehenden Informationen aufzunehmen – noch weniger sie zu verarbeiten. Es ist ein komplizierter biologisch-psychologischer Prozess, wie bestimmte Informationen herausgefiltert und andere abgeblockt werden. Das symbolisiert das Schaubild. Nur die Nachrichten N1 und N2 nehmen wir auf, N3 und N4 bleiben auf der Strecke.

Wie sich herausgestellt hat, kommt dabei dem Phänomen der *„ersten Wahl"* eine besonders hohe Bedeutung zu. Das kann jeder an sich oder anderen beobachten, wie beispielsweise der erste zufällige Urlaubsort, die zufällige

Wahl einer Laufstecke, ja sogar schon die Wahl eines Sitzplatzes im Reisebus einen nachhaltigen Einfluss auf spätere Entscheidungen haben. Darauf lässt sich auch die Markentreue zu bestimmten (Finanz)Produkten ableiten, mit der fatalen Wirkung, dass sie uns oft teuer zu stehen kommen. So ist es auch bei Wertpapierinvestments, man hält an bestimmten Aktien fest, auch wenn sich die Voraussetzungen im Laufe der Zeit komplett verändert haben. Wichtig ist deshalb, immer wieder die eigenen Präferenzen zu überprüfen und sich zu erforschen, ob man tatsächlich nur Informationen zur Kenntnis nimmt, die unsere Entscheidungen bestätigen.

Eine andere oft zu beobachtende Strategie ist, dass wir immer aus einer Sache herauskommen möchten ohne groß Federn lassen zu müssen. Dies lässt sich beispielsweise bei Hausverkäufen beobachten. So will beispielsweise jemand sein Haus verkaufen, da er berufsbedingt in eine andere Stadt ziehen muss. Wenn er gefragt wird, welchen Preis er erzielen möchte, so lautet die Antwort meist *„mindestens so viel, wie ich selbst bezahlt habe"*. Das ist typisch für viele Investitionen, von denen man annahm, dass sie eigentlich nur an Wert gewinnen könnten. Es ist die *„Get-Evenitis"*, die *„Plus-Minus-Null-Sucht"*, wie es der US-Behaviorist Hersh Sefrin ausdrückte. Man will mindestens den Betrag zurückbekommen, den man einmal dafür ausgegeben hat und damit *„Null für Null"* aus der Sache herauskommen. Nur wenn „alle Stricke reißen", geht man von seiner Preisvorstellung ab, die man sich in den Kopf gesetzt hat. Und das ist mindestens der Anschaffungswert. Erzielt man diesen nicht, so kommt dies einer heftigen persönlichen Niederlage gleich, es entstehen *psychische Kosten*, die man möglichst vermeiden möchte. Dieses Verhalten ist also nichts anderes als der Versuch einer Bestätigung, dass frühere Entscheidungen nicht falsch gewesen sein konnten. *„Man kann sich doch nicht so sehr getäuscht haben!"*

5.1.2 Anchoring Bias – Ankerwerte setzen

Die Academy of Behavioral Economics/Gottlieb-Duttweiler Institut für verhaltensökonomische Forschungen (Schweiz) beschreibt einen Test, in dem Versuchspersonen gebeten wurden, zunächst die letzten zwei Zahlen ihrer Sozialversicherungsnummer aufzuschreiben und danach anzugeben, wie viel sie für eine bestimmte Flasche Côte du Rhône zu zahlen bereit waren. Leute, deren Sozialversicherungsnummer mit einer hohen Nummer endete (z.B.

80), waren bereit, mehr für die Flasche auszugeben als Leute mit einer niedrigen Nummer (z.B. 12). Man spricht dabei vom **Ankereffekt**. Eine zufällige Zahl, die überhaupt nichts mit dem Problem zu tun hat, liefert trotzdem einen Ausgangspunkt. Er beeinflusst, wie viele ähnliche Test ergaben, unbewusst die Entscheidung, da man sich überlegt, ob der gesuchte Wert über oder unter diesem vorgegebenen Wert liegt. Ein anderes Beispiel sind Spendenaufrufe, bei denen Spendensummen vorgeschlagen werden. Es gibt mehrere Vorschläge zum Ankreuzen und zusätzlich ein freies Feld zum Eintragen einer anderen Summe. Selbst wenn man keinen der vorgeschlagenen Beträge ankreuzt, haben die Vorschläge einen Einfluss auf den gewählten Betrag im freien Feld.

📖 **Wissenswertes:**

Die **Anchoring Bias** ist die Tendenz, bestimmte Ausgangswerte in jedem Fall erreichen zu wollen. Sie hängt eng mit der Confirmation Bias zusammen, der gesuchten Bestätigung dafür, in der Vergangenheit keine fehlerhaften Entscheidungen getroffen zu haben.

Der ursprünglich ausgegebene Betrag, sei es für eine Immobilie oder Aktie, ist der Ankerwert, an dem man seine Verkaufsabsichten festmacht. Hat man z.B. für das gekaufte Haus 350.000 Euro oder für die Aktie 150 Euro ausgegeben, so setzt man alles daran, zumindest den Einstandspreis beim Verkauf wieder zu erreichen.

Festhalten am Ursprungswert ist also eine völlig verkehrte Taktik, auch wenn sie sehr gut nachvollziehbar ist. Viele Verluste werden an der Börse gerade deswegen eingefahren, weil man sich viel zu lange am Anschaffungskurs orientiert, der aber in der Zwischenzeit längst Geschichte ist. Natürlich bleibt es jedem unbenommen, auf eine bessere Zukunft zu bauen und seine Bestände zu halten. Nur zeigt sich oft, dass die Anlieger irgendwann doch die Nerven verlieren, und zwar dann, wenn die Kurse tief genug gefallen sind.

✋ **Beispiel:**

Ein Klinikarzt hatte sich nach seiner Beförderung zum Oberarzt ein Eigenheim für 450.000 € inklusiv Nebenkosten zugelegt. Doch schon nach wenigen Monaten wurde er zum Chefarzt einer Klinik in einer weit entfernten norddeutschen Großstadt ernannt. Er versuchte zuerst auf eigene Faust sein Heim zu verkaufen. Doch kein Käufer war bereit, die geforderte Summe von 600.000 € zu bezahlen. Nach über einem halben Jahr saß der Arzt immer noch auf seiner Immobilie.

Falsch und gefährlich ist so ein Verhalten, wenn sich die Marktsituation verändert hat, die Hauspreise zwischenzeitlich gefallen sind. Im obenstehenden Beispiel waren zwischenzeitlich Pläne der Deutschen Bahn bekannt geworden, die vorsahen, dass die neue Bahntrasse nicht sehr weit am Haus des Arztes vorbeiführen sollte.

Bildlich gesprochen ist der Ankerwert der Wert, der als erstes bei der Einfahrt in eine Meeresbucht, im einfachsten Fall per Lot, gemessen wird. Trügerisch ist es – man erinnere sich an das Unglück des Kreuzfahrschiffes Costa-Concordia, als es der Insel Giglio zu nahekam – sich auf 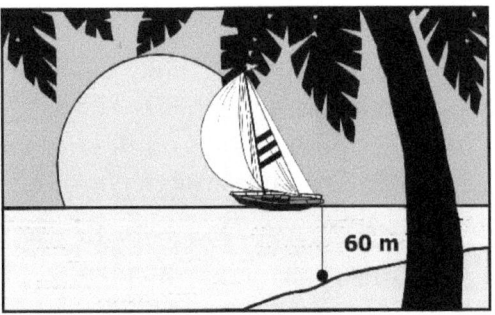 erste Messungen zu verlassen, statt den Kurs immer wieder neu auszurichten.

☞ Was Sie beachten sollten:

Achten Sie darauf, dass Sie nicht zu sehr an einem einmal bezahlten Betrag hängen bleiben. Umgekehrt – das Ankerprinzip können Sie sehr vorteilhaft zu Ihren Gunsten einsetzen. Gerade wenn Sie in Verhandlungen eintreten, wenn es z.B. um die Festsetzung von Lohn und Gehalt geht, wenn Sie mit Sponsoren verhandeln oder wenn Sie einen Gebrauchtgegenstand loswerden wollen – also überall da, wo man sich über einen Preis einig werden muss. Achten Sie darauf, dass Sie es sind, der den ersten Preis nennt, setzen Sie den Preisanker. Wenn Sie als erster ihre Wertvorstellung nennen, sind Sie psychologisch im Vorteil, es steht quasi 1:0 für Sie. Vor allem sollten Sie nicht einen zu niedrigen Ausgangswert setzen – runter geht´s immer, hoch ist viel schwieriger!

5.2 Unterlassungseffekte

5.2.1 Status-Quo Bias – problematisches Festhalten am Althergebrachten

✋ Beispiel:

> Potenzielle Anleger sollten ein Wertpapier-Depot über 100.000 Euro zusammenstellen. Sie entschieden sich im Durchschnitt für 70 % Aktien und 30 % Staatsanleihen.
>
> Als man anschließend die gleichen Personen fragte, wie sich verhalten würden, wenn sie mit einer *Erbschaft* bedacht würden, die aus einem Depot mit ebenfalls 100.000 Euro bestand. Der Unterschied war aber, dass das Depot nun ausschließlich aus bonitätsmäßig einwandfreien Staatsanleihen bestand. Die Testpersonen mussten sich also entscheiden, das geerbte Depot genauso zu belassen oder das Risiko durch die Beimischung von Aktien verändern.

Das Ergebnis war, dass fast 60 % der Befragten *keinerlei Änderungen* am vererbten Depot vornahmen. Sie beließen es also bei den 100 % Staatsanleihen. Dies steht aber im offensichtlichen Widerspruch zu ihrer ursprünglichen Entscheidung, dass nur 30 % des Depots aus Anleihen bestehen sollte.[133] Wie lässt sich dieser offenkundige Sinneswandel begründen?

Daraus und aus ähnlichen Tests wurde die Schlussfolgerung gezogen, dass Menschen sich in finanziellen Dingen anders verhalten, wenn es um *übernommene* Strukturen geht. Das betrifft im Übrigen keineswegs nur die Zusammensetzung von Vermögen und Einkommen, auch in anderen Bereichen lässt sich diese Tendenz beobachten, am Althergebrachten, an übernommenen Denkweisen, Sitten und Gebräuchen, festzuhalten.

📖 Wissenswertes:

> Die Tendenz, am Althergebrachten festzuhalten, nennen die Finanzpsychologen die **Status-quo Bias.** Man hat Angst vor Veränderungen, egal

---

[133] Dieses aus der wissenschaftlichen Literatur bekannte Ergebnis konnte bei Test mit Studenten aus drei verschiedenen Fachrichtungen der Dualen Hochschule Baden-Württemberg bestätigt werden.

ob dies Beruf, Wohnort, Hobby oder Urlaub oder eben auch das Wertpapierdepot bzw. das gesamte Vermögensportfolio betrifft. Es ist also eine Entscheidungslähmung, eine Vorliebe, alles am liebsten beim Alten zu lassen. Ein solches Verhalten kann problematisch sein, denn es geht auch um Chancen, die eventuell nicht wahrgenommen werden.

Man schlägt damit auch mögliche Chancen aus, das Leben wird als großes Mikado-Spiel betrachtet, dessen dominierende Handlungsanweisung lautet, sich möglichst nicht vom Fleck zu rühren. So möchten viele, auch junge, Leute ihren bisherigen Wohnort am liebsten nie für längere Zeit verlassen, außer sie sind durch Ausbildung, Studium oder Militärdienst vorübergehend dazu gezwungen.

Im Finanzbereich lässt sich diese *„resistance to change"*, dieser Unwillen, Vorhandenes in Frage zu stellen, besonders häufig beobachten. So bevorzugen fast 60 % der Anleger Spareinlagen, die jederzeit kündbar sind, obwohl ihnen real am Jahresende weniger an Kaufkraft zur Verfügung steht als zu Beginn. So berichtet beispielsweise die Kreissparkasse Göppingen, dass der überwiegende Teil der Kundschaft ihre Spareinlagen kurzfristig, und damit fast zu Nullzinsen, angelegt hat. Ins Bild passt, dass die gleiche Sparkasse berichtete, dass es außerdem – und dies in Zeiten niedrigster Zinsen – die höchsten Zuwächse bei Anlageprodukten mit einer Laufzeit von weniger als einem Jahr gab. Man will sein Geld nur noch so anlegen, dass ein jederzeitiger Zugriff möglich ist, und damit fast zu Nullzinsen. Offenbar ist dies eine – allerdings zweifelhafte – Lehre aus der Finanzkrise, denn zuvor lag der Anteil mittelfristiger Anlagen noch bei rund 50 %. Der Grund für diese äußerst konservative Anlagestrategie ist mangelndes Vertrauen, das als Reaktion auf die Bankenkrise des Jahres 2008 verloren ging

Die Erklärung für übermäßiges Verharren in überkommenen Positionen liegt darin, dass durch eine Entscheidung, die sich nachträglich als schlecht oder gänzlich falsch herausstellt, *psychische Kosten* entstehen. Es ist die Angst, eine falsche Entscheidung zu treffen und sich hinterher Vorwürfe machen zu müssen. Also lässt man lieber alles weiterlaufen wie bisher. Wenn sich dann aber Freunde und Bekannte mit ihren Anlageerfolgen brüsten, dann stellt sich wiederum Ärger über die eigenen Unterlassungen ein.

☞ Was Sie beachten sollten:

In finanziellen Dingen alles laufen zu lassen wie bisher, kann sich als ein teurer Fehler erweisen. Fragen Sie sich, ob Sie tatsächlich so viel Geld auf Ihren Spar-/Girokonten halten sollten – oder ob es nicht gleichwertige Anlagealternativen gibt. Gerade in Zeiten niedriger Zinsen ist es eine fragliche Entscheidung, nichts zu unternehmen, auch wenn dies der bequemste Weg ist. Wenn Sie über ausreichend liquide Anlagen verfügen, so sollten Sie überlegen, ob der konservativste Weg, also die Spareinlage, wirklich das Richtige ist. Und denken sie daran – keine Entscheidung ist auch eine Entscheidung!

5.2.2 Regret Aversion

Mit der Status-quo Bias steht in engem Zusammenhang die Angst oder Aversion, dass man eine Entscheidung trifft, die man später bedauern muss. Dies ist die Regret Aversion, die Abneigung gegen Handlungen und Entscheidungen, und zwar nur deshalb, weil man sich vor dem negativen Gefühl des Bedauerns fürchtet, also Angst vor seinen eigenen Vorwürfen hat. Wer sich mit dem Gedanken trägt, dem Ratschlag eines Freundes zu folgen und die Altersversorge teilweise auf Aktien oder Aktienfonds umzustellen, unterlässt dies aber, und zwar nur deshalb, weil er sich vor seinem eigenen Bedauern ängstigt. Denn kauft er und die Aktienkurse fallen, so würde er sich selber vorwerfen „wie konnte ich doch nur so leichtsinnig sein".

📖 Wissenswertes:

Die **Regret Aversion** bedeutet, eine Entscheidung nur deshalb zu unterlassen, weil man Angst hat, sie hinterher bedauern zu müssen. Der Beweggrund für eine solche Verhaltensweise ist, dass man Angst vor seinen eigenen Vorwürfen hat.

Auch im täglichen Leben gibt es zahlreiche Beispiele für solche Verhaltensweisen.

✌Beispiel:

Ein Autofahrer nahm auf seinem Weg ins Büro immer die gleiche Route. Nur ein einziges Mal wich er davon ab. Er hatte nämlich erfahren, dass man auf der Alternativroute an einem neuen Kiosk vorbeikomme, wo man sich günstig mit Tagesproviant eindecken könne. Ausgerechnet an jenem Tag, als er von seiner üblichen Route abwich, wurde er in einen Unfall verwickelt, den er in keiner Weise zu verschulden hatte. Trotzdem machte sich der Autofahrer große Vorwürfe nach dem Motto *„warum habe ich nur diese Route gewählt, auf der alten ist mir doch noch nie etwas passiert."*

Fast schon lustig hört sich die Geschichte von Harry Markowitz an, dem bereits erwähnten Begründer der modernen Portfoliotheorie. Er gab zu, dass er sein eigenes Wertpapier-Portfolio einfach nach dem simplen Muster *„fifty-fifty"* aufbaue, also je zur Hälfte aus Aktien und Anleihen.

Auf die Frage, warum er nicht ein raffinierteres Portfolio analog seiner eigenen theoretischen Kenntnisse anlege, meint er, er wolle nicht eines Tages Kursverluste bedauern müssen. Oder wie es Hersh Shefrin, ein weiterer Altmeister der Modernen Kapitalmarkttheorie formulierte, es komme bei Kursverlusten nicht nur zu einem leichten Bedauern, sondern der Schmerz gehe ganz tief.[134] Und schlimmer noch, er könne in eine wahre Qual ausarten, wenn man auch noch die persönliche Schuld am eingetretenen Verlust übernehme. Genau wie im obigen Beispiel der Autofahrer, der sich die Schuld am Unfall zuschreibt, obwohl ihn, objektiv gesehen, keinerlei Verschulden traf. Diesem Verhalten werden wir an späterer Stelle noch einmal begegnen, da ihm ein zentrales Motiv für die Erklärung des Börsengeschehens zugeschrieben wird.

Bedauern ist eine zwiespältige Angelegenheit: In langfristiger und nachträglicher Sicht bedauern Menschen, was sie nicht getan haben. *„Hätte ich doch vor 30 Jahren meine Ersparnisse in Aktien angelegt, dann könnte ich heute ein reicher Mann sein".* Oder vielleicht mit Hildegard Knef gesprochen, *„ich bedaure alle Fehler, die ich früher nicht gemacht habe – jetzt ist es zu spät".* Eher in kurzfristiger Sicht werden Dinge bedauert, die sie getan haben, *„warum*

---

[134] Börsenerfolg mit Behavioral Finance", 2000, S. 27 ff. und S. 258.

nur habe ich letztes Jahr meine ausgezahlte Lebensversicherung in Aktien angelegt, jetzt habe ich 60 % Kursverlust eingefahren." Es ist dann nur ein kleiner Trost, dass sich auch fast alle Finanzexperten mit ihren optimistischen Prognosen vertan haben.

5.2.3 Decision Paralysis – die Angst vor Entscheidungen

Auf den ersten Blick erscheint es unverständlich, dass es Menschen geben soll, die Angst vor ihren eigenen Entscheidungen haben. Müssen wir nicht täglich eine Unmenge von Entscheidungen treffen? So geht es schon morgens los mit der Frage, was wir anziehen und abends, wann wir zu Bett gehen sollen.

Das Bonmot *„Menschen entscheiden am liebsten nichts zu entscheiden",* umschreibt sehr treffend, um was es bei der *Entscheidungsparalyse* geht.

📖 **Wissenswertes:**

> Die **Decision Paralysis** *ist die Angst vor den eigenen Entscheidungen.* Es ist die oft zu beobachtende **Entscheidungsunlust,** die sich paradoxerweise gerade angesichts der Überfülle an Möglichkeiten auftut. Man ist geradezu gelähmt, man starrt auf das Überangebot und kann sich weder für das eine noch das andere entscheiden.

Schon wer einen Bäcker („Backshop") aufsucht, kann an sich selbst beobachten, wie schwer es ihm angesichts der Angebotsfülle fällt, die richtige Wahl zu treffen. So mancher wird sich schon beim Gedanken ertappt haben, dass es früher doch viel einfacher war, ein Brötchen, ein Hörnchen, eine Brezel oder ein süßes Stückchen zu kaufen. Es ist also ein Problem, das typisch für reiche Volkswirtschaften ist – ein Trost für all jene, bei denen die Segnungen unserer Überflussgesellschaft noch nicht angekommen sind.

Konnte man sich in früheren Zeiten höchstens einen Urlaub bei Onkel und Tante auf dem Land leisten, so gibt es heute eine Unmenge von Reiseangeboten aus allen Herren Länder. Fast die ganze Welt steht offen, die Entscheidung fällt nicht leicht. Tests haben ergeben, dass die Überfülle an Möglichkeiten auf Verbraucher oftmals eher einschüchternd wirkt, sie kommen sich angesichts der überbordenden Warenauslagen fast schon verloren vor. Ohne vorher ausgiebig Verbrauchertests studiert zu haben, trauen sich viele überhaupt nicht mehr in die Warenpaläste. Das oftmals ahnungslose und unmotivierte Verkaufspersonal tut das übrige dazu.

✋ **Beispiel:**

> In einem bekannten Experiment von Tversky/Shafir wurde nachgewiesen, dass eine Erhöhung der zur Auswahl stehenden Anzahl an Marmeladegläsern am Eingang einer Verkaufsmesse keineswegs den Umsatz förderte. Erst als die ausgestellten 24 Marmeladegläser auf 6 reduziert wurden, stieg der Umsatz, und zwar um das 30-fache! Eine frappierende Erkenntnis, die wenig berücksichtigt wird, angesichts der großen Auswahl, die in Kaufhäusern, im Einzelhandel, aber auch von der Finanzbranche, angeboten wird.

Auch im Finanzbereich ist es nicht viel anders, pausenlos werden neue Produkte kreiert, vor allem im Fondsbereich. Das gleiche trifft auf die sog. „strukturierten Produkte" (Derivate) mit ihren komplizierten Bewertungsmechanismen zu, die nicht nur immer weniger Anleger (und Banker) verstehen, sondern auch den Überblick erschweren. Weniger ist mehr, diese bekannte Devise könnte auch hier zutreffen, *„the more choice, the harder the choice"*.

Vor allem scheint dies die Angebote des oberen Preissegments zu betreffen, für die es eine gewisse Überlegungszeit braucht, bevor man sich für einen Kauf entscheidet. Und dem Käufer bleibt natürlich nicht verborgen, dass jede Entscheidung für ein bestimmtes Produkt eine Entscheidung gegen ein anderes, das Zweitbeste, ist. Und hier kommt wieder die Psychologie ins Spiel, denn es geht wieder um ein Gefühl, nämlich der Angst vor einer möglichen Fehlentscheidung.

Als Beispiel kann auch die Riester-Rente dienen. Sie verlangt vom Anleger, wie weiter oben geschildert, vielfältige Kenntnisse. Dass so viele Millionen Menschen die Möglichkeiten dieser Privatrente ungenutzt verstreichen lassen – mit knapp 17 Mio. Verträge haben nicht einmal die Hälfte der 37 Mio. Anspruchsberechtigten bisher Gebrauch davongemacht –, liegt nicht zuletzt auch daran, sich für etwas entscheiden zu müssen, was man nicht vollständig versteht.

Doch wenn man erst einmal abwartet, wird es keineswegs besser. Im Gegenteil, wenn Entscheidungen hinausgezögert werden, so fallen sie am Ende oft ganz unter den Tisch.

📖 Wissenswertes:

> Tests von Amos Tversky ergaben, je mehr Zeit man Studenten für die Bearbeitung einer Semesterarbeit einräumte, desto weniger wurden jemals fertig damit. Wurde eine Frist von 5 Tagen gesetzt, schafften es zwei Drittel, die Arbeit termingerecht abzugeben. Bei einer Verlängerung der Abgabefrist auf 21 Tage stellten nur noch 40 % ihre Arbeit fertig und nannte man gar keine Frist, so sank die Quote noch weiter auf 25 % ab. Die restlichen Studenten gaben ihre Arbeit überhaupt nie ab!

Fazit ist also, je länger man Zeit für eine Sache hat, desto geringer ist der Druck, sich der Aufgabe zu stellen und umso größer die Wahrscheinlichkeit, dass sie nie in Angriff genommen wird. Beurteilt man im Licht dieser Erkenntnis ob es sinnvoll ist, die Zahlung von Arbeitslosengeld I (bislang 12 Monate) zu verlängern, so dürften Zweifel aufkommen. Wer in einer gut beschäftigten Wirtschaft innerhalb eines Jahres – zumindest gilt dies für jüngere Arbeitnehmer – keine adäquate Stelle findet, dessen Aussichten sind wohl nicht allzu groß, später doch noch einen Arbeitsplatz zu finden.

Oft hegt man die Hoffnung, dass sich Aufgaben einfach von selbst erledigen. Doch sie ist meist vergeblich. *„Menschen verschwenden enorm viel Energie ans Zögern und Zaudern"*, so die Ansicht des Diplom-Psychologen Hartmut Volk.[135]

☞ Was Sie beachten sollten:

Viele Menschen leiden unter der **„Aufschieberitis"**. Sie kann bis zur Unfähigkeit anwachsen, überhaupt noch Aufgaben anzupacken. Dann handelt es sich um eine *„Handlungsstörung"*, die vielen Menschen zu schaffen macht. Je mehr sie sich verzetteln, je mehr sie eine Sache drehen und

---

[135] Leiter der Zentraleinrichtung Studienberatung und psychologische Beratung an der FU Berlin, vgl. Stuttgarter Zeitung 21.02.2004.

wenden, desto schwieriger erscheint sie ihnen. Manchmal ist es eine erfolgreichere Lösungsstrategie, einfach mal los zu lassen, die Anstrengung und Verbissenheit zu reduzieren. Wenn dies zutrifft, dann wäre es an der Zeit zu fragen, ob man denn überhaupt noch Spaß an der Sache hat. Hinter dieser Entscheidungsunlust steckt vielleicht sogar das grundlegende Problem, sich nicht weiterhin mit fremdbestimmten Werten, Aufgaben und Zielen beschäftigen zu wollen.

Herbert Simon führte bereits im Jahr 1957 den Begriff der *„begrenzten Rationalität"* ein. Damit soll gesagt werden, dass die Zahl an Möglichkeiten und die Fülle an zur Verfügung stehenden Daten so enorm ist, dass der Mensch gar nicht mehr in der Lage ist, optimale Lösungen zu finden. Er begnügt sich, speziell auch was seine Anlageentscheidungen betrifft, mit Empfehlungen von Freunden und Bekannten. Denn wer alles Für und Wider beherzige, komme gar nicht mehr zu einer Entscheidung, er gerate möglicherweise sogar in einen Teufelskreis von Perfektion, Bedauern und folgender Depression.

Gerade angesichts der vielen Möglichkeiten in unserer überbordenden Warenwelt führe jede Entscheidung für eine Sache zur Ablehnung der zweitbesten Alternative. Dies bedeutet gleichzeitig, dass man bedaure, sich gegen *„second best"* entschieden zu haben. Wer sich etwa für einen Familienurlaub im Süden entscheidet, entscheidet sich gleichzeitig gegen den ebenfalls in Erwägung gezogenen Urlaub im Norden. Und wenn dann der Aufenthalt im Süden gar nicht so sonnig wird oder das gebuchte Hotel an einer vielbefahrenen Durchgangsstraße liegt, so kommt es unweigerlich zu Selbstvorwürfen – man fühlt sich mitschuldig, dass die ganze Familie unter der Situation leidet. Da wir schon in der Schule lernen, möglichst keine Fehler zu machen – und auf diese machten uns die Lehrer unmissverständlich mit dem Rotstift aufmerksam – fehlt es vielen Menschen lebenslang an einer Toleranz gegenüber sich selber. Sie übernehmen die Schuld für Dinge, die sie objektiv gar nicht zu verantworten haben.

5.3 Entscheidungsanomalien

5.3.1 Loss Aversion – die allzu verständliche Abneigung gegenüber Verlusten

Menschen nehmen hohe Risiken in Kauf, wenn es darum geht, Verluste zu vermeiden. Dass sie im Allgemeinen unter einer *loss-aversion* leiden, einer Abneigung gegenüber Verlusten, ist im Grunde nicht überraschend und auch nicht neu. Menschen nehmen aber oft hohe Risiken in Kauf, wenn es darum geht sie zu vermeiden.

📖 **Wissenswertes:**

> Unter der *Loss Aversion* verstehen die Finanz-Behavioristen, dass sich Anleger ganz unterschiedlich verhalten, je nachdem ob sie sich in einer Gewinn- oder Verlustsituation befinden – wobei ihnen das überhaupt nicht bewusst ist.
>
> Wenn es um Situationen geht, in denen sich Gewinne eingestellt haben, dann sind sie bestrebt, diese *möglichst schnell glattzustellen*. Befinden sie sich dagegen in einer Verlustsituation, dann tun sie alles, um ihr zu entkommen. Sie wollen verhindern, dass sich das Gefühl einer Niederlage einstellt, das mit Verlusten einhergeht. Deshalb neigen sie dazu, Verluste nicht zu realisieren, sondern sie *weiter laufen zu lassen*.

In einem Handbuch für Börsenhändler wurde schon Anfang der 1980er Jahre auf dieses Phänomen hingewiesen. Viele Anleger würden es total ablehnen, aufgelaufene Verluste zu realisieren. Sie leben lange in der Hoffnung, doch noch mit einem *„get even"* davonzukommen, also zumindest ihr investiertes Geld wieder zurückzubekommen. Hier begegnet uns wieder die *„Get-Evenitis"*, wenn schon kein Gewinn zu erzielen war, so zumindest Plus-Minus-Null aus der Sache herauszukommen. So kann sich ein Anleger, der nur auf dem Papier (Bewertungs)Verluste hat, immer noch gegen etwaige Vorwürfe seiner Frau mit einem *„Honey, it´s only a paper loss. Just wait, it will come back"* herausreden. In einer großangelegten Untersuchung an 10.000 zufällig ausgewählten Wertpapierdepots stellte Terrance Odean im Jahr 1998 fest, dass der Anteil an Transaktionen, um Gewinne zu realisieren, fast doppelt so hoch war als derjenige in Verlustsituationen. Man schiebt also tendenziell Verkäufe in Verlustsituationen auf, um sich sein Versagen nicht eingestehen zu müssen. Ähnliche Tests für deutsche Anleger bestätigten dieses Ergebnis.

Es zeigte sich also, dass Menschen in Gewinnsituationen sich tatsächlich anders verhalten als wenn sie auf Verlust stehen.

👆 **Beispiel:**

Fall 1:

Die Frage wurde gestellt, welche Alternative lieber wäre, einen Betrag von 500 Euro *sicher* zu bekommen oder die *Chance* zu erhalten, per Münzwurf doppelt so viel, nämlich 1.000 Euro (bei Wappen), im ungünstigen Fall (bei Zahl) jedoch leer auszugehen.

Tests des Autors mit Studenten ergaben, dass in dieser Situation 84 % den **sicheren Gewinn** von 500 Euro vorzogen. Offenbar galt das Motto *„was man hat, das hat man"*, man realisierte den sicheren Gewinn und schlug die Chance, ihn zu verdoppeln, aus.

Dieses Ergebnis ist weitgehend identisch mit ähnlichen Experimenten, wie sie in der US-Literatur geschildert werden.

👆 **Beispiel:**

Fall 2:

Die Frage wurde weiter gestellt, welche Alternative lieber wäre, einen *sicheren Verlust* von 500 Euro hinzunehmen oder aber per Münzwurf die *Chance* zu erhalten, diesen Verlust auf null zu reduzieren (bei Wappen), allerdings im ungünstigen Fall (bei Zahl) einen doppelt so hohen Verlust, nämlich 1.000 Euro, zu akzeptieren.

Verschiedene Tests des Autors mit Studenten ergaben, dass sich im Durchschnitt 87 % für das *Risiko* entschieden, nämlich für den Münzwurf, der ihnen bei negativem Ausgang allerdings 1.000 Euro Verlust einbringen konnte.

Auch dieses Ergebnis ist weitgehend identisch mit ähnlichen Experimenten, wie sie in der US-Literatur geschildert werden.

5.3.2 Prospect-Theorie

Als Fazit kann man also festhalten, dass 500 Euro Gewinn anders beurteilt werden als 500 Euro Verlust.

📖 **Wissenswertes:**

Die **Prospect-Theorie"** von Kahneman/Tversky baut auf dieser Erkenntnis auf. Gewinne werden anders beurteilt als Verluste. Unter „prospects" sind die Erfolgsaussichten eines Investments zu verstehen.

Daraus und aus der loss-aversion wurde der „**Dispositionseffekt**" abgeleitet (Hersh M. Shefrin und Meir Stamann). Die meisten Menschen seien viel eher bereit, einen sicheren Gewinn zu realisieren und vorzeitig Aktien zu verkaufen, wenn sie sich in der Gewinnzone befinden. Gewinne lässt man also nicht gerne laufen. Ganz im Gegenteil verhält man sich, wenn sich Verluste eingestellt haben. Man scheut davor zurück sie zu realisieren in der Hoffnung, es wird schon wieder.

Wie das folgende Schaubild zeigt, neigen Anleger gerne dazu, die seit dem Kauf eingetretenen Kursgewinne baldmöglichst in Sicherheit zu bringen, also zu verkaufen. Verluste dagegen lassen sie laufen, im äußersten Fall bis zum Totalverlust. Hat der Kurs erst einmal eine größere Talfahrt hinter sich, so lässt man die Verluste noch weiterlaufen – immer in der Hoffnung, dass man eines Tages den Einstandskurs wiedersehen wird. So droht aber die Gefahr *unbegrenzter* Verluste bei *begrenzten* Gewinnen. Der Grund dafür liegt in der bereits erwähnten ungleichen Bewertung von Gewinnen und Verlusten.

Kahneman/Tversky kamen dabei zum Ergebnis, dass um 100 Euro Verlust wert- bzw. gefühlsmäßig auszugleichen, ein Gewinn von 250 Euro notwendig ist. Das Verlust-/Gewinn-Verhältnis beträgt damit etwa 1:2,5.

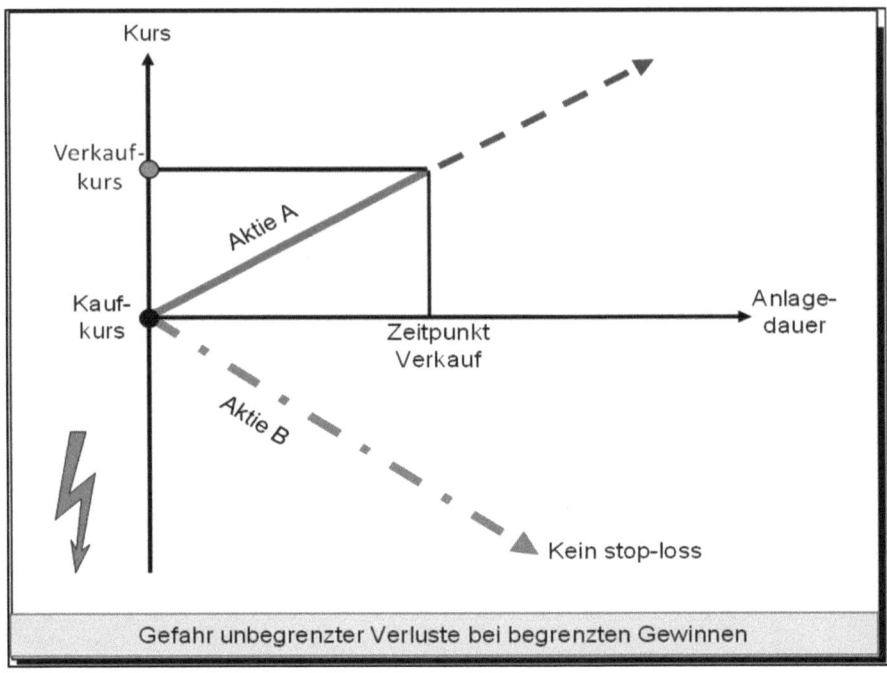

Gefahr unbegrenzter Verluste bei begrenzten Gewinnen

☞ **Was Sie beachten sollten**:

Wenn sich Teile Ihrer Wertpapierinvestments, seien es Aktien, Festverzinsliche, Fonds oder ETF – aber auch andere Vermögensanlagen, für
die sich Kurse bzw. Preise feststellen lassen – in der Verlustzone befinden, dann sollten Sie kritisch prüfen, ob Sie nur deswegen nicht zum
Verkauf schreiten, weil Sie Angst vor dem Eingeständnis haben, eine
Fehlinvestition getätigt zu haben. Deswegen sollten Sie unbedingt eine
Stop-Loss Order setzen – also einen Interventionskurs, bei dem der Verkauf automatisch ausgelöst wird. Nur so entkommen Sie der Falle der
„*Get-Evenitis*", also zu glauben, dass sich der Kurs schon wieder erholen
wird.

Im Übrigen sollte eine Stop-loss Order immer wieder an den Kus angepasst
werden. Liegt die Aktie bei 100 und setzt man diese Stop-Order bei - 15 %,
also bei etwa 85. Steigt der Kurs beispielsweise auf 120, so rückt die Stop-
loss Order nach auf ca. 102.

Diese allgemeine Erkenntnis, wie mit Aktien umzugehen ist, die in die Verlustzone geraten, ist natürlich im Einzelfall nicht immer ganz einfach umzusetzen. Demonstrieren wir dies an zwei Beispielen.

✋ Beispiel 1: VW-Aktie

Ihr Kurs im März 2017 lag bei 145 Euro – die Aktie notierte zwei Jahre zuvor noch bei 250.[136] Dann folgte ein rasanter Abstieg in Zusammenhang mit der Porsche-Affäre auf unter 100. Kaum erholt, sorgten gefälschte Abgaswerte mit anschließenden US-Schadensersatzforderungen und Strafen in Milliardenhöhe für erneute Turbulenzen. Heute steht die Aktie im Bereich von 150.

Ob diese Aktie, zumindest in absehbarer Zeit, ihren Stand von 2015 wieder erreichen wird? Klar ist nur, wer dem Absturz der Aktie 2015 tatenlos zugeschaut hat und auf das *„get-even"* gewartet hat, musste – zumindest auf dem Papier – einen großen Verlust hinnehmen. Ob selbst der Stop-loss Kurs von ca. 212 (250 minus 15 %), in nächster Zukunft erreichbar sein wird, steht in den Sternen.

Verluste laufen lassen – dafür ist VW ein „gutes" Beispiel.

✋ Beispiel 2: Deutsche Telekom

Ein weiteres Paradebeispiel ist die Telekom-Aktie. Nach dem Börsen-Einführungspreis Anfang 1997 von 14 Euro (28,50 DM) erreichte sie in der Folgezeit ihr Börsenhoch bei 104 Euro. Heute „dümpelt" sie im Bereich 14 bis 16 Euro. Nicht wenige Aktionäre haben Federn gelassen, immer in der Hoffnung, dass diese „Volksaktie", die mit einem riesigen Werbeaufwand in den Markt gedrückt wurde, wieder zurückkommt, also auf ein *„get-even – but they never came back"*.

---

[136] Dies war allerdings nicht das „Allzeit-Hoch" dieser VW-Aktie; auf Grund von Spekulationen, dass Porsche den Wolfsburger Autobauer übernehmen würde, stieg der Kurs im Oktober des Jahres 2008 auf 1.000 und machte VW zum teuersten Unternehmen der Welt.

Auch hier wurde diese Hoffnung arg enttäuscht, wer nicht mit Stop-loss gearbeitet hat und der Get-Evenitis verfallen war, musste auch hier große Verluste in Kauf nehmen.

Eine große Gefahr besteht auch bei Neuemissionen, vor allem wenn sie offensiv beworben werden und es sich dazu um bekannte Firmen handelt. Denken wir an die Facebook-Aktie, die zu 38 Dollar ausgegeben wurde und bald darauf auf unter 18 absackte. Im Zweifel gilt: *„Ruhe ist die erste (Börsen)pflicht"*. Erst einmal abwarten, wie sich das Papier nach der Einführung an der Börse entwickelt. Später kann man immer noch einsteigen. Wer an den Erfolg eines Börsenneulings glaubt, kann zwar im Optimalfall viel gewinnen. Aber leider auch eine ganze Menge verlieren.

Auf den Anleger lauert aber noch eine weitere psychologische Falle. Wenn er zum Beispiel Aktien aus der Auto-, Bau- und Chemiebranche erwirbt, so macht er oft den Fehler, sie nicht als ein gesamtes Aktienportfolio zu beurteilen. Er betrachtet die einzelnen Aktien völlig *getrennt*. Die fatale Folge dieser Einzelbetrachtung ist, dass er in jedem Segment möglichst ein „Get-even" erreichen möchte.

Der Anleger zerlegt das Depot (vgl. Schaubild) in drei einzelne *mentale Konten* A, B und C, die jeweils isoliert wahrgenommen werden. Angenommen, er hat mit den A-Aktien einen Gewinn von 6.000 Euro, mit den B-Aktien einen Gewinn von 4.000 Euro, mit den C-Aktien aber einen Verlust von 10.000 Euro gemacht. In diesem Fall neigt der Anleger dazu, die A- und B-Aktien zu verkaufen, um den Gewinn sicherzustellen. Von den Chemieaktien trennt er sich vorerst nicht, sondern gibt

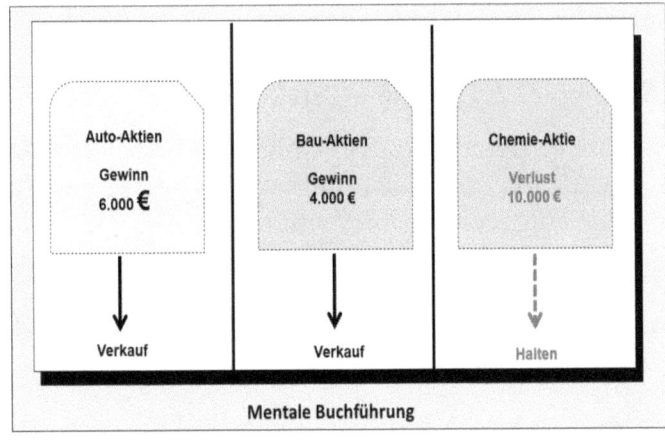

sich der Hoffnung hin, dass sie irgendwann wieder den Einstandswert sehen werden.

Jedes Aktieninvestment wird demzufolge für sich gesehen, jedes wird danach beurteilt, wie es sich für sich allein entwickelt. Bezugspunkt ist der jeweilige Einstandskurs. Hätte der Wertpapierbesitzer alle drei Investments als Einheit gesehen, als ein Aktiendepot, so hätte er nicht vorschnell verkauft, um damit das Gesamtengagement auf null zu stellen. So aber bestand sein Ziel darin, den Buchverlust der Chemieaktien von 10.000 Euro mit dem Gesamtgewinn der Auto- und Bauaktien von 10.000 Euro auszugleichen. Als Einheit betrachtet hätte gar keine Notwendigkeit bestanden zu verkaufen, denn noch war der Gesamtwert ausgeglichen. So aber wurden die Gewinne der beiden ersten Aktien jeweils für sich relativ stark wahrgenommen, ein drohender weiterer Verlust der Chemieaktien wurde weniger stark bewertet, man lässt also den Verlust laufen. Und dann spielt es irgendwann keine große Rolle mehr, ob jetzt der Verlust bei 10.000 Euro oder in Bälde eventuell bei 11.000 Euro oder mehr liegt. Der bisher aufgelaufene Verlust wurde gefühlsmäßig schon so stark bewertet, dass weitere Verlusteinheiten „abgehakt" werden – sie sind nun fast egal.

☞ **Was Sie beachten sollten**:

> Um nicht in diese Falle zu tappen und Verluste unbegrenzt laufen zu lassen, ist es wichtig, der Depotbank eine *„Stop-Loss"* Order zu erteilen. Meist wird ein prozentualer Betrag von 10 bis 15 % ausreichen, der sich an der Volatilität orientieren sollte. Stark schwankende Aktien müssen deswegen mit einem etwas höheren Stoppkurs versehen werden.

> **Wer Wertpapiere ohne Erteilung einer Stop-loss-Order kauft, handelt sträflich leichtsinnig!**

Allerdings ermöglichen nicht alle Banken solche flexiblen Stopps. Die Stop-Loss Order gilt meist bis Monatsende (Ultimo), zusätzliche Gebühren werden in der Regel nicht erhoben. Falls die Aktie bereits im Minus steht, sollte sie noch knapper ausfallen. Am Rande sei allerdings erwähnt, dass die von vielen Börsenprofis eingesetzten Verkaufsprogramme, die bei Erreichen bestimmter Kursmarken automatisch starten, zu einer weiteren Verstärkung von Abwärtstrends führen.

5.3.3 Sunk cost Fallacy

In seinem Buch „Wirtschaftspsychologie" zitiert Erich Kirchler einen Artikel der Tageszeitung Corriere della Sera, in dem der Fall eines Paters geschildert wird, der eingesammelte Spenden in Höhe von 6 Mrd. Lire zu betreuen hatte. Er wollte einen Teil des Geldes bis zur späteren Verwendung, dem Bau einer Gedenkstätte, gewinnbringend anlegen. Er investierte es deshalb in eine lokale Finanzgesellschaft, die ihm eine hohe Erfolgsbeteiligung versprach. Die Gesellschaft geriet jedoch alsbald in Turbulenzen. In der Hoffnung, sein Geld retten zu können, schoss er auch noch das restliche Kapital nach. Es kam wie es wohl kommen muss in solchen Fällen – am Ende war das ganze Geld verloren.

Für eine solche Handlungsweise *„gutes Geld schlechtem hinterwerfen"* gibt es viele Beispiele. Allerdings gelangen sie meist nur an die Öffentlichkeit, wenn es um kommunale oder staatliche Projekte geht, von privaten Fehlinvestitionen hört man dagegen seltener. Großes Aufsehen erregte vor Jahren der Fall der Hanauer Plutonium-Fabrik, von der naturgemäß die Bürger nicht sehr angetan waren. Statt sich die abzeichnende Niederlage einzugestehen, investierten die Verantwortlichen immer weiter – in Gang gesetzt wurde der geplante Atommeiler nie. Im öffentlichen Sektor gibt es zahlreiche Beispiele für ein solches Verhalten.

📖 **Wissenswertes:**

Die Behavioristen sprechen von der **sunk cost fallacy,** wenn „gutem" Geld „schlechtes" hinterhergeworfen wird. Sie meinen damit die trügerische Hoffnung, begonnene Projekte weiterzuverfolgen, obwohl sich der Misserfolg bereits klar abzeichnet. Man gibt sich dem Glauben hin, dass die investierten Gelder, die *„abgesunkenen"* Beträge, doch noch irgendwie gerettet werden könnten.

Eine solche Fehlentscheidung (fallacy) hat viel mit der bereits beschriebenen Verlustaversion zu tun. Man will nicht als Geldverschwender dastehen, weder sich selbst noch der Öffentlichkeit gegenüber.

Vor allem Menschen die in der Öffentlichkeit stehen, also Politiker auf allen staatlichen Ebenen, glauben häufig, dass sie es sich nicht leisten können, Fehleinschätzungen zuzugeben. „Millionen- bzw. Milliardengräber" wie die Hamburger Oper, der Willy-Brandt-Flughafen Berlin und mit ziemlicher Sicherheit auch das Bahnhofabenteuer „Stuttgart 21“ sind Vorhaben, die weit mehr als geplant kosten. Bereits zwei Jahre nach dem Bürgerentscheid für die Errichtung dieses unterirdischen Bahnhofs sind die prognostizierten Kosten in Stuttgart von 4,5 Mrd. auf mittlerweile über 6 Mrd. Euro gestiegen. Es gehört keine große prophetische Gabe dazu, bis zur geplanten Fertigstellung im Jahr 2021 mit einer Verdopplung der ursprünglichen Summe oder sogar noch mehr zu rechnen.

Ein Aussteigen kommt nicht in Frage, auch wenn solche Projekte, deren Scheitern einen großen Prestigeverlust für die verantwortlichen Politiker und Planer bedeuten würde, sämtliche Kostenvoranschläge Lügen strafen. Die Unfähigkeit, wie in Berlin einen Flughafen zu bauen, kostete bereits vielen Beteiligten ihr Amt und ihre Position, weitergebaut wird trotzdem – „koste es was es wolle“.

Ein solches „throw good money after bad“ ist auch vielen Anlegern nicht fremd. Ist der Kurs der gekauften Aktie gesunken, so wird oft lange gezögert, um aus dem Engagement auszusteigen. Man redet sich vielmehr ein, dass es sogar günstig wäre, zum gesunkenen Kurs nachzukaufen, weil damit der durchschnittliche Anschaffungskurs sinkt.

✋ **Beispiel**

Ein Anleger hat 100 Aktien zu 150 Euro aus einer Neuemission gekauft. Der Kurs sank zwischenzeitlich auf 100, er kauft weitere 100 Stück nach. Seine Idee ist, dass der durchschnittliche Einstandskurs sich auf 125 Euro verbilligt.

Der Anleger glaubt, dass der zukünftige Kurs bald wieder in die Gewinnzone kommen wird. Das ist auch nicht unbedingt falsch. Doch die Gefahr besteht allerdings, dass es noch weiter bergab geht. Auch darauf hat der Anleger eine Antwort – er kauft zum neuen Kurs von 75 Euro ein weiteres Mal nach! Jetzt sogar gleich 200 Stück, und wiederum in der Hoffnung, dass der neue Durchschnittskurs von 100 Euro bald übertroffen werden wird. Der Anleger wirft also dem (ursprünglich) guten Geld immer weiteres, nun aber „schlechtes“, hinterher. Sinkt der Kurs noch weiter, im Beispiel auf 50

Euro pro Aktie, so verliert der Anleger nun jede Hoffnung und „exekutiert" sein Investment.

Aktion	Stückzahl	Einstandskurs (€)	Kurswert (€)
1.Kauf	100	150	15.000
2.Kauf	100	100	10.000
Ø Kurs	200	125	25.000
3.Kauf	200	75	15.000
Ø Kurs	400	100	40.000
Verkauf	*400*	*50*	*20.000*
Verlust			-20.000
Stop-loss-Kurs*)	100	127,5	12.750
Verlust bei stop-loss-Verkauf			-2.250

*) bei 15 % unter 1. Kaufkurs

Der Verlust ist nunmehr auf 20.000 Euro angewachsen. Hätte er sich gleich nach Unterschreiten der Stop-loss-Marke von den Aktien getrennt, also zum Stop-loss-Kurs von 127,5 Euro verkauft, dann hätte der Verlust nur 2.250 Euro betragen. So hat das Nachkaufen dazu geführt, dass sich der ursprüngliche Verlust schließlich fast verzehnfacht hat.

☞ **Was Sie beachten sollten**:

> Seit den Zeiten von Ebay sind wir ein Volk von (An)Bietern geworden. Unsere Gebote gehen oft *über das Limit* hinaus, das man sich zuvor gesetzt hat. Denn man ist oft nicht bereit, klein beizugeben, man steigert sich gegenseitig hoch. Vorerst ist das jeweils genannte Gebot ja nur eine virtuelle Geldausgabe. Auf dieses *Wettverhalte*n setzen die Internet-Versteigerungsportale. So gehen in den letzten Minuten einer Auktion die Gebote immer weiter nach oben, man will das genannte Geld ja nicht umsonst geboten haben.
>
> In seinem Buch „The winner´s curse" (1992) beschreibt Richard Thaler die häufig zu beobachtende Vorgehensweise bei Auktionen, dass im Eifer des Gefechts die gegenseitigen Überbietungen Dimensionen erreichen, die in den Ruin führen können. Es ist der *„Fluch des Gewinners"*, des Siegenwollens um jeden Preis. Manchem wird erst in dem Moment klar, in dem er den Zuschlag erhält, dass die Bezahlung des ersteigerten

Objekts, z.B. bei Zwangsversteigerungen von Grund und Boden oder Immobilien, nichts anderes als seinen wirtschaftlichen Ruin bedeutet.

5.3.4 Overconfidence – sich für schlauer halten als man ist

Vor einigen Jahren fragten die beiden US-Autoren G. Belsky und T. Gilovich, *„why smart people make big money mistakes"*. Sie kamen zur Erkenntnis, dass die *„Geldfehler"* letztlich immer aus **Trieben, Tricks und Täuschungen** resultieren – also alles Verhaltensweisen, die größtenteils etwas mit (finanz)psychologischen Einflüssen zu tun haben.

📖 **Wissenswertes**

Money mistakes gehen meist auf finanzpsychologische Verhaltensweisen zurück. *Triebe* sind bestimmte Handlungen, die im Menschen selbst angelegt sind, also *interne* Beweggründe. So wenn aus Angst vor Verlusten Geld nur absolut sicher in Spareinlagen angelegt wird. Es ist die Angst vor dem Risiko, die eine solche Handlungsweise dominiert Diese absolute Verlustvermeidungs-Strategie erstreckt sich meist nicht nur auf den finanziellen Bereich.

Aber auch das gegenteilige Verhalten ist sehr problematisch, wenn Anleger von ihrer *Gier* getrieben werden, die sie dazu verleitet, sich in der vagen Aussicht auf schnelle Gewinne auf nicht verantwortbare Risiken einzulassen.

✋ **Beispiel**

Der Fall der Ordensgemeinschaft „Arme-Brüder des heiligen Franziskus": Selbst fromme Brüder schrecken offenbar nicht davor zurück, wegen ein paar Zinsprozente mehr ihr Geld in dubiose Finanzanlagen zu stecken. Es dürfte den Orden wenig getröstet haben, dass nicht nur er allein dem Dresdner Finanzdienstleister Infinus auf den Leim gegangen war, sondern weitere 25.000 Anleger, die ihr Geld in den Wind schreiben mussten. Dass mittlerweile die sechs Geschäftsführer der Firma verhaftet wurden, dürfte die Anleger nur wenig trösten. Denn das Geld ist weg.

Was die Geschäftsführer als *„Plattform für geschlossene Beteiligungen"* anpriesen, war offenbar ein typisches Schnellballsystem, bei dem die versprochenen hohen Zinsen mit immer neu eingesammeltem Geld finanziert wurden. Die durchschnittliche Verlustsumme betrug 20.000 Euro. Der Anbieter gab auf seiner Webseite an, dass man die Marktführerschaft in Sachen „Haftungsanbieter" (?) habe. Gemeint war, dass man führend sei auf dem Gebiet der Genussrechte, stillen Beteiligungen und des Wagniskapitals – alles Anlageformen, bei denen das Risiko eines Totalverlustes droht.

Also wieder ein Lehrstück aus dem Kapitel *„Grauer Kapitalmarkt"*

📖 **Wissenswertes:**

> **Tricks** und **Täuschungen** sind *externe* Einwirkungen, die Menschen durch geschickte Werbung und Versprechen zu Aktionen verleiten, die eigentlich nicht in ihrem Interesse liegen und oft sogar jeder wirtschaftlichen Vernunft widersprechen. Wie das vorige Beispiel zeigt, wirken meist interne und externe Ursachen zusammen, zur Übervorteilung durch Finanzkriminelle gesellt sich die Gier der Anleger. Aber seit 2013 gilt das **KAGB (Kapitalanlagegesetzbuch)**! Zum Betreiben geschlossener Fonds wird jetzt eine **Lizenz** benötigt und das Bafin führt jetzt zumindest eine formelle Aufsicht darüber. Kapitalmarktbetrügereien werden nun schwieriger, aber nicht unmöglich – kriminelle Phantasie dürfte auch in Zukunft ein reichhaltiges Betätigungsfeld finden.

Einer der größten Fehler besteht darin, sich zu überschätzen. Bereits in Kapitel I.1.2 wurde auf die Gefahren der **Overconfidence** hingewiesen. Viele Menschen überschätzen gerade auf finanziellem Gebiet ihre Fähigkeiten – ein Bereich, in dem die meisten Menschen keine allzu große Erfahrungen und noch weniger Wissen haben. Viele Menschen halten sich für klüger („smarter") als sie tatsächlich sind, oder wie es Belsky und Gilovich ausdrücken, *„you´re probably not as smart as you think you are"*. Besonders misslich ist dieses **Übervertrauen**, wenn es um finanzielle Entscheidungen geht. So schreibt Hersh Shefrin in seinem Buch „Beyond Greed and Fear"[137], dass

---

[137] Im Originaltitel heißt es weiter „Understanding Behavioral Finance and the Psychology of Investing". Der Titel der deutschen Übersetzung lautet „Börsenerfolg mit Behavioral Finance", Stuttgart 2000.

vermutlich Investoren ihre Fähigkeiten genauso stark überschätzen wie ihre Fahrkünste, in ihren *„trading abilities"* seien sie ebenso overconfident wie in ihren *„driving abilities"*.

Besonders Männer seien es, die sich fast überall für Experten hielten, wie die Finanzökonomin Susanne Homölle von der Universität Rostock feststellte. Sie verweist auf eine US-Studie, bei der 35.000 Depots ausgewertet wurden. Dabei zeigte sich, dass Männer viel öfter Wertpapiere kaufen und wiederverkaufen als Frauen, getreu dem (bank)freundlichen Motto *„Hin und Her macht Taschen leer"*.

📖 **Wissenswertes:**

Der Kauf vieler einzelner Aktien ist ein sicheres Anzeichen dafür, dass Anleger glauben, clever genug zu sein um den Markt „auszutricksen". Den Markt *outperformen* zu wollen ist meist nichts anderes als eine maßlose Überschätzung von Gelegenheitsanlegern.

Selbst Börsenprofis schaffen es selten und meist auch nur für kurze Zeit, besser als der Markt (z.B. DAX-Index) abzuschneiden. Man darf aber auch annehmen, dass viele Anleger noch nie etwas von einem sinnvollen Portfolio-Management gehört haben.

So kommt es, dass Männer im Durchschnitt meist schlechtere Renditen erzielen als Frauen. Der Grund dürfte in der weit verbreiteten Selbstüberschätzung der Männer liegen, eben „smarter" zu sein als die ganzen Experten. Letztlich geht es auch hier um *Kontrollverhalten,* also der Überzeugung alles unter Kontrolle zu haben, selbst wenn man keine große oder vielleicht gar keine Ahnung hat. Man bildet sich ein, das entsprechende Wissensgebiet zu beherrschen und die Entwicklung der Wirtschaft und der Märkte voraussagen zu können. Diese *Kontrollillusion* führt demnach dazu, dass Selbstvertrauen größer ist als Wissen.

Die Grafik zeigt ein weiteres Beispiel für eine typische Selbstüberschätzung, die spöttisch als die FSBO („*Fissbo*") bezeichnet wird. Ein Schild mit dieser Aufschrift ziert oft den Rasen amerikanischer Villen, womit Eigentümer ihre Verkaufsabsichten kundtun. Die Abkürzung ist den meisten US-Bürgern geläufig, da jedermann weiß, dass es sich bei der Abkürzung FSBO um

„for sale by owner" handelt. Die Behavioristen sprechen von der „**Fizzbo-Fallacy**", nämlich dem Trugschluss, dass der Hausbesitzer glaubt, er könne sein Haus besser und schneller an den Mann bringen als die auf diesen Markt spezialisierten Fachleute. Nach vielen vergeblichen und zeitraubenden Verkaufsversuchen und hohen Kosten für Immobilienanzeigen sieht der Hauseigentümer schließlich ein, dass es ohne die Inanspruchnahme von Experten (Immobilienmaklern, Banken etc.) nicht geht. Diese leidige Erfahrung haben viele Hausverkäufer auch hierzulande gemacht, vor allem wenn sie keine 1a-Lage anzubieten hatten. Und wenn es ganz dumm gelaufen ist, dann sind die Preise in der Zwischenzeit auch noch gefallen.

Um nicht immer wieder der Selbsttäuschung vermeintlich hoher Fachkompetenz in unbekannten Wissens- und Erfahrungsbereichen zu verfallen, ist es empfehlenswert, sich ab und zu überprüfen, ob nicht der eine oder andere Fehler auf eine Overconfidence zurückzuführen war. Besonders wich-

tig ist dies bei Investitionen und Investments, die einen hohen Kapitaleinsatz verlangen und an die man lange gebunden ist, wie bei Kauf von Wohneigentum. Die damit verbundenen hohen Kosten, die Bindung an jahrelan-
gen Tilgungsraten und das erforderliche bautechnische Wissen wären eigentlich Grund genug, um sich den Rat von Experten einzuholen. Man
scheut oft die zusätzlichen Ausgaben dafür, man will sparen – aber tut es
oft an der falschen Stelle. Auch was die Belastungen durch den Kapitaldienst angeht, sollte man sich nicht allzu „overconfident" verhalten und die
Zukunft ausschließlich rosig sehen.

☞ **Was Sie beachten sollten**:

Fallen Ihnen nicht auch Beispiele ein, bei denen Sie glaubten, genügend
Erfahrung und Wissen zu haben, um erfolgreich zu sein? Vielleicht beim
Erwerb einer Immobilie oder bei Wertpapierengagements? Vielleicht ließen Sie sich auch von den angeblich mühelosen Gewinnen bei Options-
oder sonstigen Finanzderivat-Geschäften blenden?

Welche Gefahren die **Overconfidence** hat, zeigt der tatsächliche Fall eines höheren Beamten, der glaubte, genügend von Geld und Finanzen zu
verstehen. Er schichtete eines Tages sein ganzes Vermögen um und legte
es ausschließlich in die damals massiv beworbenen VW-Aktien an. War
dies schon ein unverzeihlicher Fehler, so kam es noch dicker. Denn das
Dumme an der Sache war, dass er erst spät in diese Aktie eingestiegen
war, der Kurs lag schon weit über dem ursprünglichen Ausgabekurs.
Als seine Erben nach seinem Tod das Depot öffneten, hatten die Aktien
bereits mehr als die Hälfte des Kaufpreises verloren. Gefährlich wird es
also, wenn man sich auf Gebieten für besonders „smart" hält, von denen
man im Grunde gar keine Ahnung hat.

5.3.5 Repräsentativitätsheuristik – Glück oder Können?

Nun kann es passieren, dass ein Anleger – vielleicht zur eigenen Überraschung – mit einer Reihe von Aktiengeschäften stattliche Gewinne verzeichnen konnte. In der Folge steigt sein Selbstvertrauen, immer mehr gelangt er zur Ansicht, dass seine bisherigen Erfolge auf seine eigenen Fähigkeiten zurückzuführen sind. Es ist nicht unwahrscheinlich, dass er sich
dann sagt, wenn es mit den Aktien in der Vergangenheit funktioniert hat,

warum sollte es nicht auch in Zukunft so sein? So verdoppelt oder verdreifacht er seine Aktienengagements, er ist überzeugt, dass er jetzt auch höhere Risiken eingehen kann. In der Annahme, es nun mit Börsenexperten aufnehmen zu können, hat er möglicherweise frühere, nicht ganz so erfolgreiche Aktionen unter den Tisch fallen lassen. Eine solche Verdrängung negativer Erlebnisse ist nicht ungefährlich, vor allem wenn man sich nicht mit ihren Ursachen auseinandersetzt. Umso mehr gilt dies für Verluste, die man möglicherweise infolge riskanter Entscheidungen hinnehmen musste. Oft vergisst man, sich selbst zu fragen, ob die erzielten Erfolge tatsächlich auf das eigene Wissen und Können zurückzuführen oder eher der Gunst der Stunde geschuldet waren. Wir tendieren alle dazu, unsere Erfolge auf die eigenen Fähigkeiten, Misserfolge dagegen mit misslichen Umständen in Zusammenhang zu bringen.

☞ **Was Sie beachten sollten:**

> Die Strategie „Erfolge in der Vergangenheit = Erfolge in der Zukunft" scheitert immer dann, wenn die Verteilung der Erfolge *statistischen Wahrscheinlichkeiten* folgt, wenn also *Zufälligkeiten* im Spiel sind. So ist keineswegs klar, dass z.B. Fonds mit guter Performance in den letzten 5 Jahren auch in den nächsten 5 Jahren spitze sein werden. Wenn ein solches Auswahlkriterium in der Beratung empfohlen wird (auch von Börsen-/Geldmagazinen), dann sollten Sie dieses auf den ersten Blick überzeugende, aber höchst fragwürdige Argument, mit gehörigem Misstrauen begegnen.

> Dieses „**Gesetz der Regression**" wütet in mehr Bereichen als man annimmt. Also Achtung: Immer wenn davon ausgehen ist, dass auch *Glück* bei einem Unterfangen dazugehört, dann ist der Zufall oft entscheidender als das Können oder Wissen oder auch die Erfahrung.

Also auf die Repräsentativitätsheuristik scheint kein Verlass zu sein. Die *Daumenregel* (Heuristik), dass Wertpapiere, die in der Vergangenheit den Erfolg repräsentierten, auch in der Zukunft dafürstehen werden, versagte bei den meisten Untersuchungen auf der ganzen Linie. Das berühmte Motto *„wer heute zu den Siegern gehört, wird auch morgen zu den Siegern gehören"* ist also in Bezug auf Aktien zweifelhaft. Die Finanzpsychologen werden dagegen nicht müde zu betonen, dass die meisten Wertpapiere oder Fonds *„nach einer Periode überdurchschnittlicher Hochleistung dazu tendieren, (in der Zukunft) überdurchschnittlich schlechte Leistungen zu erbringen."*[138]

✋ **Beispiel:**

> Ein Beispiel aus der Welt des Sports: In der Schweiz bewies ein bekannter Sportjournalist und Herausgeber eines führenden Sportmagazins ein glückliches Händchen, als er Anfang der 1990er Jahre den *„TransSwiss"*-Triathlon quer durch die Schweiz veranstaltete, eine bis dahin unbekannte Art einer landschaftsbezogenen Ausdauerveranstaltung und Ideengeber für viele nachfolgende Sportevents. Wenige Jahre später startete er mit einer neuen Idee, es galt mit Hilfe der fünf bekanntesten Ausdauerdisziplinen die gesamte Schweiz von Süden nach Norden zu durchqueren. Der Erfolg war tatsächlich gigantisch, auf Anhieb nahmen über 5.000 Sportler teil, so dass der Name *„Gigathlon"* wirklich zutreffend war. Jahre später hatte er wiederum eine neue Idee, diesmal einen Lauf zu veranstalten, bei dem es galt, den Zürich-See zu umrunden und dabei insgesamt 80 km zurückzulegen. Mit dieser *„Big Wave"* genannten Laufveranstaltung scheiterte er aber total, das Meldeergebnis war so dürftig, dass sie abgeblasen werden musste. Glück oder Können (d.h. die richtige Einschätzung des Sportmarktes) oder beides – das ist also auch hier die Frage.

Es ist immer zu fragen, ob vergangene Erfolge primär auf unsere *Fähigkeiten* zurückzuführen waren oder doch eher auf Zufälligkeiten, also auf *Glück*, beruhten. Man weiß natürlich, dass zu Erfolgen im Allgemeinen auch etwas Glück gehört. Aber, so wird häufig argumentiert, Glück kommt nie von ungefähr, es sei immer das *„Glück des Tüchtigen"*! An den reinen Zufall möchte man nicht so recht glauben, eher daran, dass das ganze Leben vorherbestimmt, also Schicksal, sei. Vor allem an der Börse ist Vorsicht angebracht, ja sogar Demut, da es hier um Glück und Können geht. Denn schaut man

---

[138] Belsky/Gilovich, a.a.O. S,75

die Kursprognosen an, die jeweils für das kommende Jahr von Börsenexperten abgegeben werden und sie vergleicht mit der tatsächlichen Entwicklung, ist man immer wieder erstaunt, wie wenig diese Vorhersagen zutreffen.

ERFOLG = KÖNNEN + GLÜCK

In die Zukunft gerichtete Aktionen haben immer ein mehr oder weniger großes Erfolgsrisiko. Besonders problematisch ist es, wenn man sein Urteil nur auf der Basis *sehr weniger Stichproben* fällt.

☞ **Beispiel**

> Eine Untersuchung des Verfassers ergab, dass die zehn besten DAX-Aktien des einen Halbjahres ihren Kursvorsprung im folgenden Halbjahr fast vollständig einbüßten, während die zehn schlechtesten ihren Rückstand fast gänzlich aufholten und sich dem Durchschnitt aller DAX-Aktien annäherten. Also auch dies ein Hinweis auf das „**Gesetz der Regression**", dass sich alles auf einen Mittelwert zubewegt. Bei der Analyse von Börsenkursen mit ihren vielen Zufälligkeiten ist diese Erkenntnis besonders wichtig.
>
> Ähnliche Beobachtungen waren auch das Ergebnis von vielen Untersuchungen an den US-Börsen.

Es ist also festzustellen, dass vieles dafürspricht, dass sich Kursvorteile alsbald wieder normalisieren, dass es aber *temporäre* Über- bzw. Unterbewertungen zu geben scheint. Daraus kann wiederum die Empfehlung abgeleitet werden, wenn überhaupt dann nur sehr vorsichtig und in beschränktem Umfang „stock-picking" zu betreiben. Denn eh man sich versieht, haben sich die Kurse schon wieder in Richtung Durchschnitt bewegt. Dies wird auch als „**mean reversion**" bezeichnet (Thaler/de Bondt, 1989), also die Tendenz, bei Abweichungen sich immer wieder dem Trend bzw. Durchschnitt anzunähern

In der ersten Zeit nach der Jahrtausendwende gab es einen riesigen Hype auf Aktien am sog. Neuen Markt. Man hielt alle in diesem Segment notierten Werte als repräsentativ für die Unternehmensklasse *dynamisch, jung und erfolgreich"*. Alle Neuemissionen wurden sofort dieser Klasse zugeordnet, die Anleger glaubten, sie würden ihnen automatisch hohe Kursgewinne bescheren. Deswegen gab es im Kampf um neu herausgegebene Aktien einen unglaublichen Ansturm, die Papiere wurden den Banken geradezu aus den Händen gerissen. Jede Firma, die neue Aktien ausgab, wurde offenbar unbesehen der Objektklasse „Neuer Markt" zugeordnet, die erfolgreiche Unternehmen und schnelle Kursgewinne zu *repräsentieren* schien. Die Anleger sind also auf die **Repräsentativitätsheuristik** hereingefallen.

Eng verwandt damit ist auch die **gambler´s fallacy**. Viele Spieler gehen beim Besuch eines Spielkasinos von der festen Überzeugung aus, dass ausgerechnet ihnen das Glück hold sei. Vor allem – und hier tut sich eine Parallele zur Börse auf – sind sie überzeugt davon, dass sich ihre Erfolge in der Vergangenheit auch wieder in der Zukunft einstellen werden. Spieler gehen, wie Menschen ganz allgemein, von einer *„Persistenz der Ereignisse"* aus. Dies betrifft auch ihre Einstellung zum Glück in der Vergangenheit. Sie zeichnen sich durch ein gewisses Beharrungsvermögen aus, denn sie glauben fest daran, dass alles was in der Vergangenheit funktionierte auch in Zukunft nicht anders ein wird – sogar ihr Glück.

Nochmals ein kleiner Abstecher zur Börse, besser gesagt zu den „Börsenwahrheiten", die dort zirkulieren. Ein bekannter Ausspruch, der eigentlich eine Empfehlung beinhaltet, lautet *„sell in May and go away"* – dies war das erste, was der Verfasser während seiner Banklehre als quasi unumstößliche Wahrheit hörte. Ausgerechnet der Wonnemonat Mai wurde verdächtigt, den Börsianern gar nicht wohl gesonnen – also repräsentativ für hohe Kursverluste – zu sein. Meine folgende Untersuchung zeigt, dass an dieser „Wahrheit"– zumindest in neuerer Zeit – überhaupt nichts dran ist. In den Jahren 2002 bis 2016 war der Mai nur zweimal der mieseste Monat! Und wie ist es mit dem Monat Oktober, der noch schlechter beleumundet ist?

Monat	Durchschnittl. Veränderung
August	-1,8
September	-1,4
Juni	-1,2
Januar	-1,0
Februar	-0,2
Mai	**0,4**
Juli	1,2
Dezember	1,42
März	1,43
November	2,3
Oktober	3,1
April	3,4

Die Tabelle zeigt die durchschnittliche prozentuale Veränderung des DAX in den einzelnen Monaten von 2002 bis 2016. Der schlechteste Monat im Untersuchungszeitraum 2002 bis 2016 war der **August**, also der Ferienmonat mit seinen meist recht dünnen Umsätzen. Der Oktober war nicht ein einziges Mal in diesen 15 Jahren der schlechteste Monat. Ganz im Gegenteil, der DAX verbesserte sich im Durchschnitt um 3,1 %, das war der zweitbeste Monatswert! Überraschend war, dass ausgerechnet im wenig beliebten, weil wetterlaunischen Monat **April** die Börse in Hochform war. Der April war der beste Börsenmonat, der DAX stieg durchschnittlich um 3,4 %!

Überhaupt: Der Oktober steht seit langem im Verdacht, den Börsianern ganz besonders übel mitzuspielen. Er wird als *Repräsentant* von hohen Kursverlusten angesehen, er sei Monat mit den meisten Börsencrashs.

Definiert man Crash mit einem Kursverlust von mindestens 10 % an einem einzigen Tag, so ergab eine Studie aus den USA für die Jahre 1929 bis 2000, dass es in diesen 72 Jahren insgesamt 29 solcher Kursstürze gab. Die allgemeine „Crash-Wahrscheinlichkeit" betrug damit 29/72 oder rund 40 %. Allerdings ereigneten sich lediglich 10 Crashs in einem Oktober, im Gegensatz zur oft gehörten Behauptung, jeder dritte Oktober sei ein Crash-Monat. Dies stimmt nicht, denn mathematisch liegt die Wahrscheinlichkeit eines Crashs im Oktober nur bei 10/72 oder 13,9 %.

Fazit: Man kann höchstens von einer „gewissen" Anfälligkeit sprechen, da im Durchschnitt etwa jeder siebte Crash auf einen Oktober fällt.[139] Der schlechte Ruf des Monats Oktober könne aber auch damit zusammenhängen, dass sich der berühmteste Wall Street-Crash im Oktober ereignete und

---

[139] Zum schlechten Ruf des Monats Oktober tragen sicher die Kursstürze des Jahres 1929 bei, die sich tatsächlich in den USA und Deutschland in diesem Monat ereigneten und tief im Bewusstsein der Menschen verankert sind.

als Auslöser der Weltwirtschaftskrise nachhaltig dem kollektiven Gedächtnis verhaftet blieb. Im Übrigen war es der „Schwarze Donnerstag" des 24. Oktober 1929 – und nicht ein Freitag, wie es oft heißt.

5.3.6 Lemming-Behavior – die Herde galoppiert

„Wer als Anleger nicht rechtzeitig vor einem geldpolitischen Kurswechsel in den USA aus der Herde ausschert, wird viel Geld verlieren", so lautete die Einschätzung der Badischen Zeitung im Spätherbst 2013.[140] Diese Erwartung wurde zu diesem Zeitpunkt allgemein geteilt, da sich kaum jemand vorstellen konnte, dass es so weitergeht mit dem fast ununterbrochenen Kursanstieg seit Mai 2012 (DAX 6.264, DAX 9.440 Anfang Dezember) und damit um rund 50 %. Einhellig wurde die Ansicht vertreten, dass diese Kursrally in erster Linie der ultra-lockeren Geldpolitik der FED mit ihren monatlich 80 Mrd. Dollar umfassenden Ankäufen von US-Anleihen zu verdanken sei.

Gefahren langanhaltender Kursanstiege liegen darin, dass sich selbst Börsenprofis ihre Finger verbrennen können. Sie wissen natürlich besser als die Kleinanleger, dass jede Kursrallye irgendwann einmal zu Ende gehen wird, wenn auch lange der bekannte Börsenspruch gilt *„die Hausse nährt die Hausse"*. Den Börsenprofis stehen die ganze Palette an Wirtschaftsnachrichten zur Verfügung, und mit Hilfe der sogenannten Stimmungsindikatoren wie dem „Momentum" und dem „Relative Stärke-Index" sind sie eher in der Lage, kommendes Unheil vorauszusehen und ihre Positionen glattzustellen. Trotzdem lehrt uns die Bankenkrise von 2008, dass auch viele Börsenexperten und Finanzfachleute unter die Räder kommen können. Aber in noch viel stärkeren Maß sind die Kleinanleger davon betroffen. Der häufigste Grund ist, dass sie oft erst den Börsenzug besteigen, wenn er schon fast am Gipfel angekommen ist. Ein solches *jumping on the bandwagon"* bekommt ihnen auch deswegen nicht gut, weil sie dann auch noch den rechtzeitigen Absprung verpassen. Kurzfristiges „stock-picking" und die „Get-Evenitis" beim Kursabstieg sind zwei Fehler, die in ihrer Kombination den Anlegern die Lust an Börsenengagements meist für lange Zeit austreiben.

---

[140] Bernd Kramer in der Ausgabe vom 26.10.2013

Vom Börsencrash des Jahres 2008 – der DAX verlor von Anfang dieses Jahres (8.100 Punkte) bis Anfang des nächsten Jahres (3.850) mehr als die Hälfte – haben sich die Anleger bis heute nicht erholt.

📖 **Wissenswertes:**

> *The trend is your friend"*, dies gilt insbesondere im Wirtschaftsleben. Im Finanzbereich kann es aber äußerst *verlustreich* werden, mit der Herde zu galoppieren oder wie Lemminge in eine Richtung zu schwimmen. Diese *lemming-behavior* gilt als eine der wichtigsten Erklärungen für das Geschehen an der Börse. Sie ist bekanntlich von Übertreibungen gekennzeichnet, denn die Ausschläge nach oben wie nach unten lassen sich meist nicht mit dem tatsächlichen Auf und Ab der Konjunktur erklären. Sie kann zur *„bounded rationality"* (Herbert A. Simon), also einer begrenzten Rationalität führen – ja sich sogar bis zur *„irrational exuberance"* steigern. Damit bezeichnete Nobelpreisträger Robert J. Shiller überschwängliches und letztlich irrationales Verhalten, das über die Börse hinaus allgemein wirtschaftliches Handeln kennzeichne.

Aber nicht nur Anleger kaufen, wenn alle kaufen, und verkaufen, wenn alle verkaufen. Ein solches *prozyklisches* Verhalten lässt sich auf vielen Gebieten der Wirtschaft beobachten. Unternehmen steigern ihre Werbeetats, wenn es ihnen gut geht und kürzen ihn, wenn es ihnen schlecht geht. Auch der Staat verhält sich nicht anders, läuft die Konjunktur gut und sprudeln die Steuern, so gibt er viel aus, läuft sie schlecht und sind die Steuern rückläufig, werden die Ausgaben gekürzt.

Es ist ein paradoxes Verhalten, denn obwohl in unserer Gesellschaft angeblich Individualität in allen Lebensbereichen der vorherrschende Grundzug ist und alle Möglichkeiten gegeben sind, eigene Wege zu gehen, orientieren sich die meisten Menschen am Mainstream. Der Grund liegt vor allem darin, dass es die Sanktionen, die in früheren Gesellschaften den Nichtangepassten drohten, auch noch heute gibt – nur sind sie subtiler. Wenn sich beispielsweise Schüler dem aktuellen Modetrend verweigern oder sich auch sonst nicht dem allgemeinen Erscheinungsbild anpassen, müssen sie mit dem Verstoß aus ihrer Klassengemeinschaft, in jedem Fall aber aus ihrer Clique, rechnen.

☞ **Was Sie beachten sollten**:

Antizyklisches Verhalten ist eher selten zu beobachten. Im Aufschwung glaubt man, dass es immer weiter nach oben geht und im Abschwung immer weiter nach unten. Prozyklisches Verhalten ist fast überall angesagt, ob in der Mode, Musik oder beim Autokauf. Die Psychologen sprechen von **sozialer Infektion**, vorherrschende Meinungen und Verhaltensweisen verbreiten sich rasend schnell im Netz und werden sofort imitiert. Dies geht auf das menschliche Harmoniestreben zurück, da es am einfachsten ist mit der Masse zu gehen, von der Kindheit bis ins hohe Alter.

Mit dieser *„irrational exuberance"* ließ sich auch die Situation an den Finanzmärkten in den Monaten vor dem Crash des Jahres 2008 kennzeichnen. An den Finanzmärkten, aber auch auf dem Immobilienmarkt, zeigen sich immer wieder Blasen („bubbles"), da die Preise über ihren wahren Wert hinausgetrieben werden, so wie auf dem US-Immobilienmarkt in den Jahren nach der Jahrtausendwende. Die Hauspreise schossen nur so in die Höhe, die Banken finanzierten alles, übliche Bewertungsfaktoren wie der Kaufpreis-Miete-Faktor o.ä. verloren völlig an Bedeutung.

In der Behavioral-Finance-Theorie werden solche Blasen oder Übertreibungen als eine *cognitive bias* gedeutet, also mentale, jeder rationalen Grundlage entbehrende Handlungsmuster, die sich mit Gruppendenken und Herdenverhalten begründen lassen. Typisch dafür ist auch, dass nachträglich alle möglichen Ursachen

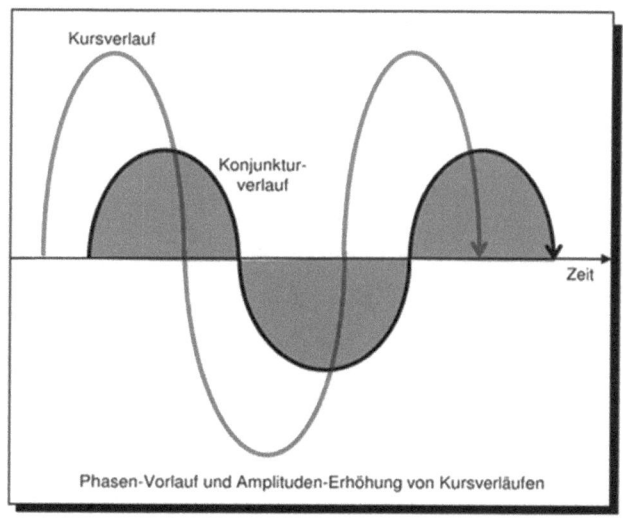

Kursverlauf

Konjunktur-verlauf

Zeit

Phasen-Vorlauf und Amplituden-Erhöhung von Kursverläufen

für die heftigen Kursauschläge hineininterpretiert werden. Idealtypisch gehen die Börsenkurse der Konjunktur voraus (Phasenverschiebung), außerdem verlaufen sie extremer, d.h. der Ausschlag (Amplitude) nach oben und unten ist stärker. Aber so einfach ist die Börsenwirklichkeit nicht, sie ist vielmehr ein komplexes Gebilde, das von zahlreichen ökonomischen und politischen Faktoren beeinflusst wird. In jüngster Zeit kommt der Geldpolitik der Zentralbanken unter Federführung der FED eine hohe Bedeutung zu. Das führt zur paradoxen Situation, dass sich Anzeichen einer anziehenden Konjunktur nicht, wie eigentlich zu erwarten wäre, positiv auf die Börse auswirken. Sie wird vielmehr als Gefahr interpretiert, dass die Zentralbanken den Geldhahn zudrehen. Außerdem spielen politische Einflussfaktoren eine immer größere Rolle, wirtschaftliche Faktoren werden oft später zur Erklärung nachgeschoben.

In diesem Zusammenhang kann der bekannte Spruch des bekannten Börsenexperten André Kostolany zitiert werden: Aktien kaufen, sie vergessen und sich nach Jahren über einen erstaunlichen Kursgewinn freuen. Natürlich ist die Kursrealität nicht so simpel, im Kern trifft sie aber zumindest für den Kleinanleger zu.

☞ **Was Sie beachten sollten**:

Beherzigen sie die Empfehlung der Behavioristen: *„ignoring financial news"*. Denn sie haben festgestellt, dass uninformierte Anleger im Durchschnitt die besseren Ergebnisse erzielten! Sie ziehen sich am besten aus der Affäre, wenn Sie sich nicht durch die vielen, oft beunruhigenden und auch widersprüchlichen, Informationen aus der Ruhe bringen lassen. Denn sonst stellen Sie ihre Anlageentscheidungen allzu schnell auf den Prüfstand und lassen sich zu neuen Käufen oder verfrühten Verkäufen überreden.

Diese empfohlene „Strategie" der Behavioristen gilt sicher nur für den langfristig orientierten Anleger! Und wie alle Empfehlungen sind sie zu relativieren, im Kern lautet die Botschaft eher, dass man nicht täglich voll Erwartung oder Angst die Kurse studieren und bei jedem Kursrückgang gleich an Konsequenzen denken sollte.

Anzumerken ist noch, dass die Ausführungen in diesem Kapitel nicht den Anspruch auf eine umfassende Darstellung des Börsengeschehens erheben können. Einige Hinweise auf „smartes", also kluges, Verhalten im Sinne der Behavioral Finance-Theorie dürften trotzdem geeignet sein, vor verlust- und risikoreichen Investments am Kapitalmarkt zu schützen und das eigene Verhalten immer wieder zu überdenken.

Im Übrigen ist darauf hinzuweisen, dass eine tragfähige Börsentheorie bis heute nicht in Sicht ist. Einzelne Erklärungen sind hilfreich, um eigenes Handeln kritisch zu hinterfragen. Noch streiten mindestens vier „Börsentheorien" um den Platz an der Sonne, der partei-theoretische, der sozialpsychologische, der irrational-individuelle und der chaos-theoretische Ansatz. Es spricht einiges dafür, dass alle je nach Situation ihre Berechtigung haben. Eines ist jedoch sicher: Wer sich auf den Kapitalmarkt (Börse) einlässt – das gilt auch für Investmentfonds und ETF –, bewegt sich in einem Bereich, in dem ausschließlich mit Zukunft gehandelt wird – und diese ist leider immer noch ungewiss. Robert J. Shiller sprach davon, dass „Aktienkurse das Ergebnis sozialer Prozesse zwischen psychologisch geprägten und nur begrenzt rational handelnden Individuen" seien.

So kann man sich auch fragen, warum bei jungen Menschen die Warnungen vor späterer Altersarmut oft nicht ankommen, obwohl doch fast allen klar ist, dass es kaum ohne zusätzliche Anstrengungen geht, um den Lebensstandard im Alter aufrechtzuerhalten. Bei Rauchern wurde mit Hilfe von Hirnscannern festgestellt, dass Hinweise auf gesundheitliche Gefahren das Lustzentrum erst so richtig aktivieren! In unserem Gehirn scheint es Vorgänge zu geben, die dem Bewusstsein in keiner Weise zugänglich sind. Nicht zuletzt sind wir auch bei finanziellen Entscheidungen Gefangene unserer Urinstinkte. Oder wie es der australische Hirnforscher Allan Snyder ausdrückt, unser Emotionssystem habe sich seit der Steinzeit kaum verändert, unser Bewusstsein sei lediglich die PR-Instanz in unserem Hirn. Es habe lediglich die Aufgabe, dem Menschen einzureden, er hätte noch was zu sagen. Vielleicht bietet uns ein Bonmot von Abraham Lincoln Trost angesichts dieser nicht unbedingt rosigen Aussichten:

„Du kannst alle Menschen eine Zeit lang für dumm verkaufen, einige Menschen sogar die ganze Zeit, du kannst aber nicht alle Menschen die ganze Zeit für dumm verkaufen."

Fazit

Wie kann man verhindern, ein Leben lang zu arbeiten und trotzdem eines Tages eine kaum auskömmliche Rente zu beziehen? Wie kann man verhindern, ein Leben lang zu sparen und es trotzdem nicht zu schaffen, ausreichend hohe Rücklagen zu bilden? Hier die „10 (Finanz)Gebote":

1. Mehr verdienen. Einen **Berufsabschluss** machen, sich weiterbilden.

2. Dem Thema **Geld und Finanzen** genügend Aufmerksamkeit schenken (ohne es lieben zu müssen).

3. Weniger **konsumieren.** Häufige Ursache: Teure Autos (Leasing!).

4. Sich auf die wichtigsten **Lebenssituationen** („life-events") längerfristig vorbereiten und die existenziellen **Risiken** absichern.

5. Ganzheitliche Vermögensplanung betreiben, nicht ausschließlich auf die Sicherheits-Strategie setzen. Alle Vermögensarten einbeziehen.

6. Nicht zu lang und zu viel Miete zahlen: Lieber spät als gar nie **Wohneigentum** anschaffen (allerdings am richtigen Ort).

7. Den Kapitalmarkt bzw. die **Börse** nicht links liegen lassen: Sich Kenntnis darüber zu beschaffen, wie man langfristig und ausgewogen investiert.

8. Die Börse nicht mit einem **Spielcasino** verwechseln. Mit kurzfristigen und risikoträchtigen Aktionen Gewinne an der Börse erzielen zu wollen (stock-picking) geht meistens schief.

9. Nicht auf Angebote am **Grauen Kapitalmarkt** hereinfallen, also nicht nur einseitig auf die (oft nur angebliche) Rentabilität oder steuerlichen Vorteile achten.

10. **Finanzpsychologische** Erkenntnisse beachten (Gier, Angst, Übervertrauen etc.) sowie achten auf Tricks und Täuschungen der Konsum- und Finanzbranche.

Anhang

Teil 1: Finanzfitness-Test*)

Teil 2: Risikotest (Fragen)

Teil 3: Risikotest (Auswertung)

*) Beachten Sie dazu die Homepage zu diesem Buch
www.lotharweisser-finanzfitness.de

Teil 1: Finanzfitness-Test

		wahr	falsch	weiß nicht
1.	Das Recht, Banknoten auszugeben („*Notenmono-pol*"), hat bei uns ausschließlich die Zentralbank			
2.	Die Geldmenge setzt sich aus Banknoten und Münzen zusammen			
3.	Auch Geschäftsbanken bringen Geld in Umlauf			
4.	Der Wert des Geldes beruht auf den Goldvorräten der Zentralbank			
5.	Die Voraussetzung dafür, dass Banken Kredite vergeben, sind Spareinlagen ihrer Kunden			
6.	Dass für Spareinlagen fast keine Zinsen bezahlt werden, ist einmalig in der Geschichte der Bundesrepublik			
7.	Zieht man von den Zinsen für Spareinlagen die Inflationsrate ab, so verblieb bisher immer ein realer Zinsüberschuss			
8.	Über Geld spricht man nicht, ist kein empfehlenswerter Erziehungsgrundsatz			
9.	Für den Aufbau von Altersvermögen sollte man keinesfalls auf Aktien setzen			
10.	Der Kauf der Anleihe Bundesrepublik Deutschland Laufzeit 2008/2040 ist auf Grund des Zinskupons von 4,75 % empfehlenswert			
11.	Es ist ökonomisch vertretbar, längerfristig nutzbare Konsumgüter durch Überziehungskredite zu finanzieren			
12.	Legt man sein Geld längerfristig statt zu 5 zu 10 % an, so ist der Zinsertrag mehr als doppelt so hoch			
13.	Ob man eine Aktie 1 oder 5 Jahre lang hält, ist für das Kursrisiko von erheblicher Bedeutung			

14.	Zahlt man ein Annuitätendarlehen zurück, so ist nach der halben Laufzeit mehr als die Hälfte getilgt			
15.	Je länger man sich Zeit für eine Entscheidung nimmt, desto vorteilhafter wird sie			
16.	Es ist möglich, mehr Rendite bei gleichzeitig weniger Risiko zu erzielen			
17.	Die entscheidende Variable für die Rentabilität einer vermieteten Wohnung ist der Mietertrag			
18.	Die Depotvolatilität liegt unter dem Durchschnitt der Einzelaktien-Volatilitäten			
19.	Ist das Beta einer Aktie größer eins, so stellt dies eine Kaufempfehlung dar			
20.	Die Rendite eines Wertpapierdepots entspricht dem Durchschnitt der Einzelrenditen			
21.	Der Preis einer Option entspricht immer ihrem inneren Wert			
22.	Der Kapitalertragsteuer-Satz liegt immer unterhalb des persönlichen Einkommensteuersatzes			
23.	Gewinne und Verluste werden mental unterschiedlich bewertet			
24.	Wertpapiere sollten erst verkauft werden, wenn zumindest der Einstandspreis wieder erreicht ist			

Anmerkung: Wenn Sie diesen Test absolvieren wollen, dann bitte die Homepage zu diesem Buch aufzurufen:

www.lotharweisser-finanzfitness.de

Auf dieser Homepage

1. finden Sie noch einmal die obigen **Testfragen** und haben dort die Möglichkeit, Ihre Antworten **anzukreuzen.** Die Lösungen gehen direkt an mich zur Auswertung schicken.

2. Wenn Sie **16 und mehr** richtige Antworten angekreuzt haben, erhalten Sie ein **Zertifikat**, das Ihre „Finanzfitness" dokumentiert.

Teil 2: Risikotest – Fragen

Frage 1: Machen Sie sich Sorgen wegen Einbrechern?

- ☐ Eigentlich nicht, bei mir ist sowieso nicht viel zu holen
- ☐ Da kann schon mal was passieren, aber ich versuche nicht daran zu denken
- ☐ Ja, ich schaue zu Hause regelmäßig nach, ob alles abgeschlossen ist

Frage 2: Tragen Sie beim Radfahren einen Fahrradhelm?

- ☐ Für kurze Strecken fahre ich auch mal ohne Helm. Für längere Ausflüge oder um ein Vorbild für andere zu sein, finde ich einen Fahrradhelm sinnvoll
- ☐ Mit einem Fahrradhelm fühle ich mich viel sicherer. Ich trage ihn daher immer, wenn ich Fahrrad fahre
- ☐ Einen Fahrradhelm beim Radfahren trage ich nicht, da ich nicht glaube, dass mir etwas passiert

Frage 3: Was tun Sie am liebsten in Ihrer Freizeit, um sich zu entspannen?

- ☐ In meiner Freizeit ist mir Action wichtig. Ein Buch lesen oder fernsehen ist nicht meine Welt
- ☐ Um mich zu entspannen, lasse ich es ruhig angehen. Am liebsten schaue ich fern, höre Musik, male oder bastle
- ☐ Das kommt ganz darauf an, was meine Freunde so machen – mal ins Schwimmbad oder Kino gehen, mal zu Hause ausruhen oder auch mal eine Party besuchen

Frage 4: Was halten Sie von Sportarten wie Freeclimbing, Motocross, Fallschirm springen oder Snowboarden?

- ☐ Alle Sportarten haben ihre Berechtigung. Einige davon würde ich auch gern einmal ausprobieren. Man darf es nur nicht übertreiben
- ☐ Solche Sportarten sind viel zu gefährlich und überhaupt nichts für mich
- ☐ Ich finde es gut, in der Freizeit auch mal was zu riskieren

Frage 5: Sie möchten mit Freunden Urlaub im Ausland machen. Schließen Sie eine Auslandskrankenversicherung ab?

- ☐ Ja, unbedingt. Man weiß ja nie, was alles passieren kann
- ☐ Eine Krankenversicherung für den Urlaub im Ausland wird vollkommen überbewertet. So etwas benötige ich nicht. Mir ist noch nie etwas passiert
- ☐ Es kommt auf die Art von Urlaub an. Wenn ich nur einen Hotelurlaub mache, brauche ich bestimmt keine Auslandsreisekrankenversicherung

Frage 6: Immer wieder kann man lesen, dass Aktien auch für die Altersvorsorge geeignet seien.

- ☐ Aktien sind nur etwas für Spekulanten oder Leute mit viel Geld, die auch Verluste aussitzen können
- ☐ Sollte ich eine Erbschaft machen oder im Lotto gewinnen, so würde ich für einen Teil Aktien kaufen und in meine Altersvorsorge stecken
- ☐ Aktien halte ich für eine gute Sache, auch für Leute die kein großes Einkommen haben

Teil 3: Risikotest – Auswertung

(Vergleichen Sie dazu die Ausführungen in Kapital I.4.2 zur Risikopersönlichkeit)

Wie oft haben Sie angekreuzt

risikoneutral (neutral) ☐ mal

risikoavers/-scheu (avers) ☐ mal

risikofreudig (freudig) ☐ mal

Frage 1: Machen Sie sich Sorgen wegen Einbrechern?

☐ freudig
☐ neutral
☐ avers

Frage 2: Tragen Sie beim Radfahren einen Fahrradhelm?

☐ neutral
☐ avers
☐ freudig

Frage 3: Was tun Sie am liebsten in Ihrer Freizeit, um sich zu entspannen?

☐ freudig
☐ avers
☐ neutral

Frage 4: Was halten Sie von Sportarten wie Freeclimbing, Motocross, Fallschirm springen oder Snowboarden?

☐ neutral
☐ avers
☐ freudig

Frage 5: Sie möchten mit Freunden Urlaub im Ausland machen. Schließen Sie eine Auslandskrankenversicherung ab?

☐ avers
☐ freudig
☐ neutral

Frage 6: Immer wieder kann man lesen, dass Aktien auch für die Altersvorsorge geeignet seien.

☐ avers
☐ neutral
☐ freudig

Stichwortverzeichnis

Zeitfracht Medien GmbH
Ferdinand-Jühlke-Straße 7
99095 Erfurt, Deutschland
produktsicherheit@kolibri360.de